"互联网+"时代下的人力资源管理与创新

张汉斌 栾亚丽 谷宁 ◎主编

吉林科学技术出版社

图书在版编目（CIP）数据

"互联网+"时代下的人力资源管理与创新 / 张汉斌,
栾亚丽，谷宁主编. -- 长春 ：吉林科学技术出版社，
2023.6
　ISBN 978-7-5744-0606-3

　Ⅰ．①互… Ⅱ．①张… ②栾… ③谷… Ⅲ．①人力资
源管理－研究 Ⅳ．①F243

中国国家版本馆CIP数据核字(2023)第133496号

"互联网 +"时代下的人力资源管理与创新

主　　编　张汉斌　栾亚丽　谷　宁
出 版 人　宛　霞
责任编辑　袁　芳
封面设计　长春美印图文设计有限公司
制　　版　长春美印图文设计有限公司
幅面尺寸　185mm×260mm
开　　本　16
字　　数　300 千字
印　　张　13.25
印　　数　1－1500 册
版　　次　2023年6月第1版
印　　次　2024年2月第1次印刷

出　　版　吉林科学技术出版社
发　　行　吉林科学技术出版社
地　　址　长春市福祉大路5788号
邮　　编　130118
发行部电话/传真　0431-81629529 81629530 81629531
　　　　　　　　　　　　81629532 81629533 81629534
储运部电话　0431-86059116
编辑部电话　0431-81629518
印　　刷　三河市嵩川印刷有限公司

书　　号　ISBN 978-7-5744-0606-3
定　　价　76.00元

前　言

现代社会，管理已经成为连接自然与社会，调节计划与市场，调和人生价值、组织目标与社会责任，以及统筹人们生活、生存与发展必须具备的知识与能力。而好的管理既需要科学的理念，也需要选择恰当的方式实现。现代企业是随着社会环境的发展而变化的，管理理念也应与时俱进。而在当下，最具颠覆性的社会变革就是大数据时代的到来了。也因此，现代企业管理要想进一步发展、创新，就必须将自身放在互联网的背景下统筹思考。

近年来，科技不断创新与进步，计算机、互联网、大数据等现代技术逐步应用在各行各业，开启了人类社会发展新时代，并为人们的生产生活提供了诸多便捷性服务，驱动新一轮的企业发展变革。

本书主要研究"互联网+"时代下的人力资源管理与创新，本书从大数据与人力资源管理概述入手，针对人力资源招聘管理、人力资源绩效管理以及人力资源薪酬管理进行了分析研究；另外对医院人力资源柔性管理模式、医院人力资源信息化管理模式及互联网时代企业人力资源管理的创新做了一定的介绍；还对人力资源管理信息化发展与创新提出了一些建议；旨在摸索出一条适合现代人力资源管理工作创新的科学道路，帮助其工作者在应用中少走弯路，运用科学方法，提高效率。对人力资源管理创新有一定的借鉴意义。

撰写本书过程中，参考和借鉴了一些知名学者和专家的观点及论著，在此向他们表示深深的感谢。由于水平和时间所限，书中难免会出现不足之处，希望各位读者和专家能够提出宝贵意见，以待进一步修改，使之更加完善

目　录

第一章　大数据与人力资源管理概述

第一节　大数据与人力资源管理概念与理论

一、大数据

（一）大数据的概念及特点

关于大数据的概念，学术界或企业界目前尚未形成公认的准确定义，不同专业领域、不同学科背景、不同应用场景都有着不同侧重点的阐述。

①"大数据"是指其大小超出了典型数据库软件的采集、储存、管理和分析等能力的数据集。该定义有两方面内涵：一方面是符合大数据标准的数据集大小是变化的，会随着时间推移、技术进步而增长；另一方面是不同部门符合大数据标准的数据集大小会存在差别。

②大数据是指高容量、高生成速率、种类繁多的信息资产，同时需要新的处理模式才能具有更强的决策力、洞察发现力和流程优化能力。

③大数据是指由科学仪器、传感设备、互联网交易、电子邮件、音视频软件、网络点击流等多种数据源生成的大规模、多元化、复杂、长期的分布式数据集。

尽管存在不同的表述，但目前人们普遍认为大数据与"海量数据"和"大规模数据"的概念一脉相承，但其在数据体量、数据复杂性和产生速度等方面均大大超出了传统的数据形态，也超出了现有技术手段的处理能力。

大数据包括海量交易数据和海量交互数据。海量交易数据是指企业在经营过程中产生的各种分析数据以及交易数据，这些数据是对过去交易行为的记录。包括结构化的、通过关系数据库进行管理和访问的静态、历史数据。例如，记录淘宝、亚马逊等电子商务的交易内容，以及证券交易数据、房地产交易数据等。海量交互数据源于Facebook、Twitte、LinkedIn等社交网站，这些数据可以预测我们将来的行为。它包括了呼叫详细记录、GPS和地理定位、通过管理文件传输协议传送的海量图像文件、电子邮件等。

业界一般将大数据的特点归纳为4个"V"——Volume、Variety、Value、Velocity，具体有以下几个含义。

第一，数据体量巨大（Volume）。大数据时代，典型个人计算机硬盘的容量为TB量级，而一些大企业的数据量已经接近EB量级。以互联网公司为例，谷歌公司每天要处理超过24拍字节（PB）的数据，这意味着其每天的数据处理量是美国国家图书馆所有纸质出版物所含数据量的上千倍。

Facebook每天更新的照片量超过1000万张，每天人们在网站上点击"喜欢"（Like）按钮或者写评论大约有30亿次，与此同时，谷歌子公司YouTube每月接待多达8亿的访客，平均每1秒钟就会有一段长度在1小时以上的视频上传。

第二，数据类型繁多（Variety）。大数据收集数据的类型被分为结构化数据和非结构化数据。结构化数据主要是以文本为主，这样的数据存储和处理起来较为便利。而目前非结构化数据越来越多，包括网络日志、音频、视频、图片、地理位置信息等，这些非结构化数据的处理对成本和时间都有更高的要求。

第三，价值密度低（Value）。价值密度是指数据总量中有多少数据是有价值的，价值密度的高低与数据总量的大小成反比。只有5%的数据是结构化的，而其余95%的非结构化数据其处理和利用则较为困难。如何将这95%的数据进行提炼分解，从中找出有价值的内容成为目前亟待解决的难题。

第四，处理速度快（Velocity）。传统数据处理的收集和分析计算过程耗时多且速度慢，而大数据处理速度可以限制在秒级单位，这是大数据区别于传统数据处理的最显著特征。

我国工业和信息化部电信研究院发布的《大数据白皮书》指出：认识大数据，要把握"资源、技术、应用"三个层次。大数据是具有体量大、结构多样、时效强等特征的数据；处理大数据需采用新型计算架构和智能算法等新技术；大数据的应用强调以新的理念应用于辅助决策、发现新的知识，更强调在线闭环的业务流程优化。所以说，大数据不仅"大"，而且"新"，是新资源、新工具和新应用的综合体。

（二）大数据与传统互联网的比较

过去的一年里，几乎在每场互联网行业大会上都会提及大数据，就像互联网通过给计算机添加通信功能而改变了世界，大数据开启了一次重大的时代转型。未来企业对大数据领域关注度和参与度逐步上升，未来1~3年将是大数据领域发展的高速时期；64%的企业正在考虑大数据项目，社交媒体、银行业以及服务行业是目前大数据投资的领先行业；而交通、医疗以及保险等行业则正在积极准备大数据投资。全球互联网巨头也都已意识到了"大数据"时代数据的重要意义。包括EMC、惠普、IBM、微软在内的全球IT巨头纷纷通过收购"大数据"相关厂商来实现技术整合，亦可见其对"大数据"的重视。与传统互联网相比较，大数据具有以下几个明显特征。

第一，数据处理模式不同。传统互联网的数据处理流程是先模式、后数据。即我们输入数据，经过数据处理器的运算可以输出某种我们想要的结论。例如，计算员工的个人所得税，我们利用人力资源管理系统中设定的公式以及日常的数据输入，可以得出结果。而大数据的数据处理流程是先数据、后模式，其核心在于预测，即把数学算法运用于过去的数据，借此预测未来发生的可能性。也就是说，模式只有通过数据处理才能获得，且模式随着数据数量的变化而变化。例如，使用搜狗输入法的时候，输入"tienqi"显示出的第一个词条就是"天气（tianqi）"，因为根据以往的数据，输入前者想表达的意思大多是"天气"。这些预测系统之所以能够成功，原因就在于它们是建立在海量数据分析基础之上的。此外，大数据处理还具备更高级的自行判断能力，例如，亚马逊可以帮我们推荐想要的书，Facebook根据我们的分享知道我们的喜好，而Linked In可以猜出我们认识的人并把我们可能认识的人介绍给我们等。

第二，数据采集的方式和范围不同。传统互联网数据搜集的准则是相关性，即要采集那些与所要研究内容相关的数据，这是因为传统互联网数据存储量和数据处理能力有限，因此我们只能采取随机抽样的方式来保证数据的代表性与准确性，同时也减少了数据处理的工作量。例如，在研究员工满意度的问卷中，就不会出现询问员工家庭成员健康之类的问题，而这在无形中限定r我们获取数据的条件和环境。进入大数据时代，数据处理技术已经发生翻天覆地的变化，我们收集的数据并不仅仅是那些与研究内容直接相关的信息，还可能包括那些看似与研究内容毫无关联的信息。

第三，数据分析重点不同。传统互联网更注重因果分析，我们利用各种数据分析软件来答疑解惑。在大数据时代，重点是相关分析而非因果分析，即我们通过分析海量数据，只关注是什么，不关注为什么，这其实更符合问题解决的思路。因为大多数情况下，我们只需预测现象，没必要知道现象背后的原因。大数据的相关关系分析法更准确、更快速，而且不易受偏见的影响。上文提到的亚马逊公司为顾客推荐想要的书籍，如果顾客是一位雅思考生，他在输入"雅思核心词汇"后，系统除了准确识别这本书以外，还可能自动识别诸如"剑桥雅思真题系列"等相关书籍。因为按照以往的数据处理经验，A和B总是一起产生，当A发生时，则B也很有可能发生。更简单的例子，研究人员发现使用非系统自带浏览器（如360浏览器）的员工的忠诚度要比使用系统浏览器的员工高，这也是相关分析的结果。

（三）大数据与商业智能的比较

商业智能（Business Intelligence，BI）的概念最早，是Gartner Group于1996年提出来的，就是指利用数据仓库、数据挖掘等各种软件分析技术对大量数据进行分析、挖掘，从大量历史数据中归纳出对企业决策有用的信息，以辅助决策者做出决策，提高企业的决策准确性。从系统的观点来看，商业智能是指从不同的数据源收集的数据中提取有用的数据，对数据进行清理以保证数据的正确性，将数据经转换、重构后存入数据仓库或数据场（这时数据变为信息），然后寻找合适的查询和分析工具、数据挖掘工具、OLTP工具对信息进行处理（这时信息变为辅助决策的知识），最后将知识呈现于用户面前，转变为决策。

从商业智能的界定与分析可以看出，商业智能的适用领域非常广泛。

首先，商业智能在企业内的各个职能领域发挥重要的作用。例如，在企业资源规划（ERP）、供应链管理、客户关系管理、财务管理、人力资源管理等这些关键性的企业职能领域中都能看到商业智能工具的身影。其次，商业智能还能够帮助分析和改进企业之间的沟通和交流，为"协作型商务"这一新的商业模式提供了强大的发展动力。商业智能目前在电信保险、银行、金融、证券以及制造业等各行业都有应用。

随着云计算的出现和发展，很多企业开始关注和应用大数据技术，这将给商业智能市场带来巨大冲击。

与商业智能相比较，大数据具有以下几个特征。

第一，大数据能够在商业智能的基础上进行更大容量的结构化和非结构化数据处理，这也是大数据与商业智能的一个主要区别。商业智能的信息量一般是TR量级，主要依靠分析少量的数据样本；而大数据的信息量是PB量级，它强调全量思维，要分析与事物相关的所有数据。另外，商业智能处理的主要是企业中现有的数据，大多是标准化、结构化的数据；而大数据是一个数据集合，它包括三类数据：一是结构化数据，如企业用的人事系统、财务系统、ERP系统，这些系统中的数据都是结构化的；二是半结构化数据，如电子邮件、用windows处理的文字、在网络上看到的新闻；三是非机构化的数据，如传感器、移动终端、社交网络产生的数据。

大数据分析不仅关注结构化的历史数据，也能更好地对非结构化海量数据进行分析，其数据分析和处理能力要远远领先于商业智能。

第二，大数据更偏重于个性化决策。利用商业智能做决策时，对事实的描述更多的是基于群体的共性，商业智能系统需要宏观统计数据的汇总；而大数据注重个体刻画，强调自动化工具而不是统计报告。个性化技术是大数据时代最重要的技术，包括个性化排序和个性化推荐。例如，现阶段网络零售领域，卖方除了使用传统的市场调查数据和历史购买数据外，还可以追踪个体消费者的行为。系统会根据用户现在浏览的商品自动向其推荐，包括曾经浏览过该商品的其他人看过了什么，或是购买该商品的顾客通常也会购买哪里的其他商品，然后给你一份推荐清单，其中还包括你自己的浏览以及购物记录。这种推荐方式最早是亚马逊公司的创举，如今亚马逊公司销售额的1/3都来自它的个性化推荐。通过大数据的个性化决策，卖方可以将日益精细的数据升级到实时数据，以便根据消费者变化做出调整。除了零售业，在医学界，大数据技术的应用使得个性化药物的研发成为可能。通过对病人基因差异和药物反应的分析，大数据为每个病人定制不同的治疗方案，大大提高了疗效。

第三，大数据与商业智能的关注点不同。商业智能关注的是因果关系，注重"发生了什么"和"为什么会发生",而大数据关注的是相关关系,注重预测,即"将要发生什么"。建立在相关关系分析法基础上的预测是大数据的核心。大数据不是要教机器像人一样思考,它是把数学算法运用到海量的数据上来预测事情发生的可能性。例如,一封邮件被作为垃圾过滤掉的可能性,输入的"teh"应该是"the"的可能性,从一个人乱穿马路时行进的轨迹和速度来看他能及时穿过马路的可能性,这些都是大数据可以预测的范围。这些预测系统之所以能够成功的关键在于它们是建立在海量数据的基础之上的。

第四,大数据与商业智能的技术支撑不同。商业智能更多地以数据仓库为基础,利用ETL工具进行数据抽取、转化、建模,然后通过报表和驾驶舱等形式进行结果展示,整个过程以及每个环节都投资不菲而且耗时很长。大数据主要利用互联网和智能数据中心,可以更低成本、更有效地将这些大量、高速、多变的终端数据存储下来,并随时进行分析与计算。所以,商业智能的应用成本非常高,主要适合于资金充裕的大型企业,在金融、保险、电信、零售等传统领域使用较多。大数据主要应用在互联网、移动互联网、电子商务等新兴领域,各类规模的企业均使用,适用性相对更广。

值得注意的是,虽然大数据与商业智能存在诸多区别,但二者之间存在着深厚的天然联系,它们都属于决策工具,在数据挖掘和数据分析层面并没有多大的差别。同时,传统BI与大数据的关系,并不是互相替代、排斥的关系,它们犹如人的左脑和右脑,分工不同,传统BI以处理结构化信息为主,大数据以处理非结构化、半结构化信息为重,它们相互依存、相互补充、共为一体,组成企业完整的信息化大脑。

二、人力资源管理创新

(一) 人力资源管理创新的内涵

创新是建立一种新的生产函数,是一种从来没有过的关于生产要素和生产条件的新组合,包括引进新产品,引进新技术,开辟新市场,控制原材料的新供应来源,实现企业的新组织。创新就是在有意义的时空范围内,以非传统、非常规的方式先行性、有成效地解决社会技术经济问题的过程。

人力资源管理创新隶属于管理创新。所谓人力资源管理创新是指企业人力资源管理者根据企业战略,在最新前沿的科学技术基础上,对原有人力资源管理工作进行系统的改革和创新,提出新的理念或新的做法,使得企业人力资本增值更快,创造更多的社会价值和经济价值,实现企业最终战略目标。本书结合人力资源管理自身的特点和具体内容,将人力资源管理创新的内涵界定为:在有意义的时空范围内,突破传统,突破常规,提出、决策和实施新的人力资源管理战略、思想、过程和结构,先行性、有成效地解决人力资源管理领域内的技术经济问题,增进人力资源管理和企业自身价值的实践活动。该界定包含以下几层含义:第一,人力资源管理创新的目的是解决实践问题,是一项活动;第二,人力资源管理创新的本质是突破人力资源管理领域的传统与常规；第三，人力资源管理创新是一个相对的概念，其价值与时间、空间有关，创新必须在一定范围内具有领先性；第四，人力资源管理创新以取得的成效为评价尺度；第五，人力资源管理创新包括人力资源战略创新、思想创新、过程创新和结构创新。

（二）人力资源管理创新的特征

时代在变化，人力资源管理创新应顺应时代要求，以变革企业的人力资源管理模式为目标，迎接时代创新因素带来的挑战。人力资源管理创新对于企业的意义非同以往，具有鲜明的时代特征。

第一，空前紧迫性。由于企业宏观生存环境和市场竞争环境的变化比以往更快，范围更广泛，因而对企业人力资源管理创新活动的要求也更加紧迫，不变革就死亡已是企业的广泛共识。如果企业在管理创新上没有空前的紧迫感，就只能永远跟在别人后边跑，直至被淘汰出局。

第二，创新平台的多层面性。以往企业的人力资源创新活动主要是在传统的技术平台上，对新方法、新技术、新流程的开发和应用，现在除了运用传统技术平台之外，更重要的是学会在信息平台、网络平台、社交媒体平台、观念和概念平台上进行创新。如何整合这些新的创新平台，实现企业创新资源的有效配置和运用，是新形势下增强企业创新能力的新课题。

第三，广泛性。在今天，企业创新几乎涵盖企业的一切经营管理活动，尤其是在商业模式、营销活动、企业组织、运营流程、企业文化等方面，都是传统的创新活动几乎没有关注到的领域，而这些领域的创新又恰恰是当今企业价值创新系统中最为关键的薄弱环节。在人力资源管理创新方面，也包括了组织结构、组织文化、人力资源规划、招聘、培训、绩效、薪酬、员工关系等各个方面。

第四，实践性。人力资源管理创新成功与否，关键是要从企业自身的情况出发，针对面临的挑战进行创新和发展。不同的企业面临新的环境，需要调整的内容不尽相同。而管理创新是否有效，还需要经过实践检验，如果创新活动有助于提高企业的竞争力和经营效益，则该创新是有效的。

第五，渐进明晰性。人力资源管理创新是逐步进行的，在创新的早期阶段，创新目标只能做比较模糊的界定，只有在项目开展的过程中，通过对企业环境、员工需求等进行更充分、更全面的调查以后，才能更为明确和细致地确定这些目标与特征。

（三）人力资源管理创新的具体内容

人力资源管理创新大致可以分为具有交互作用的两个层面。

第一，人力资源管理理念上的创新，是指管理者进行人力资源管理创新的宏观指导思想，包括人力资源创新的战略、体系、原则和准则等。例如，"以人为本"的人力资源创新观念，它是以促进人的全面发展为根本目的的管理理念与管理模式。人力资源是一种能动的且具有无限潜力的资源，人力资源与其他资源不同之处在于它是动态的、主动的，是可以被开发的，人力资源是企业经营的第一资源。"以人为本"的管理思想是顺应时代要求的人力资源管理理念。

第二，人力资源管理实践、管理过程、管理技术和组织机构等方面的创新。相对于理念创新，该层面的创新具有可见性，即人力资源管理创新的实践性特征意味着可以在该阶段对人力资源创新的效果进行检验。信息技术的飞速发展使得企业越来越注重人力资源管理技术创新，主要表现为电子计算机、网络、先进的通信设备等先进办公技术的引进和应用。互联网及移动互联网的普及，办公自动化的广泛应用，为人力资源管理技术创新带来了难得的发展机遇。现代管理信息系统的建立，一方面大大提高了人力资源管理水平和管理效率，另一方面也对组织结构创新提出了新要求，新的组织结构应该兼顾权力结构与信息沟通方式的便捷，这同时也意味着管理流程和管理实践的推陈出新。

第二节　大数据及其应用功能

一、大数据及其特点

说大数据是"数据集合"，很好理解；说大数据是"信息技术"，也好理解；说大数据是"服务业态"，就不大好理解了。但后者是最近国务院文件的说法。只有这么定义大数据，才能尽快将大数据的实际应用提到各行各业行动日程上来。

当我们讲到大数据的时候，实际上包含三层意思：一是数量很大，二是变化迅速，三是结构复杂。大数据的重要意义不在于大，而是通过对大数据的搜集、保存、维护与共享，发现新知识，创造新价值，获得新利益，实现大发展。

（一）大数据重视事物的关联性

大数据有一个重要特点，就是"不讲为什么，重视关联性"。如果发现了某种关联性，就可以加以利用。凭借自有的卫星信息系统进行商品管理的沃尔玛公司，发现在他们的卖场里，有不少顾客在购买婴儿尿布的同时，都要买上几罐罐装啤酒。这是为什么？不知道。美国人讨论了好长时间也不知道。但是，掌握这种关联性的卖场经理，就可以告诉上架员，要把罐装啤酒与婴儿尿布摆放在一起。这么做，果然提升了这两种商品的销售量。

在人力资源流动方面，国家发改委的研究人员发现了"榨菜指数""方便面指数"，就是它们的销售量与国内劳动力的流动、流量、流向高度重合。

（二）大数据的价值重在挖掘

对于大数据，不仅要搜集它，更重要的是挖掘它。挖掘就是分析，目的是从中寻找关系、重点、规律，洞察其发展趋势。这就为管理者提供了莫大的帮助。凭借大数据，管理者将可以大幅度提升各行各业管理水平、治理能力。有专家认为，数据挖掘技术主要有关联分析、聚类分析、分类及预测。

前些年，北京大学发生留学生食堂爆炸事件。肇事者搞了爆炸后迅速逃逸。北京市公安局利用大数据方法，轻轻一抓，就把他从茫茫人海中抓了出来。

（三）大数据将颠覆诸多传统

社会科学研究常用的"抽样调查"，曾经被认为是社会文明得以建立的牢固基石。其实，它只是在技术手段受到限制的特定时期，解决特定问题的一种无奈方法。现在，已经可以收集到过去无法收集到的信息，保存与计算也不成问题，所以应该是"样本就等于全部"。而且这样做，比使用抽样调查方法得出的结论要准确得多。

有专家称，大数据将颠覆13个行业。互联网金融就是一个明显的案例。

由于大数据具有"数据充足""抓取力强""刷新及时"的特点，所以，在众多领域能够将人数据化、将岗位数据化、将资源数据化，最终能够增加产出。这样一来，自然能够引起管理者的高度重视。作为生产产品与提供服务的企业，通过记录、分析、挖掘这些数据，能够发现过去没有发现的问题与规律，从而达到提升人力资源管理效率与组织产出效率的目的。

二、大数据的出现

大数据是怎么出现的？当今的世界，基本上一切都可以用数字表达，所以叫数字化世界、数字化生存。纸质上的数据只是很小的一部分。我们每天生产的电视电影、录音歌曲、手机拍摄的照片、卫星拍摄的图像，乃至个人计算机上记录的数据，加上数十亿计的感应器搜集到的信息，可以说达到了海量之大。

（一）我们每个人都是数据的制造者

一个人打开电视机、走进电梯间、行驶在高速公路，以及下班路上到超市购物打出的小票单据，无不留下数据的足迹。早在很多年前，人们就开始对数据加以利用。例如，航空公司利用数据弄清楚了应该给机票如何确定价位，银行利用数据搞清楚了应该把款项贷给谁。但是，直到最近，大数据才成为一种说法，成为人们日常生活的一部分。

谷歌与脸书的出现，使大数据改变了游戏规则。当面对较少用户时，储存他们的数据足迹不是困难的事，但是面对超过10亿的好友，1万亿的网页搜索，就不得不创建新的技术来储存、分析激增的数据。他们是想通过分析来找到客户需求，提高其产品的销量。其他公司一起效仿，于是，大数据风生水起。

（二）大数据与云计算相辅相成

大数据与云计算又是什么关系呢？微软的一位副总裁解释说：大数据与"云计算"就像一枚硬币的两个面，二者相辅相成。大数据相当于存储有海量信息的信息库；"云计算"相当于计算机和操作系统。如果没有大数据的信息积淀，"云计算"的能力再强大，也没有用武之地。大数据与"云计算"二者结合起来，将给世界带来一场深刻的管理技术革命与社会治理创新，当然，人才管理也包括在内。

（三）大数据是量变引起质变的结果

有学者指出，大数据的出现是量变引起质变的结果，而且与人类历史上发生的历次信息革命有关。

每一次信息革命都大大促进了数据的涌现、传播与储存。

大数据的出现还与社交网络的出现有关。社交网络包括硬件、软件、服务及应用。随着社交网络用户的不断增加，投资者、广告商、程序开发者都将目光投向这块领地，从而构成一个庞大的网络社会。微博、微信的出现，更使得每个人都是发声者，都可以被关注。信息流动不仅便捷性增强了，而且可追溯以往。

如果要想弄清大数据与人力资源是怎样结合起来的，还需要了解以下两点：一是企业2.0的出现。企业2.0是指在企业内部、企业与其合作伙伴之间、企业与客户之间的成长性社交软件平台的应用，是企业信息化进入了新的阶段，即由EHP为核心的信息化，演变为以ERP+企业社交平台的信息化。具体表现在：建立了统一的工作平台；搭建起企业网络社交平台；实现知识管理社会化；建立起企业云档案。有了以上基础，企业内部的一切行为都可转变为数据，以便于开展数据挖掘。

二是组织内的数据可以分类。人力资源管理的数据有两大类：一类属于宏观领域，另一类属于微观领域。组织内人力资源管理属于微观领域。在该领域，数据可以分为四类：原始数据：年龄、学历、专业、工龄、岗位、职务；能力数据：培训经历、考核记录、参赛结果、奖惩；效率数据：任务完成效率、坏件率、故障率等；潜力数据：工效提升率、收入涨幅水平、职称提升频率。记录、分析、挖掘这些数据，能够发现过去没有发现的问题与规律，全面提升组织效率。

人类社会前进的脚步已经走过了三种社会形态：狩猎采集社会、农耕社会、工业社会，现在已经走进信息社会。信息社会又可分为三个时代：计算机时代（机器可读，数据可算）、互联网时代（信息传递，信息服务）、大数据时代（生活、工作与思维的大变革）。如今，我们的生活已经迈进大数据时代。

三、大数据的价值

既然大数据拥有价值，那么大数据的价值取决于什么？回答是取决于数据的多个维度。大数据的五个维度包括数据的颗粒度，数据的新鲜度，数据的多维度，数据的关联度，数据的规模度。

大数据的利用过程涉及诸多环节：搜集、汇总、保存、管理、分析、呈现。它很像我们以往对能源的利用一样，必须经过开采、汇集、保管、提炼、使用，这样一一对应起来方便理解。数据仓库、数据挖掘、商业智能这些词汇，都可以使人产生联想，打开数据利用的想象空间。

天上有云，地上有网，中间有数据。

也有学者把大数据处理划分为以下四个阶段。

第一，采集。利用多个数据库接受发自客户端的数据，并发数高。

第二，导入、预处理。将数据导入一个集中的大型分布式数据库，做一些简单的清洗和预处理。

第三，统计、分析。对数据进行普通分析和分类汇总。

第四，数据挖掘。无预先设置的主题，在现有数据的基础上进行各种算法的计算，起到预测效果。通常有分类、估计、预测、聚类等几种典型的方法。

四、大数据在管理领域

（一）大数据应用技术

大数据应用于管理，需要的数据挖掘技术有以下诸种。

1.数据仓库技术

数据仓库与数据库是有区别的。

传统数据库的数据少得多，数据仓库则达到 TB 级或 PB 级；传统数据库，管理需要占用很大空间，数据仓库需要很少空间；传统数据库，索引有限，数据仓库索引多种；传统数据库，实时更新，数据仓库定期更新；传统数据库，由事件驱动，数据仓库由数据驱动；传统数据库的重要指标是并发用户的吞吐量，数据仓库的重要指标是查询的吞吐量。

面向主题是数据仓库数据组织的主要原则，主题的抽取按照决策分析对象进行。可以做以下分析。

劳动力市场空位需求、求职对比分析。

就业形势分析（就业群体构成、行业平均工资、稳定性）。

失业形势分析（失业原因、平均失业时间、社会救济额度、二次失业人数）。

显然，这对人力资源宏观管理部门决策是最重要的大数据支持。

2.聚类分析技术

聚类分析是把一组个体按照相似性归成若干类别，即"物以类聚"。其目的是使属于同一类别的个体之间的距离尽可能小，不同类别的个体间的距离尽可能大。聚类分析可以应用在人力资源管理的绩效考核上，即根据考核指标所得分数将员工分类，以支持调整薪酬、实施培训、控制晋升方面的决策。例如，某公司采用的是360度方法考核。维度有发展员工、关注客户、执行能力、道德品行、团队协调、注重创新6个。每项得分皆来自上级、下级、同级、客户、自我评分的平均值。6分为最高分，1分为最低分。全部采取匿名评分。

还可以选用样本点之间的距离来进行聚类。由于量纲相同，聚类结果就是一棵层次树。可以划分为4层。第一层是一个孤点，一位普通员工；第二层大部分是 A 事业部与13事业部的人，业务能力强，得分较高；第三层大部分为职能部门的员工，沟通与组织能力强，善于与人打交道，思维特别活跃；第四层大部分为A事业部（研发部门）的基层干部，特点是研发能力强，言语较少，沟通与组织能力一般。

有了这样的分析结果，就可以有针对性地采取不同的培训措施，最大限度地调动起他们的积极性。

3.决策树技术

近年来，某计算机公司员工流失比较严重，特别是基层销售代表和中层事业部经理这两个群体。这种现象引起了公司领导的重视。人力资源部提出，要寻找原因，找到对策，为领导下一步决策提供数据支持。

在利用数据库分析过程中，经过数据选取、数据清理、数据归纳、数据转换，采用决策树中的ID3算法，建立员工分类模型，提出分类规则，发现离职员工的主要特征。公司利用该模型，对搜集到的在职员工数据进行分析预测，挖掘出了潜在的离职员工。依据决策树发现：较之于女员工，男员工更容易离职；较之于高职称员工，低职称员工更容易离职；较之于高龄职工，低龄职工更容易离职；较之于低学历员工，高学历员工更容易离职。以上4个属性是离职职工的主要特征。离职员工可能具备一两个属性，也可能具备全部属性，要具体分析，提前消除离职因素，留住关键人才。

专家指出：以往基于心理学原理，将绩效持续下降、考勤异常、疏远团队作为员工离职的前兆。这种方法耗时耗力，主观性强，且员工表现出这些特点时，挽回余地较小。而采用大数据技术，从员工个性、价值取向、职业发展规律、行业特点维度建立数据库和模型，能够提前2～3年预测员工离职倾向，以利于提前采取措施，留住人才。

（二）大数据在管理领域的应用

大数据在管理领域大有可为。我们可以从以下8个方面进行简单介绍。

1.洞察工作重点

众所周知，任何大城市都有不少井盖，涉及自来水、煤气、污水地下管线等八大类20种之多。美国纽约市就有大量的井盖，但是，现在那里的工作人员每天只需要打开50个井盖就可以保证城市平安运行。为什么？原来他们在每个井盖下面都安装了感应器，实时汇聚各方信息，掌握了重要信息情报，通过自动筛选，就可以掌握工作重点。

2.洞察未来趋势

2008年，谷歌的一支研发团队利用网上搜集来的个人搜索词汇的海域数据，赶在流行病专家之前两个星期，提前预测到甲型H1N1流感即将暴发。因为他们掌握大数据，所以，这样难办的事情谷歌就做到了，而且比专业机构还要提前，还要准确。

3.洞察管理规律

汽车交通发生撞死人的事故，有没有规律性？大数据告诉人们有。例如，在美国，公共交通事故造成死亡的高峰是在每天晚上六点到九点，而且越是天气炎热，问题越严重。这是大数据介入管理后发现的规律。按此规律，天气越是炎热，晚上六点到九点越是要小心驾驶，交警越是要加强管理，从而减少了事故的发生。

4.洞察调度奥妙

农夫山泉原来没有利用大数据，造成统计速度极慢。数据汇总需要24小时。这样，就避免不了乱调度、闹笑话，制造混乱，影响效率。利用大数据后，数据汇总只需0.67秒，而且可以实时获得准确数据，进行科学调度。

5.洞察客户需求

当前，电子商务非常火爆。电商掌握大量商品订单，而且知道好的生产厂家是谁。由于数据在握，所以主动在握。很多生产厂家都要从电商那里获得订单需求。长此以往，会形成"反客为主"之势。电商将会变成最牛的生产性公司。

6.洞察员工表现

国外高科技企业要员工做"工作日志"，就是把你一天的工作都用计算机记录下来。比如，你是几点上班下班的，你在计算机旁学习了几个小时，你的学习进度如何，你问了教练几个问题，这些数据都可以记录下来形成你的"勤奋镜像"，以及你最近与客户联系过多少次，客户的反应如何等。这不仅能够反映员工的真实表现，而且可以提前干预，避免绩效下降。

7.洞察客户诚信

众所周知，银行利润的一个重要来源就是贷款。但是，贷款有风险，最大的风险就是客户届时还不回来。政府一再要求帮助中小微企业解决贷款困难，而问题就卡在银行无法知道企业经营状况到底如何。现在，有的银行开始与大数据联合，与电商联手。通过第三方电商获取的大数据，了解了企业经营状况，从而提升了贷款准确性，避免了风险。

8.洞察合适人选

利用大数据找人已经有成熟方法，各行各业都可以做到。现在国外已经开始通过大数据挑选电视剧本的合适演员。整个过程有观众、影视粉丝参与，而且可以预测票房价值。比如百事可乐在中国挑选代言人，最后选定了吴莫愁，靠的就是大数据。对党政人才的选拔能不能一试？

五、大数据思维

（一）大数据思维定义

所谓大数据思维，就是由于有了大数据而引发的应该与之相适应的思维方式。也可以说是由于大数据的出现，我们必须跟上这一变化而具备的新的思维方式。大数据是一个平等思维的时代，草根也可以成为精英；是一个扁平化的年代，人们需要做出快速反应；我们需要听得见炮火的人来决策；是一个跨界思维的年代，开杂货铺的也可以开银行；是一个场景思维的年代；更是一个共享的年代，我的也是你的。

（二）大数据思维的概念

可以从以下几个方面来理解大数据思维的概念。

1.大数据思维，强调"一切皆可量化"

在管理学上有一个说法，叫做"没有测量就没有管理"。此言极对。可以试想，如果不能把目标变为指标，再把指标转化为数据，任何管理者都难以把管理落到实处，也就不能达到管理的目的。大数据思维强调对东西和事物的量化，是达到管理目的的利器。我国工业化的过程就是精细化的过程，就是量化的过程。这是历史发展的必然。

2.大数据思维，强调"数据也是生产要素"

在我们以往的职业生涯中，一般人都知道数据比较神秘。也就是说，不少数据是领导掌握的，不能公开。走进大数据时代应该认识到，大数据是一种生产要素，它应用于企业生产管理，可以创造价值，可以进一步提高企业生产与服务效益，应用于社会管理，还可以创造出巨大的社会经济效益。

3.大数据思维，强调数据的完整性

大数据要分析的是全部数据，而不是部分数据。因为人们已经有能力和办法把全部数据搜集、储存起来，进行有目的的处理分析。过去搞社会科学研究往往采用抽样调查法，就是选择样本进行分析，其实那是没办法的办法。现在人们已经可以做到"样本就是全部"。更重要的是，这样做可以获得更准确的结论。

4.大数据思维，强调数据的复杂性

小数据强调数据的精确性，大数据强调数据的复杂性。因为这样更有利于了解事物的真相，避免因忽略了某些信息而造成决策失误。大数据喜欢用概率说话，而不是板着"确凿无误"的面孔。如果让整个社会适应这种思维，尚需要相当长的一段时间。

5.大数据思维，强调事物的相关性

世界万物的一个基本特点就是相互之间存在某种联系，也就是相关性。但是，人们往往重视它们之间的因果性，而忽视相关性。比如，用逻辑推理，就可以找到事物之间的因果关系，例如，因为掉了一颗铁钉，所以马失前蹄；因为马失前蹄，所以士兵倒地；因为士兵倒地，所以战争失败。但是，对有些事物之间的相关性，人们就不大容易理解了。大数据强调，不要在我们了解以后，才去重视，而要尽快利用这种相关性来创造价值。

6.大数据思维，强调发现事物的规律性

世间万物都有规律。有时人们感到不好把控，难以描述，那是观察不多、观察不够的结果。大数据思维，重视从多方面搜集信息，多角度分析数据，就比较容易认识到隐藏在事物背后的规律性，因此值得高度重视。从这样的意义上讲，大数据思维能够提升人们对于事物本质的认知，从而有利于更好地认识与改造世界。这也正是辩证唯物主义者所追求的精神境界。

（三）差距

我们认为，无论宏观层面，还是微观层面，人力资源管理都已经严重地落后于大数据时代的发展。主要表现在以下三个方面。

1.管理者关注的只是小数据，成井底之蛙

作为数据源，本单位保有的纸质数据只能算很小的一部分。例如，任何单位都有的员工档案、考核记录、工资发放表。在大数据洪流已经爆发的今天，社交网络上的数据、核心期刊论文引用的数据、专业论坛上的发言数据等，数量已很大，而且能够极大地弥补本单位数据的不足。但是，管理者对单位之外的数据不知道、看不见，成了不谙世事的井底之蛙，这样的管理是不可能充分发挥人的潜能的。

2.管理所用数据粗糙，精细化程度不高

我们已有的人事数据大多属于基础数据与能力数据，大多缺乏效率数据与潜力数据。这就难以通过查阅档案来识人用人。即便是通过人事部门的语言介绍，也难以将一个人的优缺点描述清楚。用大数据的概念讲，就是数据的颗粒度太大，精细化程度不高。精细化依靠的是"细分"，细分才能做到管理上的精准。

3.日常管理仅限于领导驱动，缺乏数据驱动

当前的人力资源管理基本上都是领导驱动的。也就是说，如果领导不让干什么，下级就不去干什么。如果有了大数据思维，那就可以主动思考问题，研判形势，提出建议。而且只有这样，才能使人力资源管理从被动执行型转变为主动行动型。数据本身是不会思考的，但是掌握大数据方法的人是能够通过数据发现问题的。过去，管理有两个层面：一是战略层面，二是战术层面。人力资源管理总是在战术层面绕圈子，就是因为其思维上升不到战略层面。当前，重视大数据是提升管理层次的一个大好时机。数据驱动的本质是智能化，能够聪明地对未来进行前瞻，做到未雨绸缪，防患于未然。

大数据时代背景下的人力资源管理，应该跟上时代的要求，实现转型升级，实现精准化、迅捷化、智能化、个性化。

第三节　大数据与人力资源管理的关系

一、新世纪人力资源管理面临新形势

在了解大数据与人力资源管理的关系之前，首先应了解在当前情况下，人力资源管理所面临的形势，也就是较之以往发生了哪些重要变化。

（一）人力资源管理，已经变成了劳动力管理

在互联网、大数据条件下，碎片化已经成为事实。时间碎片化、学习碎片化、用工碎片化等都是新的事物。一位研究劳动力的专家称，劳动力供给在今天与以往相比已经发生重大变化。

以往的公式是：

劳动力供给 = 劳动者人数 × 劳动时间

现在的公式是：

劳动力供给 =（全职雇佣的劳动者 + 非全职雇佣的劳动者）×（小时工作时间 + 加班时间 + 碎片化时间）

因此，人力资源管理已不能叫"员工管理"，而应该叫"劳动力管理"或"劳动者管理气劳动者不一定是我的员工，而是我所使用的人。在互联网冲击下，企业的边界正在被打破。同时，企业也获得了更低廉的劳动成本。

最典型的是像传媒业、互联网业、创新产业等知识劳动者密集的产业，他们完全可以采取雇用专家组成项目团队的方法来完成工作，创造一般人创造不成的价值。另外，居住在企业附近的人也可以成为自己的雇员。随着互联网、大数据技术的发展，劳动力管理工具已经能够最大限度整合劳动力资源，帮助企业在合适的地点更精准地找到最合适的人选。

互联网和大数据还改变了劳动者的工作方式，像专栏作家、淘宝店主、酒后代驾、专车司机等都是一些灵活就业者，他们依靠互联网找到了自己满意的工作。在大众创业、万众创新的大背景下，"个体户"的概念也需要重新定义，他们应该称为"自我雇佣者"。他们的社会福利与社会保障应该跟上时代，有所创新，而这正是人力资源宏观管理部门所忽视的。

（二）对于人力资源管理来说，征信很重要

我们这里讲的征信，是指建立基于大数据的个人征信系统。

商务部的研究人员说，"征信就是征集信用记录"。详尽的解释是：授信机构（金融机构或商家）自身或委托第三方机构，对客户信用状况进行调查验证，形成报告，用于决策，以规避风险的事情。对于普通百姓来讲，个人征信状况，主要用于个人申请信用卡、办理车贷房贷、求职、投保等事项。因为当今社会，直接利用现金进行交易的情况越来越少，如果没有社会信用系统支持，风险就会很大。而征信乃是信用体系的基础。

中国人民银行印发《关于做好个人征信业务准备工作的通知》，要求芝麻信用、腾讯征信等八家机构做好征信业务的准备工作，准备时间为六个月。这八家机构包括互联网巨头、保险公司、老牌征信公司、拥有数据资源的新兴公司。由此可以看出，"互联网+大数据"将在未来征信体系建设中发挥重要作用。

征信业其实是一个很有点历史的行业。最初就是委托调查，已有几百年的历史。

到了互联网时代，互联网与征信结合，就出现了互联网征信。"对大数据的分析和信息自动化采集"是互联网征信的最大特点。

基于购物信息、水电费交纳、支付习惯、黑名单记录等大数据，就可以掌握一个人的信用状况。当然，有的大学生是没有办理信用卡的，但这些人可能早就在网上购物了，甚至已经成为支付宝资深用户了，他们在互联网上留下的足迹和行为数据，已经可以为其信用打分。

目前，互联网征信企业也存在一些问题，如独立性与客观性的问题。互联网征信企业应该努力保持中立、公正。有人指出，有的企业虽然掌握不少数据，但是没有掌握其平台之外的数据，因此是不完整的，尚有待改进。

（三）大数据在宏观管理方面应用很广

大数据应用于宏观层面的人力资源管理，可以表现在很多方面。

1.信息公开能够促进就业

由于推动社会信息公开、透明与共享，使内部与外部利益相关者都提高了工作效率，产生了公共效益。例如，中国人民银行上海总部公开金融信息后，催生了一批金融信息咨询服务公司，拉动了10多万人就业。

2.实时数据确实促进就业

联合国启动"全球脉动计划"，为各国提供实时数据分析，以便准确了解人类福利状况，降低全球性危机对人类生活的影响。联合国秘书长潘基文说，联合国必须为自己的服务对象服务，帮助那些失去工作、生病、难以养活自己和家人的人。

3.个性服务大大促进就业

传统公共服务强调共性，实际上，个性化需求十分迫切。德国联邦劳工局通过对就业历史数据的分析，区别了不同类型的失业群体，实行有针对性的服务，在每年减少100亿欧元的情况下，减少了失业人员平均再就业的时间。

4."千人智库"促进人才创业

"千人智库"是一个依托全球人才资源大数据，对接各级政府、企事业单位人才与项目需求，面向市场提供高端猎聘与咨询服务的民间智库。总部位于湖北武汉光谷。"千人智库"拥有巨大的数据资源，整合了《千人》杂志、科研出版社（亚洲最大的开源电子期刊出版社）、汉斯出版社（全球最大的中文开源电子出版社）等相关机构的人才资源，掌握全球1000万名以上的科学工作者数据，并形成了每天实时更新的智能化人才大数据。作为一个巨大的信息化平台，"千人智库"能够精确匹配客户的人才需求，已经为天津，湖北武汉，鄂州，襄阳，黄冈，以及浙江余姚，辽宁本溪，江苏南京，北京中关村等地开展人才引进与项目对接服务。与传统的引才方式相比，"千人智库"具有服务范围大、引才效率高、成本付出低的特点。

以上是对大数据应用于宏观管理方面的总体介绍，但这不是本书的重点。本书主要讲的是大数据应用于微观管理方面的一些问题。

二、基于大数据的人力资源管理

关于大数据人力资源管理，人们有不同的认识。例如，有人认为，我们当前使用的数据，尚不够大；还有人认为，我们目前的管理距离大数据管理差得还很远。我们认为，在互联网时代，大数据已经生成在我们身边。我们使用的互联网就是"互联网""大数据""云计算"。包括简单至极的出行打车，你所使用的手机（移动终端）工具，就是以大数据为基础的。因此，在我们的论述中，均以"基于大数据的XX"来加以区别。这是需要说明的。

（一）基于大数据的人力资源规划

人力资源规划，就是对组织人力资源的进出以及配置做出提前的设想与准备。显然，这需要弄清几个问题：当前本区域内的人力资源总况，当前组织内人力资源余缺，当前本组织最需要的人力资源类型、层次和数量，内部人力资源流动配置计划方案等。

哪些人会离职要特别引起重视。因为人力资源工作者必须保证人力资源能够充分满足组织内各个工作岗位的需要。

通过数据挖掘，专家发现，通过询问"不墨守成规的人，在每家公司都有生存空间"这样一个问题，同意该说法的人，往往跳槽率较高。这是回归方程计算的结果。

（二）基于大数据的人力资源招聘

人才管理从系统论的角度看是一个"进管出"的过程。也就是首先将各类人员包括其高端部分——人才引进组织之中。

大数据时代的招聘以数据作为衡量人才的前提，以模型作为评价人才的标准，能够进行迅速、有效的筛选，保障招聘质量。这种形式的招聘，从技术角度看，是持续的数据挖掘过程；从信息角度看，是关联信息不断组合的过程；从专业角度看，是对岗位价值、胜任力的理解过程。

大数据时代的人才招聘，是一个双向选择过程。组织要选人才，人才也要选组织。这是一个双向互动过程。

1.借助社交网络

目前，企业招聘已经能够借助社交网络，达到知人的目的。社交网络是拥有大数据集群的最大主体，能够通过它获取应聘者生活、工作、能力状况及社会关系等各方面的信息，形成立体形象，便于企业做到"精确人岗匹配"。融合社交网络的最佳对象，有人认为是 Linked In。它能够借助社交基因弥补传统网络单向招聘的不足，既能令雇主与应聘者之间彼此深度了解，也能节省招聘成本，提高招聘效率。

2.通过人力资源外包公司

现在美国很多人力资源外包公司能够从两个对立的方面为求职者与招聘者提供服务，如 Glass door、Talent Bin、Identified 等。在 Glass door 这家公司注册的求职者，可以了解应聘公司的薪酬水平、工作环境、公司内幕，在与脸书公司整合后，还可以告诉你，应该结识公司里的哪些人，可以提出想到哪个岗位工作。还有的公司借助社交网络，能够告诉求职者应聘公司内部"有哪些认识的人"，公司有没有关于职工婚姻状况的潜规则。要想晋升，需要准备什么样的知识、提高什么样的技能，被聘任之后，可以按照什么样的路线图发展自己等。

作为人才招聘方的企业，自然十分想获得应聘者的信息。Talent Bin公司通过收集社交网络上的个人信息，整理编辑出一个以人为中心的信息库，想招聘什么样的人，可以通过搜索获得。另一家叫做 Identified 的公司，可以对求职者进行打分比较。其核心功能是通过工作经历、教育背景、社交网络为求职者打分，其信息来源为 Facebook。

3.人才网络招聘

通过互联网进行招聘，目前已经广泛流行。将来，基于大数据的网络招聘，会将网络社交功能引进招聘过程。在新型的网络招聘过程中，求职者可以在网站建立自己的简历，分享求职经验，关注职位信息，建立人脉；组织也可以在上面树立自己的企业形象，吸引优秀人才加盟，发布招贤信息。

人力资源招聘首先需要面试。关于面试的方法很多，这里不再展开论述。比较先进的方法是一种通过游戏识别人才的技巧。

4.高效率的视聘招聘法

最近出现的基于大数据、人才模型的"欧孚视聘招聘法"是一种高效率的招聘法。这种方法整合了人力资源专家、移动互联网专家、心理学家、视频技术专家、行为分析专家的智慧，共同研发而成。其所依靠的心理技术是"五大职业人格"，而不同之处在于通过采取视频数据，来读懂应聘者的形象、表情、气质、表达、手势。关键点在于应用了机器能力、分析算法，把大数据与人工智能作为武器，完成了将应聘者与所招聘职位的匹配。无论是从准确性来看，还是从效率上来看，都得到了成倍提升。

这种方法被国际学术界称为"科学读心法"，又被称为"人工神入"（Artificial Empathy）。最大的革新之处在于不是通过直接询问，而是依据一个人释放的个体信息，包括表情、语言、体势语言、生理特征来判断其内心状态。移动手机用户可以通过微信把一段视频发过去，进行分析。这种方法的主要优点是移动化、可视化、精准化、温情化。

5.有趣的"芥末侍应"游戏识人法

玩家在游戏中是一家食品店的服务员。他需要依据顾客的表情来给他相应的食品。开心的顾客就要给他代表开心的食品，难过的顾客就给他代表难过的食品。虽然看上去这个游戏与一般游戏没什么两样，但可以对玩家在游戏中每千分之一秒的行为进行解析，考察他们与就业职位相关的性格特征，如责任感和应变能力等。

另外，还有很多这样的游戏能够辨别被测者的智力水平、情绪控制能力、对环境的适应能力。其最大优势是在短时间内进行多项测试，而且无须被测者做出有倾向性的回答，他也无法作弊。这种游戏软件是奈可（Knack）公司开发的。大数据的应用，使得计算机在处理大量数据时，可以从中挑选出人关注不到的信息。这就能够使人力资源工作者做出更加客观准确的招聘决策。人才招聘以往主要靠面试与简历筛选。前者误差大，难免受到"以貌取人"的影响。后者也会受到千人一面的困扰。

6.人才雷达与雷达人才

人才雷达是基于云端，利用数据挖掘定向分析，帮助企业找到合适人才的信息平台。通俗一点讲，就是基于数百万计的论文数据、几百万的简历数据，加上微博的支撑，根据企业的招聘需求，搜索关键词，自动匹配求职者，根据个人的求职需求，自动匹配一些职务。

这种方法能够从9个维度给出某个潜在求职者一个分值。在互联网时代，每个人在网络上留下大量数据，其中包括生活轨迹、社交言行等个人信息。依靠对这些数据的分析，能够将锁定的人的兴趣图谱、性格画像、能力状况从中剥离出来。例如，可以从高校网站获取这个人的所受教育经历；可以从其所发表的论文、专业论坛发表的文章、被人引用的次数了解到专业影响力；可以从其所交往的好友辅助判断能力状况；可以从其网上的抽象语言判断性格特征；可以通过分析其网上行为表现而得知职业倾向；可以关注其发微博的时间特点、在专业论坛上的时间而推测其是否符合某种职业的要求。

以上讲的是人才雷达，那么什么是雷达人才呢？

雷达人才是专门等着人才前来登记的一个地方。其网页显眼的位置上写着"雷达那么强，我想去试试""又好又快又不要钱""找工作，雷达一下"。打开网页，求职者可以将自己的姓名、求职要求填写进去，一周之内，自动登录。其实，这时你就是其人才库的一个成员。你需要找工作，他们也需要你的加人。

"数职寻英"是周涛博士的一个创新。它其实是一个借助手机的"社会众包平台"，又叫"指尖招聘"。周涛解释说，当你在朋友圈分享了一个招聘需求，并被朋友分享给其他人，最后有人获得此信息并被录用了，那么所有转发此信息的人都将获得奖励。这么一来，人人都可以是猎头。

大数据时代的人员招聘，能够结合社交网站，掌握应聘者的各类信息，包括个人视频、工作信息、生活状况、社会关系、个人能力等，都能被了解，从而形成关于应聘者的立体图像，有利于做出正确判断。

（三）基于大数据的人力资源配置

关于人力资源配置，人们必然会想到有关"能力模型"的研究。个人能不能胜任某项工作，不是要看其智力，而是要看其胜任力。找到能够区分绩效优异与绩效低劣的一些潜在心理特征很重要。

能力模型的开发过程是严格遵循心理测试标准的。模型做好后，可以以它为基础，开展人才招聘、配置、培训、绩效考评等。实际使用过这种模型的人都会感觉到，其开发过程比较复杂，费用也不菲，但并不实用。伴随着互联网的出现，人们逐步认识到，岗位是不断变化的，基于岗位的能力模型，很难适应这种变化。人们在思考：如果重视一个人的智力水准，加上潜力考察，能不能打破原有的、中心化的、封闭的心理评估工具，代之以能够反映群体智慧的评价方式呢？这种社会化的评价机制，可能就存在于社交媒体中，存在于群体智慧中。世界是否进入了"后能力模型时代"？

（四）基于大数据的人才测评

人才测评已经进行多年，不少人力资源服务公司都在研究如何才能更精确地进行测评。我们认为，大数据可以在这个领域大显身手。

为什么看好大数据测评？因为马克思说过：人的本质是人的社会关系的总和。试问：在大数据时代到来之前，谁能够把一个人的"社会关系总和"搞清楚？

但是，社会上已经出现大数据"搜索引擎"。搜索引擎越多越好，信息仓库里的信息越多越好。有了这种搜索，不良分子已经难以遁形藏身。我们能不能反其道而用之——找寻到他的优秀面？大数据能够把人的各种信息踪迹迅速抓取、搜集在一起，并能够进行综合分析。所以，大数据方法是人才研究的利器，也是人才测评的利器。但是，一定要注意道德与法律问题。

在讨论人才测评的时候，有一个动态值得关注：计算机识别人的面部表情技术。

当你打开视频网站看到一则广告时，禁不住流露出惊喜的表情。这时，摄像头提示灯忽然闪了闪，这是什么意思？实际上，这是在对你进行测试，包括眼睛定位，寻找嘴部水平中心线，xyz轴建模，眼轮匝肌、皱眉肌、颧大肌各块肌肉的位移，数据传回，数据库表情匹配。

计算机对人面部识别技术准确率达到96.9%。对更复杂的复合情绪识别率达到76.9%。有家美国公司专门为顾客提供情绪反应数据。此方法还可以用来进行表情测谎。原理是：人们进行虚假和其实的感情表达时，使用的大脑映射不同，因此反映在面部肌肉动作上也有不同。这样微妙的变化人类很难区分，对计算机来说却很容易。

笑是人的表情的一个最基本的动作。但是，一般人对笑的详尽分类并没有注意，认为就那么几种。实际上笑有27种之多。对于这么多种的笑，靠人的肉眼是分不清的。但是计算机可以做到，可以在千分之一秒之间，捕捉到是哪种笑。它靠的是对面部肌肉的微细动作的分析。也就是说，计算机加工大数据，可以通过模型来分析一个人的笑到底是一种怎样的含义。这对研究知人之术是一种有价值的参考。

（五）基于大数据的人才使用

在每个企业里面，都会产生大量的数据踪迹。通过分析员工之间的沟通数据，不仅能够了解员工个人的表现，而且能够掌握团队的合作状况，从而能够采取有效措施提高企业内团队的合作效率。甚至在团队组成之前，就能预测出队员间的合作情况，以及可能出现的问题。

利用传感器和数字沟通记录，可以帮助公司高层知道不同团队擅长完成何种类型的任务，从而创造出"团队指纹"，也就是他们中的职工与什么类型的任务能够做到相互匹配。

建立团队指纹，不仅会让这个团队在某一个特定项目中获得成功，而且会让公司长期受益。

（六）基于大数据的人力资源考核

考核是人力资源管理的重要环节。没有考核就没有管理。

在谈到考核问题前，我们先来认识一个奇妙东西——社会传感器。

社会传感器是一种具有多种感应功能的装置。最初，它只包含一个红外线收发器、一个麦克风和两个加速度传感器，并在被严格控制的条件下使用。经过改进，传感器增加了显示功能，可以显示滚动信息，还可以戴在脖子上。后来，增加了一个蓝牙无线电设备，一次充电可持续搜集40小时，甚至可以做到无线充电。

传感器搜集信息包括两部分内容，即个人的（如是否抑郁）与社会的（与他人的交往）。重点放在互动模式与汇总统计上，它所关注的是不同部门之间如何协作。项目的每个参与者都可以随时删除自己的数据。

由于有了社会传感器，有了计算机对员工一天工作的详尽记录，考核就变得十分简单。组织可以通过软件记录员工每天的工作量、具体工作内容、工作成绩，然后使用云计算处理，分析这些数据信息，据此可以清楚知道员工的工作态度、忠诚度、进取心等。基于大数据，考核就变成"人在干，云在看"。

既然考核已经进行，那么，根据考核结果，就可以按劳分配，将不同的薪点与对应的薪酬数量确定下来。有了大数据，对有的组织来说，可以实现"提前考核"。在国内，有的电商利用大数据，能够提前预测出每个员工的工作业绩。比如商品销售额任务是否能够完成，过去只能在年底算账，现在则可以提前预知，并适时对员工予以指导。那么，管理者是怎样知道哪个人无法完成预定指标呢？

原来他们通过大数据方法建立模型，将三个数据联系起来：第一个是"询盘价"，就是前来点击询问的商品价；第二个是下单价，要购买的总共的商品价；第三个就是实际发生的交易价。这三个数据之间有一定的比例关系。

（七）基于大数据的人力资源薪酬

实际上有了基于大数据的人力资源考核，确定薪酬就有了办法。

大数据在薪酬方面的应用，首先在于对企业内薪酬的测定。这个不难，只是个计算问题。其次还在于对本行业薪酬水准的把握。为了获得国内外同行之间的竞争力，需要参考大数据为你提供的数据来调控本企业薪酬水准。云计算技术使你能够快速解决此类问题。

在谈论薪酬问题的时候，还需要认识一种小东西社会关系测量器。社会关系测量器是干什么的？

国外早就时兴薪酬谈判。就是给你发多少薪酬，劳资双方有一个谈判博弈过程。美国有个叫彭特兰的人，是研究人类动机学的学者，依据大数据原理研究出来一种叫社会关系测量器的新发明。它能够记录在人们无意识情况下输出和处理的信号。在薪酬谈判中，它有助于洞察谈判对手，提前使自己处于主动地位。

（八）基于大数据的人力资源培训

当前，人力资源培训的一个重大特点就是在线教育人数大增。在线教育浪潮在美国涌起。一系列智能网络学习平台成为投资重点。著名的在线教育公司与普林斯顿和伯克利、宾夕法尼亚等大学合作，在互联网上免费开放大学课程。

这些学校的课程可以实现全球几十万人同步学习。分布在全世界的学生不仅可以在同一时间听取同一位教师的授课，而且可以和在校生一样，做同样的作业，接受同样的考试和评分。

我们国家也不落后。国家开放大学携各分部、行业（企业）学院、地方学院、学习中心等，与相关行业、企业与工会系统等开展了广泛合作，面向生产和服务的一线职工开展培训活动，实现了产业工人不必耽误工作就能学到与自己职业息息相关的知识，并能获得相应证书。

开放大学是20世纪60年代出现的世界高等教育领域的一种新型学校。这种大学强调开放教育，强调利用现代信息技术与教育教学的深度结合，向有意愿学习、有能力接受高等教育的人提供学习机会和服务。

英国开放大学是世界上最早成立的开放大学。开放大学由于其独特的教育理念、价值取向和社会效益，日益受到国际社会和各国政府的高度重视。在我国发布的教育规划纲要中曾明确提出，要"大力发展现代远程教育""办好开放大学"。目前，开放大学正在围绕促进全民学习、终身学习、学习型社会建设而进行积极探索。

与此同时，越来越多的培训机构开始开发专业的网络培训软件，供用人单位根据自身需要选择购买。这些软件能够忠实记录每个员工的学习行为数据，并将其归入员工个人学习档案，生成个人学习曲线图，反映个人学习成长过程。

①微课。2008年，美国新墨西哥州圣胡安学院的高级教学设计师、学院在线服务经理戴　彭罗斯，将原本几十分钟、几个小时的课堂内容提炼出要点，制作成十几分钟的微型视频课堂。自此，微课概念出现。

②慕课。它是以信息技术为基础的更大时空背景下的课程，是在世界范围内任何人都可以自由出入的大学堂。其最不可思议的创举是：进入名牌大学名教授的课堂，竟然可以分文不付。

以互联网与大数据为基础的新的教学生态是：单向传播变为互动传播，通过订阅信息能够构建自己独特的知识结构，废除大学围墙与教室，学习可以随时随处进行，而且不受经费的限制。目前,中国石油大学联合其他院校已经整合构成了1万多学时的,"泛在学习资源库",并开发了适合手机、平板电脑、计算机等多种终端进行学习的方式。

现在,越来越多的企业开始购买网络培训课程。这不仅能够节省培训支出,而且能够记录每个员工的学习行为数据。不仅能够知道每个员工学习情况如何,而且能够根据实际情况给每个员工量身定制课程,提升培训效率。

大数据、互联网、云计算能够把行政办公、教学管理、学生管理、教学资源管理、一卡通集成在一个统一的门户下,为全校师生提供一站式服务。在福建化工学校,每个学生都有一个终身账号,也就是他的学号,即使毕业了,只要有一部手机(或者能联网的计算机),都可以进入学校的数字校园平台学习。学生在工作之后仍可以"回到母校",开阔视野,参加终身学习。

飞行员培训也可以基于大数据。在飞机上有一种与黑匣子一样重要的东西,叫做"快速存储记录器",又称QAR(Quick Access Recorder)。实际上是一种带保护装置的飞行数据记录设备。它的功能是通过在飞机机身安装的几千个传感器,搜集到从飞行员走进机舱到飞机落地的全部操纵动作数据。

(九)基于大数据的实际操作考试

考试的类别较多,这里仅举一例来说明利用大数据改进的方式方法。

实验操作考试是目前中考的一个项目,但是操作起来比较困难。以山西太原市的一场中考为例,传统的实验操作考试是这样的:全市分物理和化学两个考场,每天考14场,每场15分钟,场次间隔20分钟。每个考场24名考生,12名监考评分教师,每个监考评分教师负责2名考生。一天之内,每名教师只能监考28名考生。在每场间隔的20分钟内,教师还要整理仪器,调整摆放位置。由于教师数量不足,持续时间长,劳动强度大,历来都是实验操作考试的难题。另外,人为的监考评分,难免有失公允,也成为考生及考生家长担心的问题。

太原市教育局在中考理化实验操作考试中,利用现代信息技术手段,在大数据的助力下,创新了考试形式,取得了度好的效果,受到普遍欢迎。

太原市教育局的做法是:成立太原市理化实验操作考试领导小组;在太原市教育装备中心设立实验操作考试工作办公室,研究实验操作考试必须使用的科学手段;在专业公司的技术支持下开发出"互联网+实验操作考试评价系统"。该操作系统由操作云数据管理中心、考场设备(包括网络摄像头、考生终端、考点管理软件)组成。能够实现考生、学校、考题、考场等所有数据信息化管理,视频监考,实验过程记录,并通过互联网传输至数据库,进行后期追溯与大数据分析。

这种新型的实验操作考试方法已经装备了41个考点、82个考场。在每个考场考生的考题是由每组的第一个考生随机抽取的,抽取过程在大屏幕上实时显示。进入考场后,每个实验台上都有一个数据盒,两旁固定着两个高清摄像头,考生实验操作全过程通过视频数据传输到云数据管理中心，监考老师现场评分，经学生确认后，即时输入分值，提交数据中心，整个考试过程高效、透明、客观、公正。

即使在考试成绩公布后，如有疑问，也可做即时查询。网上阅卷也在很大程度上解决了实验操作考试打分公平性问题。通过实验考评系统的大数据分析，还为实验教研积累了大量真实的基础数据，为实验教研的开展提供了坚实基础。

第二章 人力资源招聘管理

第一节 人力资源招聘概述

随着我国市场经济的发展以及人事制度的改革，人员的流动率也越来越高，同时企业对人才的需求也发生了很大的变化。企业为了谋求更大的发展，就必须通过各种信息，把组织所需人才吸引到空缺岗位上来，而越来越多的求职者也将通过应聘的方式来获得理想的职位。因此，如何花最小的成本在市场上招聘到最合适的人才就成为企业人力资源管理部门的一项重要任务。

员工的招聘与录用工作是人力资源管理中最基础的工作，也是出现得最早的工作。在人类出现雇佣关系的同时，招聘和录用活动就出现了。招聘作为一种科学活动也出现得很早，在泰罗的科学管理时代就已经创造了招聘、筛选、工作分析等工作，这些工作后来一直是人力资源管理的基础。

一、招聘与录用的作用

对于企业而言，当它有了周详的目标之后，就需要组成一个人力资源管理系统，在适当的组织结构与指挥协调机构领导下，来使用原材料、机器、资金等生产产品，或进行销售，或提供服务。在人力资源管理中，人力资源的使用与配置是企业成功的关键，而人力资源的使用与配置包括人力资源的"进""用""出"几个环节。在这几个环节中，人力资源的"进"又是关键中的关键。具体而言，人员招聘与录用的作用具体表现在以下五个方面。

（一）招聘与录用是企业获取人力资源的重要手段

企业只有通过人员招聘才能获得人力资源，尤其是对新成立的企业来说，人员的招聘与录用更是企业成败的关键。如果企业无法招聘到合乎企业发展目标的员工，企业在物质、资金、时间上的投入就会成为浪费，完不成企业最初的人员配备，企业就无法进入运营。对已经处于运作之中的企业来说，人力资源的使用与配置，也因企业的战略、经营目标、计划与任务以及组织结构的变动和自然原因而处于经常的变动之中。因此，招聘和录用工作对企业来说是经常性的。招聘与录用的目标就是保证企业人力资源得到充足的供应，使人力资源得到高效的配置，提高人力资源的投资效益。

（二）招聘与录用是整个企业人力资源管理工作的基础

一方面，人员招聘工作直接关系到企业人力资源的形成；另一方面，招聘与录用是人力资源管理其他工作的基础。企业人力资源管理所包括的各个环节，从招聘、培训、考核、薪酬到人力资源保护、劳动关系、奖惩与激励制度等环节中，人员的招聘与录用是基础。如果招聘和录用的人员不能够胜任，或不能满足企业要求，那么企业人力资源管理的工作效益就得不到提高。各项工作的难度将增加。

（三）招聘与录用是企业人力资源投资的重要形式

从人力资源投资的角度出发，招聘与录用也是企业人力资源投资的重要形式。人员的招聘与录用无疑将花费企业的费用。如果人员招聘与录用工作出现失误，对企业产生的影响将是极大的。例如：录用的生产线的员工如果不符合标准，就可能要花费额外的精力去进行修正（培训）；与客户打交道的员工如果缺乏技巧，就可能使企业丧失商业机会；在工作团队中，如果招聘来的人员缺乏人际交往技能，就会打乱整个团队的工作节奏和产出效益，等等。员工的等级越高，招聘与录用工作就越难开展，其成本也就越大。要衡量一位招聘来的管理人员的作用，需要花费很长的时间才能确切评价。尤其是在人才竞争的21世纪，企业能否招聘到至关重要的人才，对企业的发展是非常重要的。当今世界的企业竞争就是人才的竞争，在一定程度上说却是招聘与录用的竞争。因此，如果企业的招聘与录用工作的质量高，既能为企业招聘到优秀人员，也能为企业减少由于录用人员不当所带来的损失。

（四）招聘与录用能够提高企业的声誉

招聘与录用工作需要严密的策划，一次好的招聘策划与活动。一方面，可以吸引众多的求职者，为应征者提供一个充分认识自己的机会；另一方面，既是企业树立良好的公众形象的机会，也是企业一次好的广告宣传。成功的招聘与录用活动，将能够使企业在求职者心中、公众心目中留下美好的印象。

（五）招聘与录用能够提高员工的士气

当企业在不断发展的时期，自然会产生一些空缺职位，企业需要从外部寻找合适的人选来填补空缺，使企业的发展不至于受到限制。一方面，引进"新"员工可以带来新的思想，使员工队伍具有新的活力；另一方面，也为"老"员工带来新的竞争，使他们在招聘的岗位上获得新的挑战机会。

总之，招聘工作不仅影响到企业的未来，也关系到员工个人的前程，对企业和个人都有着重要的作用和意义。

二、招聘与录用的基础工作

人员招聘是指企业在某些岗位空缺的时候，向外界发布消息，决定聘请符合这些岗位要求的人员的过程。人员录用是指在应聘的候选人当中，通过科学的筛选方法，寻找出最适合该岗位的人选的过程。所以，人员招聘与录用所包含的整体内容包括企业从某些岗位空缺开始到岗位空缺被填补为止制定的一系列决策和实行的一整套措施。

从企业人力资源管理工作的环节来看，人员招聘和录用工作实际上是建立在两项基础性工作的基础之上的。

（一）招聘与录用工作基础之一：人力资源规划

人力资源规划是指为实施企业的发展战略，完成企业的生产经营目标，根据企业内外环境和条件的变化，运用科学的方法对企业人力资源需求和供给进行预测，制定相应的政策和措施，从而使得企业人力资源供给和需求达到平衡的过程。企业人力资源规划的目标主要是：确保企业在适当的时间和适当的岗位获得适当的人员，实现人力资源的最佳配置，最大限度地开发和利用人力资源潜力，使组织和员工的需要得到充分满足。人力资源规划作为人力资源管理的基础性活动，核心部分包括人力资源需求预测、人力资源供给预测和供需综合平衡三项工作。

（二）招聘与录用工作基础之二：工作分析

工作分析又称为职务分析，就是对企业中的某项职务进行全面、系统地调查、分析和研究，分析职务本身的各项内容以及雇员对此职务应承担的责任和应具备的素质等。工作分析包括职务描述和工作说明书两个部分。前者是关于职务方面的内容，包括职务的性质、内容、规定的责任、工作条件和环境等；后者是关于雇员方面的内容，包括了雇员自身素质、技术水平、独立工作的能力等。

企业的人力资源规划是运用科学的方法对企业人力资源需求和供应进行分析和预测，判断未来的企业内部各岗位的人力资源是否达到综合平衡，即在数量、结构、层次多方面平衡。工作分析是分析企业中的这些职位的责任是什么，这些职位的工作内容有哪些，以及什么样特点的人能够胜任这些职位。两者的结合使得招聘工作的科学性大大加强。

三、影响招聘与录用工作的各种因素

人员招聘与录用工作相当重要，企业需要进行周密策划。这不仅需要制定高效可行的招聘与录用方案，而且需要对招聘与录用工作的各种影响因素进行综合分析。招聘录用成功取决于很多因素，具体主要包括三个方面。

（一）影响招聘工作的外部因素

影响企业招聘与录用工作的外部因素有很多，概括起来可以分为两类：一类为经济因素；另一类为法律和政策因素。

对于经济因素来说，它具体包括人口和劳动力因素、劳动力市场条件因素，以及产品和服务市场条件因素。人口和劳动力因素直接决定着劳动力的供给状况，而人口与劳动力的结构与分布特点，关系到一个具体地方的劳动力的供给。劳动力市场条件关系到劳动力达到供求平衡的快慢，完善的劳动力市场能够便捷地为企业和求职者之间架起沟通的桥梁，能够迅速地帮助企业实现内部劳动力的供求综合平衡。产品和服务市场条件因素不仅影响企业的支付能力，也影响企业员工的数量和质量。当产品和服务市场增大时，市场压力会迫使企业将生产能力和雇佣能力扩大。这样企业员工的数量要增加，由于此时劳动力稀缺，企业所增加的员工的质量会降低。当产品和服务市场减小时，企业一般则会降低雇佣水平，提高雇员质量。

对于法律和政府政策因素来说，它主要指劳动就业法规和社会保障法以及国家的就业政策等内容。首先，看政府政策是如何影响招聘工作的。当政府购买某类产品和服务的时候，该类企业在劳动力市场上的需求也会相应地增加；另一方面，政府还可以通过就业政策和就业指导中心等机构直接影响企业的招聘工作。其次，法律和法规应该成为约束雇主招聘和录用的重要因素。在我国，1994年通过的《劳动法》在招聘工作中起着重要的约束作用。在劳动力方面法律体系较为健全的美国，起约束作用的法规则更多。劳动法的主要精神就是保障公平就业和雇员的工作生活质量。从这个意义上讲，我国在这方面还有很多工作要做。

（二）企业和职位的要求

企业和职位的要求，具体包括企业所处的发展阶段、工资率以及职位要求等内容。当企业处于扩张阶段时，其对劳动力的需求是很旺盛的，这时候该企业的招聘工作将会围绕着数量这个中心来进行。当企业处于收缩阶段时，其工资和劳动力需求都会下降，这时招聘工作的重心将会转向质量方面。当企业的工资率提高时，产品成本会上升，产品需求会下降，劳动力需求下降。于是，企业会减少劳动投入比重，这也会降低雇佣水平。职位要求则限定了招聘活动进行的地点、选择的沟通渠道以及进行选拔的方法。所以，企业和职位要求也影响着招聘工作。

显然，新职位的设置是否合理或是否必要，对招聘与录用工作的影响很大，招聘来的人员无法配置或配置不当，对企业和新进人员都是有害的。因此，企业高层管理者和人力资源管理者在考虑新设职位时，应该弄清楚以下十二个问题。

①设立这个新职位的目的是什么？

②为达到这些目的，有没有其他办法？是不是必须设立该新职位才能解决问题？

③如果这个新职位要有人来填补，那么其未来5年的成本将是多少？

④这个职位对企业维持或改善销售的影响如何？对维持或改善收入的影响如何？

对改善人的使用的影响如何？

⑤现在是谁在进行该职位的工作？

⑥现在进行该职位工作的人超时工作已经多久了？

⑦这个"超载"职位的工作的部分职责能否转移到该部门的其他地方进行？

⑧在劳动力市场上招聘这个职位的人员可能性有多大？

⑨该职位能够维持存在至少两年吗？

⑩是否其他部门及员工都认为这个职位是必需的？

⑪这个新的职位对其他职位的影响如何？尤其是对那些被它"抢走"了职责的相关职位的影响如何？

⑫如果不新设置这个职位，最坏会发生什么情况？

（三）应聘者个人资格和偏好

应聘者个人资格和偏好是人力资源自身的因素。一个企业已雇用的人员决定着其企业文化，同时现存的企业文化又对新雇员产生着影响。所以，在招聘过程中企业文化与个人偏好的切合度，决定着一个应聘者求职的成功与否。同时，求职者个人在智力、体力、经验、能力等方面都有着差别，这些差别也影响着招聘活动的开展和招聘的结果。

四、招聘时应注意的问题

招聘是关系到企业生存和发展的大事，也是企业一项非常困难复杂的工作。因为它的效益只有在使用新员工一段时间以后才能显现出来并得到证实。为了把这一工作做好，应注意以下四个问题。

（一）符合国家的有关法律、政策和本国利益

招聘中应遵守劳动法的有关规定，坚持平等就业、双向选择、公平竞争、禁止未成年人就业、照顾特殊人群、先培训后就业、不得歧视妇女等原则。同时，在与应聘者签订劳动合同时，应对求职者与原用人单位所签订的劳动合同的情况进行核实，以防订立无效的劳动合同。

（二）节约成本，提高效率

招聘是有成本的，招聘费用包括广告费用、场地费用、交通费用、电话费用、宣传材料费用，等等。如果因招聘不慎重而使招聘来的新员工难以胜任所在岗位的工作或马上流失，使机会成本增加，必须再重新招聘，增加了重置费用，所以应严格把守招聘的各个关口，充分了解应聘者的求职心理，把握应聘者的求职动机，运用先进科学的方法，如计算机招聘软件、节省人力和物力、节约挑选时间、提高招聘效率、为企业降低招聘成本、在众多的求职者中挑选出可靠的人选。

（三）为企业找到合适的人

在众多的求职者中，求职者的素质是不一样的，尤其是应聘同一职位的人，其工作经验、教育水平、个性品德、技术能力、工作效率及人际关系等方面更是参差不齐，有高有低。这就要求招聘者能够把握本企业的发展方向和目前人员的总体水平，找到真正适合于企业的人。因为，如果招聘到过于优秀的员工，远远高于本企业职位说明书中对人员的要求，有可能不仅会加大企业的开支，而且也不能充分发挥其能力而造成人才浪费，反而增加招聘成本；如果招聘到素质较差的员工，则其难以胜任工作，不仅会增加培训成本，而且有可能影响劳动生产率，甚至贻误工作。所以，对求职者进行详细的了解以明确其真正的需求，才能为企业找到合适的人，使之才能在企业中稳定地工作下去，从而降低离职率，稳定员工队伍，增强凝聚力，充分发挥团队精神。

（四）公平原则

招聘前要明确以内部招聘为主还是以外部招聘为主，两者各有优劣，见表2-1。

对内招聘	对外招聘
优势： 员工熟悉企业 招聘和训练成本较低 提高现职员工士气和工作意愿 成功概率与能否有效地评估员工能力和技术有必然关系	优势： 引入新概念和新方法 员工在企业新上任，凡事可以从头开始 引入企业没有的知识和技术
劣势： 引起员工为争取晋升而尔虞我诈 员工来源渠道狭窄 不获晋升可能会士气低落	劣势： 新聘员工需要适应企业环境 降低现职员工的士气和投入感 新旧员工之间相互适应期增长

第二节　人力资源招聘程序与策略

一、招聘程序要素的选择

人力资源招聘程序要素的选择主要指招聘时间、地点的选择及成本的核算，招聘人员来源的评价，劳动合同的签订等内容。

（一）招聘时间、地点的选择及成本的核算

招聘时间的确定、招聘地点的选择及招聘成本的估算是招聘计划的内核。三者的恰当选择，是成功的招聘计划的关键。

1.招聘时间的确定

招聘时间的确定主要考虑两个因素：一是人力资源需求因素；二是人力资源供给因素。从人力资源需求因素考虑，其方法是：

招聘日期 = 用人日期 – 准备周期 = 用人日期 – 培训周期 – 招聘周期

培训周期是指对新招员工进行上岗培训的时间；招聘周期指从开始报名，确定候选人名单，面试，直到最后录用的全部时间。

如某公司用人日期为2017年1月1日，培训周期为2个月，招聘周期为1个月，则按上述公式计算，应从2016年10月1日开始招聘。

从人力资源供给因素考虑招聘时间，则主要是历年的大中专学校毕业分配前三四个月。

2.招聘地点的选择

招聘的地域范围要根据人才分布规律、求职者活动范围、人力资源供求状况及招聘成本大小等确定。一般的招聘地域选择规则是：高级管理人员和专家是全国（甚至跨国）招聘，专业人员跨地区招聘，一般办事员及蓝领工人常在组织所在地招聘。

3.招聘成本的估算

招聘成本的分析是决定招聘工作何时何地及如何开始的重要因素，招聘成本是指平均招收一名员工所需的费用，计算公式为：

$$每招聘一人所需费用 = \frac{招聘总费用}{招聘人数}$$

此外，招聘费用还包括如下内容：

①人事费用，即招聘人员的工资、福利及加班费等；

②业务费用，包括电报、电话费、差旅费、生活费、专业服务费、广告费（广播电视报刊、实地调查费）、录用前体检费、信息服务费（如介绍公司及其环境的小册子等）、生活用品及邮资费等；

③企业一般管理费，如租用临时设备、办公室等的费用。

（二）招聘金字塔

为保证招聘质量，应从足够的候选人中选拔员工。候选人样本空间越大，所选出的人质量越高，但是，候选人越多，挑选的工作量越大。根据国外的一些统计资料显示，招聘金字塔可以确定为了雇用一定数量的新员工需要吸引多少人来申请工作，在逐步筛选过程中相应的人数和比例，如图2-1所示。

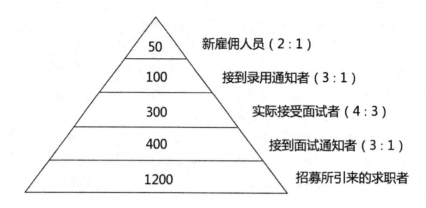

图 2-1 招聘金字塔

二、人员招聘的程序

招聘工作是一项系统工程。完善的招聘工作过程或程序是人力资源管理的经验总结，也是每家企业做好招聘工作的保证。招聘程序是指从组织内出现空缺到候选人正式进入组织工作的整个过程，它是利用各种先进的技术吸引应聘者，反复挑选测试，最后决定人选的一系列程序。这是一个系统而连续的程序化操作过程，同时涉及人力资源部门及企业内部各个用人部门以及相关环节。为了使人员招聘工作科学化、规范化，应当严格按一定程序组织招聘工作，这对招聘人数较多或招聘任务较重的企业尤其重要。

从广义上讲，人员招聘包括招聘准备、招聘实施和招聘评估三个阶段。狭义的招聘仅指招聘的实施阶段，主要包括招募、选择、录用三个步骤。本章重点关注广义的人员招聘程序。

（一）准备阶段

1.招聘需求分析

根据人力资源需求预测和现有人力资源配置状况分析，明确这样的问题：是否一定需要进行招聘活动？弄清楚这些问题有利于制定合理可行的招聘计划和招聘策略。

2.明确招聘工作特征和要求

根据工作分析及其信息资料，明确拟定招聘的工作岗位具有什么特征和要求，明确这些工作对应聘者的知识、技能等方面的具体要求和所能给予的待遇条件。只有这样，招聘计划的制订和实施才能做到有的放矢。

3.制定招聘计划和招聘策略

在上述两方面工作的基础上，制定具体的、可行性高的招聘计划和招聘策略。同时，要确定招聘工作的组织者和执行者，并明确各自的分工。

（二）实施阶段

招聘工作的实施是整个招聘活动的核心，也是最关键的一环，先后经历招聘、选择、录用三个步骤。

1.招聘阶段

根据招聘计划确定的策略以及单位需求所确定的用人条件和标准进行决策，采用适宜的招聘渠道和相应的招聘方法，吸引合格的应聘者，以达到适当的效果。一般来说，每一类人员均有自己习惯的生活空间、喜欢的传播媒介，单位想要吸引符合标准的人员，就必须选择该类人员喜欢的招聘途径。

2.选择阶段

选择阶段是指组织从"人、事"两个方面出发，使用恰当的方法，从众多的候选人中挑选出最适合职位的人员的过程。在人员比较选择的过程中，不能仅仅进行定性比较，应尽量以工作岗位职责为依据，以科学、具体、定量的客观指标为准绳，排除凭经验、印象进行大概、差不多的确定，更不能以领导者的意志或权力来圈定。常用的人员选拔方法有初步筛选、笔试、面试、心理测验、评价中心等。要强调的是，这些方法之间经常相互交织在一起并且相互结合使用。

3.录用阶段

候选人选拔测评完毕，招聘工作便进入了录用阶段。录用是依据选择的结果做出录用决策并进行安置的活动，主要包括录用决策、发录用通知、办理录用手续、员工的初始安置、试用、正式录用等内容。在这个阶段，招聘者和求职者都要做出自己的决策，以便达成个人和工作的最终匹配。一旦有求职者接受了组织的聘用条件，劳动关系就算正式建立起来了。

（三）评估阶段

招聘录用工作结束后，还应该有评估阶段。对招聘活动的评估主要包括两个方面：一是对照招聘计划对实际招聘录用的结果（数量和质量两方面）进行评价总结；二是对招聘工作的效率进行评估，主要是对时间效率和经济效率（招聘费用）进行招聘评估，以便及时发现问题，分析原因，寻找解决的对策，及时调整有关计划，并为下次招聘总结经验教训。

三、人员招聘的策略

所谓招聘策略（Recruitment Tactic），是指组织在制订和实施招聘计划过程中所采取的具体的行为方式、方法以及策略选择，是组织进行招聘管理的指导思想，也是组织提高招聘有效性首先要考虑的问题。

（一）招聘计划与策略

制定招聘计划是人力资源部门在招聘中的一项核心任务，通过制订计划来确定公司所需人才的数量和类型，以避免工作的盲目性。有效的招聘计划离不开对招聘环境实施分析，包括对企业外部环境因素的分析，如对经济环境、劳动力市场及法律法规等的研究，还包括对企业内部环境的分析，如企业的战略规划和发展计划、财务预算、组织文化、管理风格等。招聘计划一般包括人员需求清单、招聘信息发布的时间和渠道、招聘组人选、招聘者的选择方案、招聘的截止日期、新员工的上岗时间、招聘费用预算、招聘工作时间表等。

招聘策略是招聘计划的具体体现，是为实现招聘计划而采取的具体策略。在招聘中，必须结合本组织的实际情况和招聘对象的特点，给招聘计划注入有活力的东西，这就是招聘策略。招聘策略包括招聘地点策略、招聘时间策略、招聘渠道策略，以及招聘中的组织宣传策略。

（二）招聘地点策略

在确定招聘地点时，组织必须充分考虑到内部和外部影响因素。外部影响因素包括劳动力市场供求状况、所需人才的分布规律、求职者的活动范围以及组织所在地的经济水平；内部影响因素主要是指招聘职位、组织的知名度和组织的经济实力。这些因素影响到组织如何选择劳动力市场作为目标，即选择地方性还是全国性的劳动力市场，选择职业劳动力市场还是行业劳动力市场。

组织可以根据发展的不同阶段和对人力资源的不同需求来选择不同的劳动力市场。从劳动力的实用性和品质来看，地方性和区域性的劳动力市场是很值得关注的。在经济全球化和世界经济一体化的背景下，特别是在一些劳动力整体短缺的国家，从全球范围选择具有全球战略眼光的管理人员和其他各层级人员已经成为一种趋势。

组织同样可以选择行业劳动力市场和职业劳动力市场进行人员的补充和储备。在这类市场上，雇用劳动力的成本更低，取得的效益也更快、更明显。在行业劳动力市场和职业劳动力市场上，劳动力人口一般已经具备了从事该行业或职业需要的技术和经验，已经比较符合组织的需要，他们进入组织之后的适应期短，只需要较少的培训甚至不需要培训，减少了培训的成本和时间。

（三）招聘时间策略

招聘过程中一个重要的问题是在保证招聘质量的前提下确定一个科学合理的招聘时间。寻找高质量的应聘者以及作出一个好的招聘决定所应花费的时间经常为许多单位所低估。招聘截止日期的压力连同组织日常运行的压力综合发生作用，往往会促使组织降低自己的招聘标准，并使得招聘的整个过程大打折扣，一些必需的审查和挑选往往被忽略，甚至连必要的条件要求也会改变。所以，确定招聘时间策略是非常有必要的。

1.在人才供应高峰时招聘

人才的供应本身也是有规律的，通常每年的9、10月份是人才供应的低谷，每年1月、2月和6月、7月份是人才供应的高峰期。按照成本最小化的原则，组织应避开人才供应的低谷，在人才供应的高峰期进行招聘，这时招聘的效率最高。同样，到农村招聘体力劳动型工人最好在农闲时节。

2.计划好招聘的时间

通常，企业人力资源规划总是预先提供了有关空缺可能出现的时间，有效的招聘策略应该据此确定招聘的时间安排，即估计满足人员需求应花费的时间和在什么时候招聘最为合适，因此招聘时间表的制定很重要。要确保征集个人简历表、邮寄面试邀请信、进行面试、面试后企业做出录用决策、得到录用通知的人做出接受录用决策、接受工作到实际开始工作这一过程所需的总的时间在企业需要的范围内。

（四）招聘中的组织宣传策略

在招聘过程中，企业一方面要尽可能地吸引应聘者，另一方面还必须利用招聘的机会进行企业形象或者声誉的宣传。招聘人员作为组织机构的代表，其素质的高低直接关系到组织能否吸引到优秀人才以及树立良好的企业形象。因为大部分应聘者对组织的第一次直接接触是在应聘时，他们往往通过招聘人员素质的高低来判断组织有无发展前途。如果招聘人员语言粗俗，素质低下，势必会吓走真正的人才。因此，招聘人员的选择有相应的技巧。

1.企业主管应积极参与招聘活动

在过去，员工招聘的决策与实施完全由人事部门招聘人员负责，用人部门的职责仅仅是负责接受人事部门招聘的人员，完全处于被动的地位。在现代组织中，起决定性作用的是用人部门，它直接参与整个招聘过程，并在其中拥有计划、选拔、安置及之后的绩效评估等职权与职责，完全处于主动地位。对于中小组织而言，招聘工作的成败，取决于企业主管对招聘工作的热心程度。毫无感染力的企业主管不可能吸引人才。同样，大中型组织招聘较高层人员，也需要高层领导人亲自出面。

2.招聘人员必须热情而且公正

招聘人员在招聘中的态度首先是要热情，只有那些对招聘工作充满热情的人才会对应聘者的问题百问不厌。招聘者热情的程度能够反映出招聘者对于应聘者的关心程度，同时还反映出招聘者对于应聘者为组织做贡献的潜力是否热心。招聘者依靠其热情给应聘者一种带动和示范，无形中感染别人，对组织吸引人才有很大益处。同时，招聘人员还应该是一个公平、公正的人。招聘者在选拔应聘者时，必须有正确的出发点，这个出发点就是公正，否则，容易出现任人唯亲的情况，影响招聘的质量。

3.对招聘人员的其他要求

招聘人员除了应当具有丰富的专业知识、心理学知识和社会经验之外，还应当具有品德高尚、举止儒雅、文明、办事高效等特点，应聘者无不希望接触到开明而爽朗的人，这样可以使谈话的气氛愉快、幽默、风趣和轻松。

第三节 人力资源招聘的渠道与技术

一、招聘的渠道

招聘工作就是通过各种途径和方法获取候选人的过程。招聘的途径主要有两条，即内部招聘和外部招聘，且每一种招聘途径又有多种形式。因此，明确每一种招聘途径的优缺点及其适用范围，是按照招聘计划中岗位的需求数量和资格要求，根据对成本收益的计算来选择最有效率的招聘途径的前提和保障。

（一）内部招聘的主要方法

1.推荐法

推荐法可用于内部招聘，也可用于外部招聘。它是由本企业员工根据企业的需要推荐其熟悉的合适人员，供用人部门和人力资源部门进行选择和考核。由于推荐人对用人单位与被推荐人比较了解，使得被推荐者更容易获得企业与职位的信息，便于其决策，也使企业更容易了解被推荐者，因而这种方法较为有效，成功的概率较大。

在企业内部最常见的推荐法是主管推荐，其优点在于主管一般比较了解潜在候选人的能力，由主管提名的人选具有一定的可靠性，而且主管们觉得他们具有对所辖岗位的用人决策权，成功率和满意度也会比较高。缺点在于这种推荐会比较主观，容易受个人因素的影响，主管们可能提拔的往往是自己的亲信而不是一个胜任的人选。且有时主管们并不希望自己手下很得力的下属被调到其他部门，以免影响本部门的实力。

2.职位公告法

这也可称为工作张榜法，它是内部招聘最常用的方法，尤其是对非管理层的普通职员而言。它的目的在于使企业中全体员工都了解哪些职务空缺，需要补充人员，使员工感觉到企业在招聘人员方面的透明度与公平性，并有利于提高员工士气。职位公告法是在确定了空缺职位的性质、职责及其所要求的条件等情况后，将这些信息以布告的形式公布在企业中可利用的墙报、布告栏、内部报刊上，尽可能使全体员工都能获得信息，使所有对此岗位感兴趣并具有此岗位任职能力的员工均可申请此岗位。目前在很多成熟的企业当中，张榜的形式由原来的海报改为在企业的内部网上发布招聘信息，各种申请手续也在网上完成，从而使整个过程更加快捷、方便。

职位公告法的优点在于让企业中更多的人员了解到此类信息，为企业员工职业生涯的发展提供了更多的机会，可以使员工脱离原来不满意的工作环境，也促使主管们可以更有效地管理员工，以防本部门员工的流失。它的缺点是花费的时间较长，可能导致岗位较长时间的空缺，影响企业的正常运营，也可能导致员工盲目地变换工作而丧失原来的工作机会，申请被拒绝的员工也可能会疏远组织。

企业应注意在内部进行职位公告的有关事项：一是资格问题，即应是在企业经过了使用期而长期聘用的员工；二是职位公告的内容，即职位资料应全面、准确，人力资源部门还应负责回答雇员提出的疑难问题；三是公告范围，即应保证企业内每一位员工都能获得内部招聘的信息；四是减少内部招聘可能对原来的人员产生的冲击，五是职位公告应具有公开性；六是职位公告的时间安排也应适当，即根据不同的具体情况来确定到底留出多少时间给员工作出反应（参见表2-2）。

表2-2　职位公告法步骤

步骤	有关人员	要做的事情
1	人力资源助理	一旦接到人力资源申请表，就向每一位合适的基层主管起草一份通知书，说明现在的职位空缺。通知书应包括职位的名称、工作编号、报酬级别、工作范围、履行的基本职责和需要的资格（从职务说明、规范中获取资料），确保这份通知书张贴在公司所有的布告栏上
2	基层主管	确保每一位胜任该职位的员工都能清楚地了解空缺的职位
3	感兴趣的员工	与人力资源部门联系

3.档案法

人力资源部门都有员工档案，从中可了解到员工在教育、培训、经验、技能、绩效等方面的信息，帮助用人部门和人力资源部门寻找合适的人员补充职位空缺。尤其是在建立了人力资源管理信息系统（HRMIS）的企业，则更为便捷、迅速，并可以在更大范围内进行挑选。员工档案对员工晋升、培训、发展有着重要的作用，因此，员工档案应力求准确、完备，对员工在职位、技能、教育、绩效等方面信息的变化应及时做好记录，为人员选择配备做好记录。

值得注意的是，我们强调的"档案"应该是建立在新的人力资源管理思想指导下的人员信息系统，该档案中应该对每一位员工的特长、工作方式、职业生涯规划有所记录，将过去重"死材料"的防范型档案转变到重"活材料"的开发思路上来，为内部有效管理和用人做好准备。在现代档案管理基础上，利用这些信息帮助人力资源管理部门获得有关职位应聘者的情况，发现那些具备了相应资格但由于种种原因没有申请的合格应聘者，通过企业内的人员信息查找，在企业与员工达成一致意见的前提下，选择合适的员工来担任空缺或新增的岗位。

（二）外部招聘的主要方法

1.广告招聘

广告招聘是指通过在大众传媒上刊登职位空缺的消息，吸引对这些空缺职位感兴趣的潜在人选应聘的方法。发布广告是企业从外部招聘人员最常用的方法之一。广告招聘需对两个问题做出决策：其一是广告媒体的选择，其二是广告内容的设计。

一般来说，企业可选择的广告媒体很多，传统媒体有广播、电视、报纸、杂志、各种印刷品等，现代媒体如网站等。各种媒体广告都有其不同的优缺点和适用情况，选用何种广告媒体取决于所要吸引的职位候选人是哪种人。选择媒体时还要考虑其他一些问题，如：一种媒体的受众是哪些人，这比其受众人数多少更为重要；关注所选择的媒体上有无类似的招聘广告；如果有条件，同时使用多种媒体；报纸广告比较适合刊登那些拥有大量潜在候选人的情况，若广告的目的是寻找专业人员，刊登报纸广告则不是最佳选择。

完整的广告内容一般应包含这样一些信息：招聘组织的简单介绍，招聘的职位或工作种类及其特点，招聘职位或工作的工资等报酬待遇，应聘者资格条件（国籍、性别、年龄、学历、专业、经历、知识、能力、技艺、个性以及体能等），申请时间、地点及程序，其他有关信息。招聘广告还应具有刺激力、吸引力，必须能够引起受众的注意，进而激起潜在候选人对广告的兴趣，能进一步激起潜在候选人申请工作的愿望，并且能够立刻采取行动。此外，广告还要符合相关法律法规的规定。

广告招聘的特点是信息传播范围广、速度快，应聘人员数量大、层次丰富，企业的选择余地大，同时有广泛的宣传效果，可以展示企业实力，树立企业形象。但广告招聘有时候表现为低效，因为它们不能传达到最适合的候选人——目前并不在寻找新工作的成功人士。此外，广告费用不菲，且由于应聘者较多，招聘费用也随之增加。

2.公共就业机构

经过改革开放近20年的建设，我国的公共就业机构已经相当发达。随着人才流动的日益普遍，人才交流中心、职业介绍所、劳动力就业中心等就业服务机构覆盖着我国每一个大的经济区域。这些机构承担着双重角色：既为企业择人，也为求职者择业，并常年为企业服务。遍布在全国各大中城市的人才交流服务机构一般建有人才资料库，用人单位可以很方便地在资料库中查询条件基本符合的人员资料。通过人才交流中心选择人员，有针对性强、费用低廉等优点，但对于如计算机、通信等专业的热门人才或高级人才的招聘效果不太理想。

此外，这些机构每年都要举办多场招聘洽谈会。在洽谈会中，单位和应聘者可以直接进行接洽和交流，节省了单位和应聘者的时间。随着人才交流市场的完善，洽谈会呈现出向专业化方向发展的趋势，有中高级人才洽谈会、应届生双向选择会、信息技术人才交流会等。通过参加招聘洽谈会，单位招聘人员不仅可以了解当地人力资源素质和走向，还可以了解同行业其他单位的人力资源政策和人力需求情况。采用这种方法时，由于应聘者比较集中，招聘单位的选择余地较大，但要想采用这种方法招聘高级人才仍较为困难。

3.猎头公司

在国外，私人就业机构特别是猎头公司早已成为企业求取高级人才和高级人才流动的主要渠道之一。在我国，由于目前私人就业机构在经营上尚存在一些有待规范的问题，限制了其发展，但是，随着市场经济的发展，猎头公司也开始在招聘高级管理人才方面扮演越来越重要的角色。对一个企业来说，高级管理人才和尖端技术人才的作用十分重要，用传统的渠道往往很难获得，而猎头公司拥有专业的人才搜寻手段和渠道，建有优质高层人才库，实施专业管理并不断更新，因此猎头公司能为企业推荐高素质的人才。通常，猎头公司推荐的职级都在经理级别以上，年薪在10万元以上。此外，这些公司通晓各种各样的企业对人才的特殊需要，同时又掌握着丰富的有特殊才能个人的信息，在供需匹配上较为慎重，为用人单位提供人才的成功率较高。

当然，与高素质候选人才相伴的是昂贵的服务费。猎头公司向用人单位而不是人才收取服务费，通常达到所推荐人的年薪的25%～35%。有人认为猎头公司收费过高，其实猎头公司推荐成功一个人相当不容易，他们要完成一个"订单"需要经过多道复杂程序。如果企业把自己招聘人才的所有成本、人才素质的差异等隐性成本计算进去，猎头服务或许不失为一种经济、高效的方式。

猎头公司的工作程序的典型步骤是：分析客户需要，根据需要搜寻人才并进行面试、筛选，最后做出候选人报告供客户选择。全面理解客户的需要是成功找到合适人才的前提。为了切实理解客户的需要，有的猎头公司甚至派人去客户公司工作一段时间，亲自了解和体会其文化、员工关系、组织结构等。企业在使用猎头服务时，也要注意确保猎头公司准确理解自己的需要，否则，耽误了时间，企业将比猎头公司遭受更大的损失。

①分析客户需要。猎头顾问会与委托人沟通企业的背景、信息，对理想的候选人的技能、经验和个性进行深入的了解。能否寻找到需求的人才则取决于猎头公司对这种需要的了解程度。

②搜寻目标候选人。猎头公司一般拥有自己的人才数据库。通常，他们在接受客户委托以后，会根据委托人的要求在数据中搜索，或者经过分析找出目标候选人。但人才库的作用也是有限的，需要猎头公司主动去发现和寻找人才。

③对目标候选人进行接触和测评。猎头公司主动接触候选人，对候选人进行面谈或其他形式的测评，然后提交给委托人一份具体的描述该候选人素质的报告。衡量高级人才的一个重要依据就是其过去的工作经历。他们过去工作过的公司、担任过的岗位及其工作业绩，就是其能力的见证。因此，专业的猎头公司一般都必须做背景调查工作，即向候选人以前工作单位的上司、同事了解有关情况。有些公司还会提供人才素质测评，除了考察候选人的能力之外，着重考察候选人的个性特点、工作风格是否与用人公司文化相适应，其职业兴趣与动机是否与岗位的需要相吻合。

④提交候选人的评价报告。委托公司得到猎头公司提名的候选人评价报告，如果认为有必要，可以直接与候选人接触，并做出决策。有的时候，出色的候选人往往已经有一份不错的工作，并且往往是同时面临着好几个机遇待决定，而委托方又不愿意接受一个折中的候选人。在这种情况下，猎头公司会在谈判中起到积极的作用，帮助双方达成一项都能接受的最终解决方案。

⑤跟踪与替换。在委托公司与候选人达成雇佣意向之后，猎头公司会对候选人进行跟进，以确保其进入新公司的平稳过渡。如果发生候选人在保证期内离开的情况，猎头公司将提供替代人选。通常，猎头公司会在四至六个星期内，制定一个全面的候选人名单，并免费替换在保证期内离开的候选人。

4.校园招聘

高校招聘是企业喜欢的招聘渠道。校园面试是招募初级专业人员以及管理人员的一个最重要来源。许多企业认为，要想争取到最优秀的学生，除了通知这些在不久的将来会毕业的学生来参加面试之外，给学生们留下强烈印象的最好方式是实行大学生见习计划。有的企业采取自己在学校召开招聘会，举行招聘讲座，张贴、散发招聘广告，委托毕业生分配办公室推荐等方式，有的则通过定向培养、委托培养等直接从学校获得所需要的人才。

学校招聘有许多优势：学生的可塑性强，选择余地大，候选人专业多样化，可满足企业多方面的需求；招聘成本较低，有助于宣传企业形象等。但校园招聘也有其明显不足之处，通常只用来选拔工程、财务、会计、计算机、法律以及管理等领域的专业化初级水平人员，而且，许多毕业生在校园招聘中有脚踏几只船的问题，又由于学生缺乏实际的工作经历，对工作和职位容易产生不现实的期望，因此，通过校园招聘来的员工在头五年里有比较高的流失率，士气也比较低。

5.电子招聘

这是指企业通过网络渠道来获得应聘人员的资料，从而选拔合格员工的方式。企业可用两种方式通过网络来进行招聘：一种方式是在企业网站上建立一个招聘渠道，由企业自己来进行求职者资料的获取和筛选；另一种方式是委托专业的招聘网站进行招聘，最后再进行验证测试即可。

招聘网站其实是一种新型的网上职业中介机构，它通过计算机技术，在求职者和企业之间建立了一种方便沟通的桥梁：①它通过数据库技术，实现对庞大的求职者资料和企业职位空缺资料进行管理，可以方便地增加、修改和删除这些资料；②它通过网络技术，实现异地用户之间的信息传递；③它通过搜索技术，使资料的查询、求职者与职位空缺之间的匹配更加迅速、便捷。

6.熟人推荐法

通过单位的员工、客户、合作伙伴等熟人推荐人选，也是企业招募人员重要来源。其优点是：对候选人的了解比较准确，候选人一旦被录用，顾及介绍人的关系，工作也会更加努力，招募成本也很低。问题在于可能在单位内形成小团体。

在国外，一些著名公司如思科、微软等采取鼓励措施，鼓励员工积极推荐适合公司需要的人才加入公司，如设立奖金、奖励旅游等，这些公司相当一部分的员工是通过熟人推荐获得的。

（三）招聘渠道的选择

1.内部招聘和外部招聘的比较

现在越来越多的企业重视内部招聘，空缺职位在对外公布之前，都首先在内部公布，视内部员工为企业内部晋升、转换岗位的重要来源。内部晋升的可能性经常会增强员工的士气和动机。研究表明，晋升机会能导致流动率的下降、高涨的工作满意度及更好的工作绩效。事实上，无论是内部招聘还是外部招聘都各有优缺点，且在一定程度上是互补的，如表2-3所示。

表2-3 内部招聘和外部招聘的比较

招聘渠道	优 点	缺 点
内部招聘	①鼓励成功 ②进入水平高 ③信息充分、真实全面，判断较为准确 ④有效激励员工，调动积极性，提高工作绩效，有利于员工职业生涯发展，增加士气 ⑤内部员工对企业文化较高认可，与企业具有共同价值观与使命感，相互间充分了解和信任，员工忠诚度较高 ⑥可以免去相应的职前培训项目 ⑦节省外部招聘费用，如广告费、差旅费等	①近亲繁殖 ②可能不会提升士气 ③增加派系斗争 ④需要一定的程序 ⑤由于组织的人才毕竟有限，故而选择的范围小，局限性大 ⑥未被选中或提拔的员工会情绪低落，产生抱怨心理，影响其绩效水平的正常发挥 ⑦可能存在选拔不公平的现象
外部招聘	①带来"新鲜血液" ②比较专业，比自己培训来得更快、更便宜 ③不会在组织内部形成非正式组织 ④带来新的管理思想、理念和风格，先进技术，新的工艺流程 ⑤选择的范围广，可以吸引众多人才，同时还可以节省内部培养和业务培训费用 ⑥外聘人才进入无形地给所有员工带来压力，造成危机感，可激发他们的斗志和潜能 ⑦相互学习，共同进步，避免近亲繁殖 ⑧当局者迷，旁观者清，有时引进新员工可以更好地分析组织面临问题及解决途径	①会带来士气问题 ②招聘费用较高，招聘时间较长 ③由于信息不对称，在有限的时间内不容易全方位了解应聘者，可能会出现失误，导致招到了不合适的人才，而重新招聘，增加重置成本 ④新员工对组织具体情况了解较少，需要有段时间磨合 ⑤可能会忽略对本组织人力资源的开发管理，认为"外来的和尚会念经"

从表2-3中可以看出，内部招聘有诸多好处，而且不少企业中大部分职位是通过内部招聘来补缺的。但要充分发挥内部晋升制度的作用，必须首先在内部建立一套健全的管理制度，确保内部晋升人员是因为其才能，而不是因为裙带关系或其他与员工工作绩效无关的因素得以晋升，否则，内部晋升制度不仅不能发挥作用，而且会成为

企业正常生产与发展的障碍。这就说明，要妥善处理好内部招聘和外部招聘的关系。很显然，单位内部较重要的岗位全由内部招聘时，容易因缺乏新观念的输入而逐渐孕育出一套趋于僵化的体系，对组织的长期发展也是不利的。

因此，当组织内部没有合适的候选人，如不具备企业所需技术的人，或者需要具有不同背景的外部人员给组织带来新的理念，或是组织需要补充初级岗位员工时，采用外部招聘就更加适合。问题的关键是，如何使外部招聘与内部招聘之间达成某种程度的均衡。许多管理学者认为，倘若在内部员工之中找不到足以胜任岗位所需的人选，则一定要借助外部招聘；倘若内部员工可以胜任空缺岗位的要求，也应至少保留一部分岗位供外部招聘。研究表明，至少应保留10%的中、上层岗位供外部招聘。这样，既可以给内部员工更多的发展机会，也可以促使外部新鲜血液的输入。总之，在招聘渠道选择上要能够综合分析各种招聘渠道的优劣，确定适合不同招聘对象的招聘途径。

2.各种招聘渠道方式的选择

由于招聘岗位不同，人才需求数量与人员要求不同，以及新员工到位时间和招聘费用的限制，决定了招聘对象的来源与范围，决定了招聘信息发布的方式、时间范围，也因此决定了招聘渠道方式的不同。表2-4列出了各种渠道的主要适用对象。

表2-4　不同招聘方法适用的招聘对象

招聘方法	适用对象	不太适用
发布广告	中下级人员	
借助一般中介机构	中下级人员	热门、高级人员
猎头公司	热门、尖端人员	中下级人员
上门招聘	初级专业人员	有经验的人员
熟人推荐	专业人员	非专业人员

选择招聘渠道和方法时应根据单位和岗位的特点来选择。根据国外资料的统计分析可以看出，企业在招聘办公室员工、部门经理或主管等岗位时，大都采用内部提升的方法，其次是采用员工推荐、报纸广告、职业介绍所等招聘方法。这是符合单位的实际情况的，因为从内部招聘的员工相对于从外部招聘的员工更加了解本单位的情况，有利于新工作的开展。而对于生产服务类、专业技术类、营销类的岗位，首先是采用外部招聘的方法，其次是从单位内部进行选拔。总之，采用哪种招聘途径和形式取决于企业所在地的劳动力市场，拟招聘职位的性质、层次和种类，企业的规模以及聘用成本等。

二、招聘的技术

招聘工作是一项系统性较强的工作，各个环节相互连接、相互影响，构成了组织招聘工作的全过程。企业的招聘管理工作主要包括人员的招募、选拔、录用和评估这四个阶段，在每个阶段中组织都应考虑相应的招聘技术与方法。

（一）招募阶段

1.明确招聘工作的职责

在招聘管理活动中，传统的人事管理与现代人力资源管理的职责分工是不同的。在现代人力资源管理的时代，起决定作用的是直线部门经理，他们参与招聘管理活动的全过程，包括招聘、选拔、录用和评估，完全处于主动地位，而人力资源部在招聘管理中负责政策的制定、支持和服务。有关人力资源部门与直线部门经理的职责分工见表2-5。

表2-5　招聘管理中人力资源部门与直线部门经理的职责划分

招聘管理环节	人力资源部门	直线部门经理
招聘阶段	预测招聘需求	预测岗位需求
	对应聘者进行登记与审查	提出空缺岗位说明书及录用标准
	通知参加选拔的应聘者	
选拔阶段	组织选拔活动	确定参加选拔的人员名单
	核实个人资料	负责对应聘者进行选拔
	组织录用人员体检	确定应聘者是否符合录用标准
录用阶段	组织试用合同的签订	确定正式录用人员名单
	组织试用人员报到及生活安置	新员工工作的安排
	组织正式合同的签订	组织新员工岗位培训
	组织新员工培训	
评估阶段	对新员工工作绩效评估的记录与审查	对新员工工作绩效进行评估
	负责对招聘管理活动的评估	对本部门的招聘活动进行评估
	负责对人力资源规划的修订	对本部门的人力需求规划进行修订

2.展开招聘工作培训

人员招聘管理是一项政策性、复杂性和敏感性极强的管理活动，增加对招聘工作人员面试技术和沟通方面的培训有助于通过这些工作人员给应聘者留下良好的印象，增加招聘的成功率，也有利于让招聘人员遵守国家相关法律规定，增加对新事物的判断能力，避免出现违法和违背道德伦理的行为。对招聘人员进行组织文化和组织战略的培训，以及人力资源管理战略和人员规划技术方法的培训，有利于组织招聘到理想的应聘者。对应聘者进行各种选拔方法和技术的应用培训，以及对组织中各部门和岗位知识与工作内容的培训，有助于提高选拔的准确性、招聘的成功率和降低招聘成本。

3.制订招聘工作计划

不同组织、不同管理风格会有不同的招聘计划。通常招聘计划的内容包括：

①人员需求，包括招聘的职务名称、人数、任职资格要求等；

②招聘信息发布的时间、渠道和方式；

③招聘小组成员名单，包括人员姓名、职务、职责等；

④应聘者选拔方案，包括选拔场所、种类、时间、选拔种类的负责人名单等；

⑤新员工的上岗时间；

⑥招聘费用预算，包括可能的资料费、广告费、人才交流会等；

⑦招聘时间进度安排表。

4.信息发布

发布招聘信息就是向可能应聘的人群传递组织将要招聘的信息。通常，组织可以采用一种或多种渠道发布招聘信息，例如报纸、杂志、电视、电台、网站、布告、传单以及新闻发布会等。除了这些主要渠道之外，组织还可以在招聘现场发布信息。在采取信息发布策略时，应遵循发布范围广、发布及时、注重层次和效益的原则。

（二）选拔阶段

组织完成了招聘阶段的工作之后，就进入了甄选环节。这一环节主要由初步面试、评价申请表、人员素质测评、证明材料审查、背景调查以及体格检查六个工作阶段组成。

1.笔试

在人员甄选中，笔试主要用于测量一个人所掌握的基本知识、专业知识、管理知识、相关知识以及综合分析能力、文字表达能力等素质及能力差异。它是一种最古老而又最基本的人员素质测评方法，至今仍是组织经常采用的选拔人才的重要方式。

一般情况下，组织在人员招聘中采用的笔试方式包括论文式的笔试和测验式的笔试两种。在论文式的笔试中，招聘人员要求应聘者在一定时间内就某一问题发表自己的看法，然后以答卷的形式写出来，测试者根据被试者的答卷内容对其能力及素质给予评判。测验式的笔试是一种以判断是非法、选择法、填充法或对比法来考察应聘者的记忆能力和思考能力的测验方式。

2.面试

面试是指招聘者通过观察求职者的言谈举止而判断其内在品质，因此带有较强的主观色彩，受到招聘者的经验、爱好、价值观和修养的制约。了解这一点对求职者来说是至关重要的。

笔试对人的考察是间接的，应聘者的很多特点是笔试所不能反映的，如应聘者的个性、爱好、特长、动机、愿望等，而面试则不然。面试通过多种多样的形式，对求职者的口头表达能力、为人处世能力、操作能力、独立处理问题的能力以及举止、仪表、气质风度、兴趣爱好、脾气秉性、道德品质等进行考察，因而具有全面和客观的优点。面试过程还应当注意一系列问题，如面试主考官的选择、面试评价量表、面试问话提纲、避免误差及不良效应。

面试可以采用不同方式进行，按照不同的标准，面试可以分为多种类型。根据面试的标准化程度，可以将面试分为结构化面试、半结构化面试和非结构化面试；根据面试的实施方式，可以将面试分为单独面试和小组面试；根据面试题目的内容，可将面试分为情景面试和经验面试；根据面试的气氛设计，可以将面试分为压力面试和非压力面试。

3.人员甄选方法

（1）评价简历

简历是应聘者自己递交的个人介绍资料。通常，简历并没有统一的格式，这也正是组织对来者进行初步面试的依据。评价的技巧包括以下四个方面：①首先关注本人的客观信息诸如工作经验、专业技能要求等是否与应聘岗位的要求相符；②简历的布局是否合理，内容是否清晰、简洁和富有逻辑；③如果是手写的简历，是否能够从应聘者的笔迹中觉察到有用的信息；④要特别注意简历中与众不同的地方，特别是感兴趣的内容和认为有疑点的内容。

（2）评价申请表

申请表是一种初始阶段的甄选工具。大部分组织要求申请者填写申请表，即使申请者带来了精心准备的简历，在整个甄选过程开始之前这一步也是很重要的。这是因为精心设计、恰当使用的申请表包含了许多基本信息并用标准化的格式表示出来，可以为选择过程节省很多时间，比简历用起来更有效。

申请表的目的在于快速、系统地收集求职者的背景和现在情况的信息，以评价求职者是否能满足最起码的工作要求；判断求职者是否具备与工作有关的条件；了解申请表中隐藏的问题；为组织以后的背景调查提供信息来源。

（3）笔迹法

笔迹法是以分析书写字迹来判定和预测人的智力、能力和个性特征的甄选方法。利用笔迹分析，可以对应聘者的性格特征以及某些能力作出预测。

（4）诚实测试

在国外，诚实测试已经被普遍用于像银行、保险公司及大的零售商店这样的员工可以接触到大量现金和商品的组织，目的是要减少雇员在工作场所的偷盗现象。目前普遍采用的是书面诚实性测试，它是一个代替测谎器测试的预测盗窃的测验。测验既可以是透明公开的，也可以是以人格为基础的测验，一般两者结合使用。公开的书面诚实性测验通常直接询问求职者对于盗窃或者他们在过去所经历过的盗窃事件的态度。隐藏的书面诚实性测验是以人格为基础的诚实性测量，不涉及任何有关盗窃的字眼，这样就不易伪装。这种测量使用的是人格测验项目中被发现与不诚实和偷窃的指标相关联的问题。

（5）心理测验

心理测验主要是通过对人的一组可观测的样本行为进行系统测量来推论人的心理

特点。通俗地说，心理测验就是借助心理量表对心理特征和行为的典型部分进行测验和描述的一种系统的心理测试程序。

心理测验包括认知测验、人格测验等，一般来说，具有较高的可靠性和有效性。组织在选拔人才时，要多选用一些经典的、在实践中经过多次验证的心理测验量表为工具，这些量表通常具有较高的可依赖性和真实性。对某些自制量表，须在测验编制、实施、记分，以及分数解释程序上实行标准化，建立可靠的常模，才能保证测验的可靠性和有效性。

（6）评价中心

评价中心是现代人员素质测评的一种新方法，通过应聘者在相对隔离的环境中做出的一系列活动，以团队作业的方式，客观地测定其管理技术和管理能力，为组织发展选择和储备人才。它实际上是把应聘者置于一个模拟的工作环境中，采用多种评价技术，观察和评价应聘者在该模拟工作情境下的心理和能力。目的就是测评应聘者是否适宜担任某项拟任的工作，预测应聘者的能力、潜力与工作绩效的前景，同时观察应聘者的欠缺之处，以确定培养的方法和内容。

4.背景调查

背景调查用于面试之后，主要指用人单位和专业服务机构就候选人所提供的入职条件和胜任能力等相关信息进行核实和寻求佐证的过程。

通过背景调查一是要确保员工具备组织所需要的入职条件和胜任能力，二是发现简历和面试当中没有能够涉及的员工胜任能力和个人特质，三是要确保在将来建立员工能力发展档案。背景调查将会使组织更好地做出招聘决策，确定合适的岗位，并据此挖掘员工的潜力，进行职业生涯规划。

缺乏必要的背景调查不仅会做出错误的录用决策，而且有可能导致公司成本的增加。

5.体格检查

体格检查被简称为体检。由于具有较强的专业技术性，组织一般要委托医院来开展体检。体检通常是在甄选活动的后期，对最有希望录用的求职者进行。体检的目的是要判断求职者的健康状况是否能够适应工作的要求，特别是能否满足工作对应聘者身体素质的特殊要求。体检还可以降低缺勤率和事故，发现员工可能不知道的传染病。它同时也为录用以后的健康检查提供了一个比较和解释的基础，这对于确定工伤非常重要。另外，尽管自动化与科技进步已经削弱和调整了许多工作的体力要求，但有些工作仍旧需要某些特定的身体能力。在这种情况下，体检就是对身体能力的测试，而不仅仅是一般的健康检查。

（三）录用阶段

录用决策阶段是组织招聘管理活动开花结果的阶段，前面进行的所有工作都是为了最后这个决策作铺垫的。这一决策也常常是最难做的，因为它关系着整个招聘工作的成败，尤其是决定一个对组织发展很关键的职位的人选（例如招聘总经理）时，决策者常会因为要在几个各有优势的候选人之间进行选择而大伤脑筋。这一阶段分为两个环节，一是录用过程，二是上岗引导。录用过程指的是对通过组织甄选的应聘者进行进一步的评估与测试，对合格者最终做出录用决定的过程。上岗引导可看作员工适应性培训。员工的适应性培训是指一个组织为改变或改善本组织员工的价值观、工作态度、工作行为和工作能力等，使他们在现在或未来工作岗位上的工作表现和绩效达到组织的要求而进行的一切有计划、有组织的活动。

（四） 评估阶段

招聘评估是招聘过程的最后一个环节，也是不可缺少的环节。招聘评估通过对录用员工的绩效、实际能力、工作潜力的评估，即通过对录用员工质量的评估，检验招聘工作成果和方法的有效性，有利于改进招聘方法，提高招聘效益。

1.招聘收益和成本评估

通过对招聘的效益和成本进行评估，找出招聘工作存在的差距，分析招聘的成本构成，为以后改进招聘工作提供帮助。招聘的成本包括招聘总成本和单位招聘成本。总成本是人力资源的获取成本，它由两个部分组成：一部分是直接成本，包括招聘成本、甄选成本、录用成本；另一部分是间接费用，包括内部提升费用、工作流动费用。单位招聘成本是招聘总成本与实际录用人数之比。如果招聘实际费用少，录用人数多，意味着单位招聘成本低；反之，则意味着单位招聘成本高。

2.招聘成本效用评估

对招聘成本所产生的效果进行分析，主要包括招聘总成本效用分析、招聘成本效用分析、人员选拔成本效用分析、人员录用成本效用分析等。计算方法是：

招聘总成本效用 ＝录用人数 ÷招聘总成本

招聘成本效用 ＝应聘人数 ÷招聘期间的费用

人员选拔成本效用 ＝被选中人数 ÷选拔期间的费用

人员录用成本效用 ＝正式录用的人数 ÷录用期间的费用

招聘收益/成本比既是一项经济评估指标，同时也是一项对招聘工作的有效性进行考核的指标。招聘收益/成本比越高，说明招聘工作越有效。计算方法为：

招聘收益/成本比 ＝所有新员工为组织创造的总价值 ÷招聘总成本

3.录用人员的数量评估

通过数量评估，分析在数量上满足或不满足招聘需求的原因，有利于找出招聘工作各环节的薄弱之处，改进招聘工作。同时，通过录用人员数量与招聘计划数量的比较，为人力资源规划的修订提供依据。

录用人员数量评估主要从录用比、招聘完成比和应聘比三方面进行。公式为：

录用比 ＝录用人数 ÷应聘人数 ×100%

招聘完成比 ＝录用人数 ÷计划招聘人数 ×100%

应聘比 = 应聘人数 ÷计划招聘人数 ×100%

4.录用人员质量评估

录用人员质量评估实际上是在人员选拔过程中对录用人员的能力、潜力、素质等进行的各种测试与考核的延续。它是检验招聘工作成果与方法有效性的另一个重要方面。它也可根据招聘的要求或工作分析得出的结论，对录用人员进行等级排列来确定其质量。录用比和应聘比这两个数据也在一定程度上反映了录用人员的质量。

5.招聘的时间评估

填补空缺岗位所需的时间是评估招聘工作最常用的一种方法。如果不能迅速招聘到合适的申请者将会影响组织的工作和生产能力。一般来说，计算对一种资源的申请者从接触到正式雇用的平均招聘时间是有必要的。

除此之外，对整个招聘活动进行书面总结也是不可缺少的。

三、招聘管理工作

招聘管理是一个复杂的过程，求职者通过招聘环节对组织进行了解，并最终确定个人的就业决策，组织通过这一过程对求职者进行了解并最终做出录用决策。在实践中，招聘管理工作尤其要注意以下五个方面的问题。

（一）建立招聘制度

员工招聘和录用是企业为了自身发展及时获取所需各类人才的重要途径和手段。针对企业的具体情况，建立招聘制度，对招聘需求、招聘政策和招聘程序等加以规定，可使招聘工作常规化、科学化、规范化，确保企业及时补充到有较好素质和能给企业带来价值的新员工。

（二）选择和维护招聘网络

为确保人员供给的数量与质量，企业应在众多的招聘渠道中选择适合自己需求的人员供给渠道，并与之建立良好的关系，从而形成自己的招聘网络。例如，企业可选择一些大学作为重点招聘基地，与这些大学的就业服务中心建立固定的联系，通过设立奖学金、举办比赛、赞助公共活动等方式提高企业在大学的知名度。又如，与某个招聘网站签订较长时间的合作协议，随时可以将企业的职位空缺信息发布出去。

（三）开发和建设招聘工具和文件

人员招聘过程中需要运用许多专业工具，如对应聘者心理、能力、专业知识测试及面试都需要大量的测试题目，题目的科学性、针对性对企业做出正确的录用决策起着关键性的作用，企业有必要根据自己的需求开发专业试题，建设包含各种不同用途的题目的题库。此外，一些辅助性文件在招聘中也是必不可少的，如求职申请表、应聘人员初试评价表、录用通知书、试用员工评核表等，企业要做好这些工具和文件的设计开发，提高其针对性、科学性、有效性。

（四）　加强对招募人员的培训

不是任何人都可成为招募人员的。一方面，招聘是一种复杂的预测工作，要对应聘者做出准确的评价，要求招募人员能够熟练运用各种人员选拔和测评技术，尤其是面谈、倾听技巧和信息收集技术等。面试时，招募人员必须善于察言观色，善于提问和倾听，对企业招聘职位的责任和义务有充分的了解，准确把握评分标准。这些方面不经过必要的培训是很难做到的。另一方面，招募人员还是企业形象的宣传者，在招聘过程中，他们向应聘者提供企业的有关信息，他们良好的素质水平能为企业创造声誉，吸引更多的职位候选人。因此，企业应提前对人力资源部的工作人员、各部门管理人员进行招聘技术及提高素质方面的培训，以便在需要他们参加招聘工作时，能称职地完成任务。

（五）　建立人才库

为了促进企业目标的实现，企业需储备一定数量的各类专门人才，如中高层管理人员、技术骨干、市场营销骨干等，他们都是市场上稀缺人才。企业固然可以委托猎头公司为自己招聘，但企业如果有自己的人才库，在招聘时就可更加主动。人才库中，既要包括企业内部人才，也要包括企业外部人才。人才库中人才的信息要尽量全面，要有姓名、地址、联系电话、技术专长等信息，还要包含其兴趣、爱好、家庭情况等，这样，当企业出现人才空缺时，能很快地得到补充。

企业人力资源的使用与配置是企业成功的关键，员工的招聘与录用工作则是人力资源管理中最基础的工作。人员招聘与录用有着非常重要的作用，它是企业获取人力资源的重要手段，是整个企业人力资源管理工作的基础，是企业人力资源投资的重要形式，能够提高企业的声誉，提升员工的士气。

人员招聘与录用工作是企业从某些岗位空缺开始到岗位空缺被填补为止所制定的一系列决策和实行的一整套措施。企业的人员招聘和录用工作建立在两项基础性工作的基础之上，即人力资源规划和工作分析。影响企业招聘与录用工作的外部因素有很多，概括起来可以分为两类：一类为经济因素，另一类为法律和政策因素。

人力资源招聘程序要素的选择主要指招聘时间、地点的选择及成本的核算，招聘人员来源的评价，劳动合同的签订等内容。人员招聘工作是一项系统工程，完善的招聘程序是人力资源管理的经验总结，主要包括招聘准备、招聘实施和招聘评估三个阶段。企业员工招聘需要重视招聘计划、招聘地点、招聘时间、组织宣传等方面的策略。

招聘工作就是通过各种途径和方法获取候选人的过程，主要有内部招聘和外部招聘两种途径，且每一种招聘途径又有多种形式。其中，内部招聘的方法有推荐法、职位公告法、档案法等，外部招聘的方法则包括广告招聘、公共就业机构、猎头公司、校园招聘、电子招聘和熟人推荐法等，企业应该根据自身单位和岗位的特点来选择招聘渠道和方法。企业的具体招聘工作主要包括人员的招募、选拔、录用和评估这四个阶段，在每个阶段中组织都应考虑相应的招聘技术与方法。

第三章 人力资源绩效管理

第一节 绩效管理概述

绩效管理是人力资源管理的核心职能模块。组织依据绩效标准对员工、团队和组织层面绩效进行管理，以期促成组织目标的最大实现。绩效管理内容包括：制订绩效计划、绩效跟进、绩效考核、绩效反馈和绩效结果应用。

一、绩效的概念与特点

（一）绩效的定义

目前，对于绩效（Performance）定义并没有达成完全一致的看法。学者们的观点主要分为以下四种：

1.从工作结果的角度定义绩效

绩效是"工作的结果"，是一个人的工作成绩的记录。这类绩效观在企业销售部门的考核中尤为常见。但是工作绩效不仅受员工个体因素影响，也受到外因的影响，因此只看结果来判定绩效的看法有失偏颇，并且容易导致员工行为短期化。

2.从工作行为的角度定义绩效

绩效是与一个人在其中工作的组织或组织单元的目标有关的一组行为。行为绩效观强调员工在工作中的行为特征，比如工作责任心、工作态度、协作意识等，从而使得绩效考核更加公平、客观和公正。但是由于缺少目标激励，行为绩效观同样存在不足。

3.将绩效看作胜任特征或称胜任力

绩效是员工潜能的部分体现，绩效一方面来自"员工做了什么（实际收益）"，另一方面也来自"能做什么（预期收益）"把绩效看作胜任特征的观点更加符合当前企业管理者提出的"向前看"的理念，因为拥有胜任力的员工获得成功的可能性更大，所以个体绩效考核需要测量个体的胜任力，显然胜任力绩效观也存在一定偏颇，不能完全反映出绩效的总体特点。

4.综合绩效观

综合绩效观认为，绩效是一个包括行为、结果和态度的连续结构体。绩效是员工在工作过程中所表现出来的与组织目标相关的且能够被评价的工作业绩、工作能力和工作态度。其中，工作业绩就是指工作的结果，工作态度是指工作的行为，工作能力则指胜任力特征的构成。

上述绩效观各有特点，如何取舍需要充分考虑组织情境的差异。组织所处的发展阶段以及考核对象的岗位特点不同，不同绩效观所体现出的作用就存在差异。一般而言，结果绩效观更适用于对高层管理者、销售人员等的绩效管理；行为绩效观在基层员工的绩效管理中效果会更好；胜任力绩效观比较适宜于知识工作者，如研发人员；综合绩效观则可以较广泛地应用于多数岗位考核。本书认为绩效是指对应职位的工作职责所达到的阶段性结果及其过程中可评价的行为表现。

（二）绩效的特点

绩效具有多因性、多维性和动态性的特点，具体如下：

1.多因性

多因性是指员工绩效水平受到多种因素共同影响。绩效并不是由单一因素决定，员工的知识、能力、价值观以及组织的管理制度、激励机制和工作设备状况等都可能影响到绩效水平。影响因素和绩效之间的关系可以用绩效公式来表示。

$$P = f(K, A, M, E)$$

其中，P 代表绩效（Performance），f 代表一种函数关系，K 代表知识（Knowledge），A 代表能力（Ability），M 代表激励（Motivation），E 代表环境（Environment）。

2.多维性

员工绩效往往体现在多个方面，绩效的这一特点称为多维性。绩效多维性表明在考核员工绩效水平时应该从多个方面进行分析，而不是只着眼于单一方面。例如，对一名高校教师的绩效考核，既要考察其在教学中的态度，也要考核其科研成果等。多维性是保证绩效考核结果全面不偏颇的关键。

3.动态性

绩效不是一个固定不变的常量，而是在各种主客观条件变化的影响下也会随之发生改变的变量。考核绩效水平需要限定在一个特定的时期，这也就是绩效考核和绩效管理中绩效周期的问题。绩效的动态性要求我们以发展的眼光来看待绩效管理，绩效好的员工也可能绩效变差；反之亦然。管理者要善于采用管理手段激发员工的积极性，确保其绩效水平不断提高。

二、绩效考核与绩效管理

绩效考核和绩效管理是两个相互联系又有所区别的概念。绩效考核先于绩效管理存在于管理实践，并在20世纪70年代之前作为组织管理的一种手段普遍应用于员工考核。20世纪70年代之后，绩效管理的思想逐步成熟，最终取代绩效考核成为人力资源管理职能之一。

（一）绩效考核

绩效考核又叫绩效评估、绩效考评、绩效评价等。人们对绩效考核的定义存在不同的理解。绩效考核就是对组织中成员的贡献进行排序。绩效考核是为了客观确定职工的能力、工作状况和适应性，对职工的个性、自治、习惯和态度以及其对组织的相对价值进行有组织的、实事求是的评价，包括评价的程序、规范和方法的总和。本书将绩效考核定义为：为了推动组织目标的实现，利用一套科学系统的规范、程序和方法，对员工的工作状态、工作结果进行考察、测定、评价与反馈的过程。

（二）绩效管理

过去人们总是把绩效考核等同于绩效管理，事实上完整的绩效管理是一个系统，绩效考核只是绩效管理的一个组成部分，并不能够完全代表绩效管理的所有内容。绩效管理是指制定员工的绩效目标并收集与绩效有关的信息，定期对员工的绩效目标完成情况做出评价和反馈，以确保员工的工作活动和工作产出与组织保持一致，进而保证组织目标管理的管理手段与过程。

绩效管理是管理组织绩效的系统，包括目标制定、绩效改进和考查计划。本书将绩效管理系统划分为五个部分，分别是绩效计划、绩效跟进、绩效考核、绩效反馈与绩效结果运用。

（三）绩效考核与绩效管理的区别和联系

绩效考核和绩效管理虽不相同但存在内在联系。两者的差异如表3-1所示。

表3-1　绩效考核与绩效管理的区别

区别点	绩效考核	绩效管理
过程的完整性	管理过程中的局部环节和手段	一个完整的管理过程
着眼点	过去	过去、现在和将来
侧重点	对以往业绩的考核和评价	信息沟通、业绩辅导
方法	单向评价	双向沟通
管理者角色	裁判员	辅导员
指标设置特点	静态设置	动态参与
考核目的	奖惩	能力开发和提高
问题解决特点	事后解决	过程中解决
评价时间	期末评价	过程中不断反馈和期末评价结合

如上所述，绩效考核是绩效管理的一个环节，如果只是注重绩效考核而忽略绩效管理其他环节，那么组织的目标将难以得到保障。有效的绩效考核依赖于整个绩效管

理活动的成功开展，而成功的绩效管理也需要借助有效的绩效考核予以支撑。总体而论，绩效管理扩展了绩效考核的内涵和外延，它通过有效的绩效沟通和绩效改进解决了考核者和被考核者之间的对立关系。从绩效考核到绩效管理虽然只有两字之差，但蕴含的是管理理念的深刻变革。从更深远的意义来说，绩效考核是一种方法、工具，而绩效管理则是一种观念和哲学。只有将绩效考核纳入绩效管理体系中去理解，才能充分了解两者的区别和联系。

三、绩效管理的意义

为什么企业越来越重视绩效管理？要回答这个问题，就需要了解一个完善、科学的绩效管理系统可以实现哪些作用，发挥哪些意义。

（一）有助于提升组织的竞争优势

组织间的竞争是以优秀的员工绩效为前提，有效的绩效管理可以通过强化员工能力，帮助员工改善其自身的绩效，进而增强企业竞争优势。相关数据表明，绩效管理可以对企业带来全面影响，比如提升股东收益率、股票收益率、资产收益率和人均销售额等。

（二）有助于提高员工的工作水平和满意度

绩效管理可以从几个方面提高员工的工作水平，增强工作满意度。首先，可以通过绩效工资激发员工工作动机，实现自我价值。其次，通过对员工工作进行指导，帮助他们排除工作中的障碍，为他们提供职业发展所需的开发培训，可以提高员工的组织承诺和满意度水平。最后，绩效目标作为激励手段，其本身就可以把员工的需求转变为动机，使员工的行为与组织所要求的标准保持一致，获得组织认可。

（三）有利于组织内部信息流通和企业文化建设

绩效管理是一个重视员工参与的管理系统，从绩效计划确立直到绩效结果运用，每一环节都需要管理者和员工的共同参与。这种双向沟通的方式充分体现出组织对员工的尊重，对员工各种需求的满足，从而为组织营造了一种积极健康的文化氛围，有利于组织信息的流通。

（四）有利于人力资源管理系统的整合

绩效管理是人力资源管理系统的核心职能，它将人力资源管理各职能整合为一个内在联系的整体。通过绩效管理体系，可以将员工薪酬、培训开发和晋升等各项人力资源管理与组织目标有机结合，最终将人力资源管理系统塑造为一个整体。

四、战略性绩效管理

（一）战略性绩效管理的含义

战略性绩效管理（Strategic Performance Management）是指对企业的战略制定实施过程及其结果采取一定的方法进行考核评价，并辅以相应激励机制的一种管理制度。其活动内容主要包括两方面：一是根据企业战略，建立科学规范的绩效管理体系，以战略为中心牵引企业各项经营活动；二是依据相关绩效管理制度，对每一个绩效管理循环周期进行检讨，对经营团队或责任人进行绩效评价，并根据评价结果对其进行价值分配。战略性绩效管理强调以战略为导向，将员工的工作行为和产出与组织战略目标保持一致，最终促进组织战略实现。

（二）战略性绩效管理的特点

工作中我们经常会发现一种奇怪的现象：单个部门的绩效突出，但企业总体战略目标却未能实现。造成这一现象的根本原因在于战略与绩效管理相脱节，未形成一体化的战略性绩效管理体系。

传统绩效管理以会计准则为基础，以财务指标为核心，以利润为导向，立足于对企业当前状态进行评价，既不能体现非财务指标和无形资产对企业的贡献，也无法评价企业未来发展潜力。随着信息时代的到来，企业核心价值以及获得的竞争优势不再体现在有形资产上，而是来自对人力资本、企业文化、信息技术、内部运作过程质量和顾客关系等无形资产的开发和管理。这就要求绩效管理体系既要体现财务指标导向性，又要体现出员工素质导向性，强调员工能力、潜力识别及发展培训。企业管理者要站在战略管理的高度，基于企业长期生存和持续稳定发展的考虑，对企业发展目标、达到目标的途径进行总体谋划。战略性绩效管理系统具有以下特点。

1.明确的目标系统

战略绩效管理是建立在明确的目标系统基础之上，通过将企业目标分解为各级绩效指标，牵引公司的各项经营活动始终围绕着战略来展开，从而实现对公司战略的有效支撑，建立起以战略为中心的绩效管理体系。企业目标系统主要包括企业使命、愿景与核心价值观、公司战略等内容。

2.全面的绩效指标体系

战略绩效管理仅将财务类指标纳入绩效指标体系，也考虑非财务类指标的考核；不仅在考核中关注组织在运营类指标上的水平，还考虑组织在学习类指标上的贡献。将组织当前表现与未来表现、员工现有绩效与胜任力结合起来，构建全面的绩效指标体系。

3.完善的组织协同方式

在战略绩效管理体系下，企业内部形成了完善的组织协同方式。组织协同包括纵向协同和横向协同。纵向协同主要是指公司目标、部门目标、岗位目标要保持纵向一致。横向协同主要指通过平行部门或者平行岗位之间的沟通与协同，实现跨部门目标之间的横向配合。纵向协同主要涉及组织架构梳理，横向协同主要涉及业务流程优化。

4.全员负责的绩效责任观

战略绩效管理作为企业战略实施的有效工具，其关键在于能否促使每位员工都为企业战略目标的实现承担责任。战略性绩效管理能够将员工具体的工作活动与组织的战略目标联系起来，对管理层、各岗位责任人、每位员工进行绩效考核，并根据考核的结果进行货币性薪酬与非货币性薪酬的奖励，从而使员工的努力与组织的战略保持高度一致，促使组织战略的顺利实现。

五、绩效管理实践的反思

一直以来，人们对于绩效管理的价值都给予了极高的评价。一方面，绩效考核发挥了积极作用；另一方面，绩效考核强调通过实施奖勤罚懒、赏优惩劣来达到管理目的。这就导致组织考核什么、员工重视什么的工作风气，严重地阻碍了员工的工作激情。如果简单粗暴地将业务成果与金钱报酬直接挂钩，就会使得"外生的工作动机"替代员工"自发的内在的动机"，抑制了员工的工作激情，让工作变成纯粹的赚钱手段。一些管理者和学者建议从不同侧面反思绩效管理存在的问题。

（一）绩效管理不是简单的绩效考核

当绩效管理被误解为绩效考核的时候，员工的目光就会聚焦到"完成任务可以获得多少回报"上，而不会转化为"完成任务可以对组织发展发挥关键作用"的自觉行为上。久而久之，组织长远利益就会受损，并可能滋生出一些消极工作、逃避困难工作的行为。

（二）绩效目标不能仅仅囿于财务类目标

当组织仅仅看重财务类绩效指标，而忽视非财务类指标时，就可能出现严重后果。例如，如果养猪场的绩效考核只以饲料转化率、利用率、催肥周期、出栏时间、瘦肉比等为目标时，就可能导致饲养员不顾生猪生长规律，使用"瘦肉精"等危害药品的行为。

（三）绩效考核指标不能完全依赖数字化

将绩效考核指标尽量数量化是很多管理者推行绩效管理时反复强调的基本原则。但是品质类、价值观和态度类的指标并不能完全转化为数字。由于转化难度大，一些公司干脆舍弃这类目标或者用简单粗暴的数字作为衡量标准，就造成绩效管理失去了活力，完全被数字局限。这就好比以学生就业率作为衡量学校教学质量的标准，最终会导致教学让位于就业的不良风气。毕竟，有一些组织的产品或服务是无法用市场份额和利润来衡量的。

（四）绩效结果不能仅仅用于奖惩

绩效结果应用不光包括和薪酬挂钩，同员工的奖惩挂钩，还包括将绩效结果与员工的培训开发、职业发展、岗位变动等联系起来。对于绩效结果比较优良的员工要充分注意到员工的后续发展需求，并切实提供措施加以满足。而对于绩效暂时不达标的员工，则需要积极借助绩效沟通和反馈等，找到绩效不佳的原因，采取恰当的方法帮助员工成长。奖惩仅仅是督促员工努力的一条途径，但这一途径具有很多负面效果，因此需要管理者谨慎使用。

第二节　绩效管理过程

绩效管理是由一系列活动组成的管理系统，在每个环节中都包含了一个或若干个活动步骤。这些过程大致可以归纳为五个阶段：绩效计划、绩效跟进、绩效考核、绩效反馈和绩效结果应用。

一、绩效计划

（一）绩效计划的定义

绩效计划是绩效管理的第一个环节，也是绩效管理的首要步骤。计划的实质是事先制订的，为了进行某事或制作某物的一些详细的方法和步骤，是预先决定做什么和怎么做的具体规划。绩效计划，就是指各级管理者与员工一起，就员工在绩效周期内应该做什么、为什么做、如何做、需要做到什么程度、何时做完以及员工有哪些决策权限等问题进行讨论协商，并最终达成共识、签订协议的过程。

（二）绩效计划的主要内容

绩效计划是一个确定组织对员工的绩效期望并得到员工认可的过程。在制订员工绩效计划时一般应包括以下几方面的内容：

①员工在绩效周期内要达到的工作目标是什么，完成目标的结果如何？

②应该从哪些方面去衡量这些结果，评价的标准是什么？

③如何将目标进行分解并按期实现？

④关于员工工作结果的信息从何处获取？

⑤完成任务可以支配的资源和权限有哪些？

⑥员工的各项工作目标的权重如何？

⑦管理者和员工如何对工作的进展情况进行沟通？

⑧员工是否需要学习新技能以确保完成任务？

⑨确定考评的周期、考核人、被考核人、考评工具、考评方法等。

（三） 绩效计划的制订

1.制订绩效计划的基本原则

绩效计划的制订会因为组织状况不同而有所差异，但是总体而言，应该满足以下要求。

（1）绩效指标与组织发展战略和年度绩效计划保持一致

员工绩效目标是对组织和部门绩效目标的分解，因此只有员工绩效计划与组织发展战略和年度绩效计划保持一致，才能保证员工绩效目标实现的同时实现组织整体目标。

（2）绩效指标应连贯一致、综合平衡

绩效计划应该建立在对公司、部门及员工的相关信息充分了解和综合分析的基础上。目标的分解要有连贯性，不同层级的目标要相互衔接，相同层级不同部门以及相同层级不同员工之间的绩效任务应当大体均衡。

（3）绩效指标设计满足SMART的原则

好的绩效指标应该满足五个方面的要求，即具体（Specific）、可以衡量（Measurable）、可以实现（Attainable）、相关（Relative）和限时（Time-limited）。

（4）绩效指标的选择要突出重点

绩效目标是对工作描述的补充，它们应该被控制在一定数量以内（3～5个），并且只对主要工作任务或执行的主要项目定绩效目标。这样可以促使员工将工作重心放在这些重要的工作内容上，集中精力完成关键任务，避免因为精力分散而抓不住工作要点。

（5）绩效标准满足"20-60-20"的规则

"20-60-20"规则的含义是指如果绩效标准设置合理，员工完成绩效目标的情况应该接近于正态分布：20%的员工超额完成目标值；60%左右的员工能够完成目标值的60%～100%；还有约20%的员工能够完成目标值的60%以下。如果最终评估结果与此有较大出入，则可能说明绩效标准定得太低，或者定得太高。

2.绩效指标、绩效标准和绩效考核周期制定

绩效指标和标准是制订绩效计划的核心环节。绩效指标解决的是需要评价"什么"的问题，标准解决的是要求被评价者做得"怎样"、完成"多少"的问题，绩效考核周期即指考核时机和考核频率。

（1）绩效指标

当前绩效指标设计有多种思路，或按德、能、勤、绩四个方面，抑或按工作业绩、工作态度和工作能力三个方面。不论选择哪种思路设计绩效指标，都需要保证指标的内涵清晰明确、具有独立性和针对性。绩效指标原则上应该包括指标名称和指标操作性定义两个方面。本书主要以德、能、勤、绩为例进行说明。

"德"是指员工的社会公德、政治品德和职业道德素质等。对员工品德的考评要

考虑到与工作要求的一致性,使之符合组织对员工的道德要求。具体到组织中,品德的考核主要看员工的价值观与组织文化是否一致,比如员工在职业道德、遵纪守法、团结友善、明礼诚信等方面的表现如何。

"能"是指员工的能力素质,即胜任现职的能力。工作能力一般由四个方面构成:专业相关知识、技能技术、工作经验和体能。员工所处的职能职位不同,对工作能力考核的重点就会有所不同,因此能力考核需要以职位素质要求为依据,结合员工在工作中的表现进行判断。

"勤"是员工工作态度和在工作中的敬业精神。组织纪律性、工作积极性、责任心和出勤率都是衡量"勤"的关键指标,但是在具体考核中要注意两个问题:第一,不能把"勤"简单理解为"出勤率",要重视员工工作的责任心和事业心,包括投入工作的情感程度;第二,员工工作态度还受到组织管理制度、文化环境、工作环境等外在因素的影响,因此要客观了解员工工作态度不佳背后的原因。

"绩"是员工在绩效考核周期内所取得的工作业绩,包括工作任务完成的质量、数量、成本、时间等。业绩考核是绩效管理工作的核心和重点,因此业绩考核的比重往往会大于其他三项绩效目标。

(2)绩效标准

在设定了绩效指标之后,需要确定绩效指标达成的标准。标准是针对特定部门或者特定职务工作,制定的要求员工应该达到的基本要求或卓越要求。例如,"产品合格率达到99%""接到投诉后24小时内给予客户电话答复"等。绩效考核标准是一种客观存在的标准,与承担职务的个人无关。设计绩效标准需要注意以下几个问题:

①绩效标准应当明确。绩效标准的表述应当具体清楚,不能含糊不清,要尽量采用可以量化的表达方式。量化的绩效标准主要有三种类型:一是数值型的标准,如"销售额达到50万元";二是百分比型的标准,如"产品合格率为95%以上";三是时间型标准,如"接到任务后3天内进行书面回复"。标准难于量化或者量化成本比较高时(态度和能力类指标),应该尽量采用具体描述方式加以表述。

②绩效标准应当适度。标准应当有一定难度,但又是可以经过努力实现的。对绩效考核对象而言,基本标准是其期望或保证达到的基本水平,是每个评价对象经过努力就能达到的水平。而卓越标准则是优秀标准,是为鼓励员工多做贡献,创造更多业绩而定义的高标准。

③绩效标准应当可变。对于同一个员工而言,在不同的绩效周期内其标准应该需要调整;此外由于工作环境不同,绩效标准也不同。

3.绩效考核周期

绩效考核周期的确定没有唯一的标准,典型的考评周期可以是周、月、季、半年或一年,也可以在一项特殊任务或者项目完成后进行。绩效考评周期过短或频率过高,会增加企业的管理成本;反之则不利于监督组织绩效,达不到组织绩效改进与管理的要求。设计绩效考评周期需考虑到两方面因素：工作内容不同，考评周期不同；指标性质不同，考评周期不同。

二、绩效跟进

绩效跟进是指管理者依据绩效计划内容持续跟踪绩效成果，并不断和员工进行沟通的过程。绩效跟进的任务包括：第一，收集员工与工作表现相关的信息。第二，持续的绩效辅导。

（一）绩效跟进中各类人员的职责

在绩效跟进环节，各类人员承担着不同的责任。管理者需要对被评估者的工作进行辅导和监督，对发现的问题及时给予解决，并根据实际情况对绩效计划做出必要调整。员工则需要提供相关信息，配合管理者完成绩效辅导的任务。表3-2归纳了各类人员的主要职责。

表3-2　绩效跟进过程中各类人员的职责

人员类别	承担的主要职责
最高管理层	确认企业总体目标，审核绩效管理实施计划和政策，做有关绩效管理的总动员，为全面推广实施营造氛围，接受实施过程的反馈信息，检查绩效管理的整体效果
人力资源部	制订绩效管理实施计划，组织落实动员宣传工作，组织落实对管理人员的培训，设计并保持反馈渠道畅通，收集汇总相关信息，准备对主题实施效果进行评估
部门经理和基层管理者	熟悉绩效评估系统并掌握绩效管理的技能，明确本部门绩效目标，负责在本部门按人力资源部制订的计划实施绩效管理，进行绩效沟通
被评估者	为自己的职责承担相应责任，做好自我评估，为评估者提供有效信息，熟悉和学习考评体系与有关技能

（二）绩效信息的收集与分析

收集绩效信息的目的是为了知道绩效实施过程中发生了什么问题以及问题产生的原因；同时通过对被评估者的绩效表现进行观察与记录，可以获得后续管理的依据。概括而言，进行信息收集与分析有以下几个目的：①提供绩效评估事实的依据；②提供绩效改进的事实依据；③发现问题绩效和优秀绩效的原因；④劳动争议中的重要证据。

信息收集需要借助有效的渠道，比如员工自身的汇报和总结、同事的访谈记录、上级的检查结果记录、下级的反映与评价记录等。而信息收集的方法则主要包括观察法、工作记录法、他人反馈法等。

（三）绩效辅导

绩效辅导的目的是通过双方定期与不定期对话，了解员工绩效计划实施的进展，分析绩效目标达成的现状与面临的问题，与员工一起寻找解决方法，确保员工在绩效周期内达到既定目标。书面报告、会议、面谈、闲聊、走动式交流、开放式办公等都是绩效辅导的方式。开展绩效辅导需要注意几个问题：

①明确目的。绩效辅导是员工业绩考核期间，管理者与员工进行开诚布公的沟通过程。客观对业绩状况进行陈述可以缓解员工的焦虑，也可以达到指导的目的。

②明确辅导内容。绩效辅导的重点应该聚焦到帮助员工完成工作任务上，过多的无用信息会干扰员工对辅导意图的理解，不利于员工改进工作。

③给员工充分发言的机会。在绩效辅导中，管理者应该尽可能多地鼓励员工表达真实想法，进行充分的信息交流，而不是通过命令的方式迫使员工对问题做出反馈。

④填写面谈记录。辅导结束后需要将面谈情况进行记录、留存、备用，并让双方签字确认。

三、绩效考核

绩效考核又叫绩效评价，是指在一个绩效考核周期结束时，选择相应的绩效考核主体，采用科学的绩效考核方法，收集相关的信息，对被考核人完成绩效目标的状况做出分析与评价的过程。

（一）绩效考核过程

一般而言，组织在进行绩效考核时要经过五个相关的步骤才能完成员工绩效评价。

1.确定考核目标

考核目标已经在绩效计划阶段得以选定，本阶段则需要借助平衡记分卡（BSC）或关键绩效指标（KPI）等考核工具，对组织战略目标层层分解，最终形成员工的考核目标体系。

2.建立考核系统

建立绩效考核系统包括确定考核主体和选择评价方法。考核主体包括上司、员工本人、客户和其他利益相关者。考核方法的种类众多，不同考核方法侧重点也有所差异。

3.整理绩效数据

管理者针对被考核人的绩效表现进行持续的跟踪和信息收集，并将所得信息进行界定、归类，从而建立起被考核人的绩效数据。

4.绩效结果分析

借助评价方法，将收集到的员工绩效数据进行计算、迭代、整合等，最终形成被评价者的绩效结果。

5.输出结果

依据得到的绩效结果，将被考评者的绩效水平纳入相应的考核等级，同时剖析绩效优秀或者不佳的原因，获得绩效改进的意见。

（二）绩效考核主体的选择

不同的考核主体会存在不同的认知偏差，合理选择考核主体是绩效考核设计的关键内容。

1.不同绩效考核主体的比较

绩效考核主体是指员工绩效的评估人。绩效考核主体可以由多方担任，比如直接上级、同事、员工本人、下属和客户等。由于不同岗位上的任职者与员工工作接触机会的多寡、对员工工作状况了解的深浅并不相同，加之评价者自身可能存在的认知偏差，他们对被考评人的绩效状况往往无法做出完整的评价。因此，在绩效考核过程中需要从不同岗位、不同层次引入多方主体。这不仅是保障绩效考核公平、公正的重要条件，也是绩效管理目的的需要。

①上级。由员工的上级对其绩效状况进行考核，是绩效评价主体选择中最常见的一种方式。上级，尤其是直接上级通常最熟悉下属的工作状况，此外他们也对员工工作岗位的任职要求非常了解，因此上级作为考评者的方式在绩效管理实践中运用最为广泛。同时，绩效考核也是上级管理员工的一种有效工具，运用绩效考核，管理者可以直接或间接对员工行为加以干预，确保组织目标的实现。当然，上级考评也存在局限性。比如，当上级工作繁忙没有足够的时间了解下属的所有工作活动，或者上级无法全面观察下属的工作表现，仅凭借有限的接触去推断下属的工作状况时，将无法对下属绩效做出合理评价。另外，管理者个人的风格、态度、对下属员工的偏好等因素也是造成上级评价出现偏差的原因。

②同级员工。同级考评者一般是指与被考评人联系较为紧密、存在工作任务衔接的同级别的同事。他们对被考评人的工作表现往往了解更全面，对被考评人在领导不在场情况下的工作技能、工作态度等更有充分的认知，因此他们能够更加深入地评价对方。同级考评也可能存在一些问题。例如，人际关系因素会影响到考评的公正性，人们往往喜欢给自己关系好的同事打高分，而对关系不好的同事就给出低分。也可能担心得罪同事，而给对方打高分。这些情况都会影响到考评结果的有效性。当然，如果绩效考核结果与个人晋升、工资增减挂钩，那么同级考核出现的问题将更多。

③下属。下级对上级表现进行考核是培养民主作风的需要，同时也是建立良好员工关系的一条途径。作为被管理的对象，下级对上级的领导能力、管理才能、问题处理技巧等方面体会更深。因此，很多企业都会引入下属作为评价管理者领导行为与艺术的主体。但是必须指出：一方面由于所处职位的差异，下级往往无法对领导者的战略意图、工作中的创造力等做出全面判断，从而打分过低；另一方面，也会因为担心被打击报复不敢对上司存在的绩效问题给予指出，给上司打分过高。上述两种情况的

存在让下属评价往往很难推广。

④员工本人。自我评价是员工自己对自己的工作绩效表现进行考评的一种方式。它一方面有助于员工对自己的工作进行阶段性总结，提高自我管理的能力；另一方面，通过对自己表现进行评价可以增强员工对工作的责任心，激发员工的工作主动性。员工本人考核的缺点也很明显，比如员工更倾向于给自己高分，夸大自己的优点，忽略缺点。目前，员工评价方式更多地应用在"自我发展"内容的评估上。

⑤客户。客户是员工服务的对象，包括企业外部客户和企业内部客户两种情况。外部客户适合于那些经常与外部顾客打交道的员工的考评。对这些员工绩效考评时，客户满意度是衡量其工作绩效的重要指标。最常见的方式是将顾客或供应商等纳入考评主体，以此判断员工绩效。如果员工主要负责组织内部事务，与外部顾客的交往很少或者没有，那么引入内部顾客作为评价主体可以起到同样的效果。本方法的缺点主要包括：客户更侧重于员工的工作结果，对其工作过程中的表现无法给予全面评价；此外有些职位的客户比较难以界定，或者客户对员工绩效的期望过高都可能造成评价与事实不符。

在绩效考核实践中，许多公司采用360度考评方法（又称全方位绩效考评法）来纠正单一评价主体造成的评价误差，从而增加评价的准确性和全面性。

2.绩效考评中的认知偏差及其规避措施

绩效考核中的认知偏差主要包括以下几种：

①晕轮效应，即员工以某一方面的特征为基础而对总体做出评价。由于只重视某一方面的特征，考核者忽视了被考核人其他方面的信息，最终影响到考核结果的正确性。

②逻辑错误，即考核主体使用简单的逻辑推理，而不是根据客观情况来进行评价。比如，按照"语言表达能力强，沟通能力就强"这种逻辑，根据员工语言表达情况对其沟通能力进行评价就是逻辑错误。

③首因效应和近因效应。所谓首因效应，是指考核主体根据员工在绩效考核周期初期的表现或第一印象，而对员工整个绩效考核周期的表现做出评价。首因效应和近因效应正好相反，近因效应是考评人根据被考评者在近期的绩效表现推断其在整个绩效周期中的表现。

④对比效应。对比效应是指在绩效考核中，因他人的绩效评定而影响了对某员工的绩效评价。比如，考核主体刚刚评定完一名绩效非常突出的员工，紧接着评价另一位绩效一般的员工时，因为两者之间存在的差距在对比中显得过于明显，考核者就可能将这名绩效水平一般的员工评定为"绩效水平很差"。

⑤过宽或过严的倾向。过宽倾向是指考核中对被考核者做出的评价普遍过高，过严倾向则正好相反。出现这两类偏差的原因在于绩效考核缺乏明确、一致的判断标准。特别是在评价标准主观性强时，考核者容易犯此类错误。

⑥溢出效应。所谓溢出效应，是指员工在绩效考核周期以外的表现影响了考核者对被考评人考核周期内表现的评价。比如，某个员工恰好在考核周期开始前因工作失误遭到批评，虽然在即将开始的考核周期内他并没有出现问题，却因为之前的工作失误得到"绩效表现差"的评价等级。

⑦个人偏见。在评价过程中，评价者因为对被评价者的个人特质存在偏见，而按照自己的主观好恶进行评价，造成评价结果不准确。

针对上述认知偏差可以通过以下措施加以规避（如表3-3所示）。

表3-3　常见考评偏见的修正措施

考评偏见	修正措施
晕轮效应	严格按照工作目标达成情况作为评价依据
逻辑错误	记录关键事件，按照素质胜任力模型的等级定义对考核要素进行评价
首因效应	在整个考评周期内做好员工绩效表现的有关数据记录，并以此为依据
近因效应	在整个考评周期内做好员工绩效表现的有关数据记录，并以此为依据
对比效应	以每个员工的绩效与工作标准进行对比
过宽或过严倾向	以客观绩效标准为依据，以二次考核为监督
溢出效应	注意核对考核周期的起止时间，对照考核周期内的原始数据
个人偏见	加强与员工之间的绩效沟通，关注员工的行为

四、绩效反馈

通过绩效考评，企业得到了员工的绩效表现结果，但这并不意味着绩效管理的结束。为了达成绩效管理目标，还必须将绩效考评结果及时反馈给员工。

（一）绩效反馈的含义

绩效反馈包括狭义和广义两种含义。狭义的绩效反馈是指在绩效考核结束之后，上级就绩效考核结果与员工进行面对面沟通的过程。广义的绩效反馈则是指在绩效管理各阶段内，管理者采纳的旨在让员工了解其绩效水平的管理手段。绩效反馈的形式包括口头告知或书面通知等。有计划、有目的的绩效面谈是绩效反馈最普遍的方式。因此有时人们将绩效面谈等同于绩效反馈。

（二）绩效反馈的主要内容

绩效反馈的内容并不完全一致，一般都是围绕员工在一个绩效周期中的表现展开讨论协商，讨论内容主要包括：

1.对绩效评价结果达成共识

绩效评价结果是绩效反馈必须涉及的内容。反馈时如果被考评人对考评结果有异议，考评主管需要依据相关政策和流程与被考评人进行协商。包括就分歧的内容进行确认、对分歧的依据进行意见交换、和被考评人一起检视涉及的数据记录或绩效资料，找到绩效评价未能达成一致的原因。当然，如果通过绩效反馈最终达成一致看法，双方需要对整个过程进行记录，并最终签字认可。如果没有达成一致，也需要就最终协商的内容进行备案，以便进一步移交相关部门处理。

2.对员工绩效考核周期内的行为表现给予肯定和指正

主管人员通过对员工工作中关键事件的回顾和相关资料核对，分析哪些是高绩效行为，哪些是低绩效行为，从而指出员工工作中的优缺点，同时通过表扬、惩罚达到强化员工高绩效行为的目的。

3.为员工制订绩效改进计划

经过绩效反馈，员工可以比较全面地了解到绩效所处的水平以及绩效问题产生的根源。但是绩效管理的目的不仅仅是作为确定员工薪酬、奖惩、晋升或降级的标准，员工能力的不断提高以及业绩的持续改进才是其根本目的。因此从某种程度上讲，针对未能完成的绩效目标，管理者和被考评者一起分析，设法找到具体的改进措施并形成共识，才是绩效反馈的关键。绩效管理要发挥其应有的作用需要管理者在绩效改进方面能够提出有针对性的意见，帮助员工提升绩效。

4.为员工职业规划和发展提供帮助

绩效反馈要定位于为组织发展服务，为员工职业规划服务。因此，考评者在反馈面谈中，需要结合员工工作完成情况以及员工职业发展规划提供帮助，以便于协助员工对短期目标进行调整，对发展策略进行修正。管理者提供的信息包括：建议员工接受的培训，员工开展业务所需学习掌握的新知识、新技能，公司能够提供的相关资源和帮助措施等。

综上所述，绩效反馈是一个需要讲究策略和技巧的过程。反馈面谈既没有固定的模式，也没有必定的套路；相反，由于员工与管理者性格各不相同，反馈面谈的形式会有很大差异。但是学会倾听、站在面向未来的角度去沟通是克服绩效面谈困难的工具，管理者若能掌握有效沟通的技巧，就能消除下属对绩效面谈的抵触情绪，组织也会因此受益。

（三）绩效申诉

为了保障员工的基本权益，也为了维护组织文化的健康发展，当被考评人对考核结果持有异议，或者不认同组织给予的绩效奖励、惩罚等措施时，可以以书面方式向人力资源部门提出申诉，人力资源部门就申诉问题进行调查，然后就申诉问题做出说明。人力资源部门在处理绩效申诉时需要开展以下工作。

①申诉人填写详细的书面申诉报告。报告中写明申诉的原因、事由、争议问题的内容、争议的原因等。

②人力资源部门收到申诉报告之后，在1～3个工作日内根据报告内容进行核实，审查材料的真实性。

③确认真实性后，提交"绩效评审委员会"，由绩效评审委员对材料内容进行

认定。

④人力资源部组织召开由绩效评审委员组成的评审会议，必要时申诉人可以在会议上充分陈述申诉事项，并提出个人要求。评审小组成员对其申诉内容进行提问。

⑤评审委员会对申诉人提交的事项进行最终核对，给出评审结果。人力资源部门通知申诉人结果。

⑥人力资源部与申诉人填写《绩效考核申诉处理表》，并存档。

五、绩效结果应用

绩效结果应用是绩效管理的最后一个阶段，也是下一个绩效管理周期开始前的准备阶段。绩效结果应用主要包括两个层次：一是依据绩效考核结果，做出相应的人事决策，比如薪资分配或调整、职务晋升或降级等；二是对绩效考核分析之后，用于制订绩效改进计划。当前，很多企业仅仅止步于将考核结果进行通报，这不仅造成了极大的浪费，而且容易让管理流于形式，无法对企业发展发挥实质作用。

（一）绩效考核结果在人事决策中的应用

绩效考核结果在人事决策中的应用主要包括以下几方面：

1.用于员工薪酬的分配与调整

为了增强薪酬的激励效果，在员工的薪酬体系中有一部分报酬与绩效挂钩，这部分报酬就是所谓的绩效薪酬。为了加强绩效薪酬的激励作用，国际上通行的做法就是"超额累进法"，即在一个绩效周期内如果员工完成绩效指标的百分比低于100%，则员工当期的绩效奖金基本上等于其绩效奖金等额乘以该百分比；如果员工超额完成则超出部分再累进奖励。

2.用于职务的晋升或降级等调配

将合适的员工放在合适的工作岗位上发挥应有的作用，是人力资源管理的一项基本原则。通过考评结果与任职资格标准的比较，可以发现哪些员工是优秀的，哪些员工绩效有待提升，哪些员工绩效长期存在问题，从而有计划地采取针对性措施，做到人适其事，人尽其用。比如，规定绩效连续两次评为不合格时，公司有权解除劳动合同；绩效连续三次评为合格时有资格申请晋升。

3.用于员工培训开发的需求分析

绩效管理与培训开发之间的关系密不可分，绩效考核结果是员工培训需求分析的来源。依据绩效考核结果可以识别出员工需要接受哪些培训，哪些员工需要接受培训以及员工培训开发活动的目标等。培训开发的需求分析正是建立在绩效考核基础之上。

4.用于员工职业生涯规划与发展

在对绩效评价结果进行反馈时，管理者需要依据组织战略要求针对员工绩效不佳的原因进行分析，指出其工作问题，找到工作突破点，并指导员工改进工作方式和工作态度。这不仅有助于实现组织目标，也有助于员工个人职业生涯的发展。

（二）绩效改进

绩效改进是绩效结果应用的第二个方面，绩效改进是一个包括一系列活动的过程：首先，对员工绩效考核结果进行诊断，明确其中的问题和问题产生的原因；其次，针对存在的问题和原因，制定绩效改进目标，编制绩效改进计划；再次，将绩效改进计划纳入下一个考核周期的绩效计划内，作为下一次绩效考核的内容；最后，评估绩效改进计划的内容和措施。

需要指出的是，绩效反馈阶段与绩效结果应用阶段都会涉及绩效改进活动，两者在内容上存在重叠之处，在实施过程中也会有相互交叉的地方，但各有侧重。在绩效反馈阶段中，绩效改进的主要任务是核对绩效考核结果，明确绩效问题和根源，制订相应的改进计划；而在绩效结果应用阶段则偏重于实施绩效改进计划，并对实施效果进行评估。

第三节　绩效考核方法

绩效考核方法可以分为组织绩效考评方法和个人绩效考评方法。由于每种方法都有相对独立、系统的操作步骤，本书将之汇总于此节进行介绍。

一、组织绩效考评方法

组织绩效考评方法主要包括目标管理法、关键绩效指标法、平衡记分卡法和目标与关键成果法等。

（一）目标管理法

所谓目标管理，是一种程序和过程，是经过组织中上级和下级一起协商，依据组织战略确定一定时期内组织的总目标，决定上下级的责任和分目标，并将这些目标作为组织、部门与个人绩效产出对组织贡献的标准。

1.目标管理法的主要特点

目标管理法作为一种科学的管理方法，通过确定目标、分解目标、安排进度、制定措施、落实措施、绩效考核等环环相扣的步骤来实现对企业绩效的管理。目标管理法的主要特点是一切从组织目标出发，充分调动各方面的积极性，使组织内部所有力量都围绕组织目标开展，并最终以组织目标达成状况作为检验管理有效性的标准。为了实现组织总目标，目标管理法强调在具体运用该方法的过程中，必须遵循以下原则，而这些原则恰好构成了目标管理法的特点。

①共同参与。目标管理法鼓励组织内所有员工都参与到目标管理的每一个环节中，充分调动一切力量。

②系统导向。目标管理法强调组织目标分解过程必须体现集合性、层次性和相关

性，即组织目标、部门目标和个人目标三个层次之间相互关联。

③适当授权。目标管理法强调目标及达成目标的基本方针一经确定，上级就要对下级适当放手，给予员工实现目标应有的权限。

④结果导向。目标管理是以目标实现的程度进行评价，注重目标完成的最终状况。

2.目标管理法的基本流程

目标管理是一个反复循环、螺旋上升的管理方式。在一个周期内，其基本流程主要包括：设定目标体系、沟通与辅导、考核评估目标、修正与反馈。

①设置目标体系。设置目标体系是目标管理过程中最为重要的步骤，这一环节又包括以下四个小的步骤：

第一步：预定目标或计划目标。管理者依据企业使命和战略，与下级一起针对绩效考核周期期望达成的任务目标进行沟通、讨论，初步定出目标计划。

第二步：重新审议组织结构和职责分工。目标管理强调每个目标都有明确的责任主体，重新审视组织现有的结构，便于明确目标责任者和相关人员的职责。

第三步：确立下级目标。依据目标逐层分解的原则，确保每个团队和员工的分目标与组织总目标保持纵向一致，同时确保各团队目标和员工的分目标之间保持横向一致，并确定各目标的权重值。

第四步：上下级就目标达成所需条件及目标实现后的奖惩达成协议。

②沟通与辅导。目标管理方法强调管理者必须定期对目标实施情况进行监督检查，与员工一起就目标完成过程中的问题进行沟通协商，积极协助员工克服工作中出现的问题，不断辅导员工绩效水平的提升。

③考核评估目标。当绩效目标确定并进入实施阶段后，管理者和员工会在绩效周期结束时对目标达成情况进行考核，确认目标完成的实际水平，界定员工绩效考核等级。这一过程也包括双方就目标没有完成部分进行讨论获得结论，比如：目标未实现的原因、经验教训以及对考核结果认定签字等。

④反馈与修正。目标评价之后，管理者要及时和员工进行反馈，并结合员工绩效状况修正在上一考核周期中目标设置不合理等问题，确保新的考核周期内绩效目标更加符合组织与员工双方的需求。此阶段还包括依据先前制定的绩效奖惩协议，实施强化。

3.目标管理法在我国实施的情况

目标管理法一经引入我国就获得了广泛的重视，并成为企业绩效管理的主要工具之一。它对于组织活动和员工工作的努力方向能够给予明确指导；突出工作重点，能充分调动员工的积极性和主动性；在绩效沟通中培养开放的工作氛围，有利于上下协同。但是，目标管理法也存在一些问题。例如，过分重视结果而忽视目标执行过程，容易让一些员工违背职业操守，做出损害公司长远利益的行为。另外，某些岗位的特殊性导致目标很难被确定，无法真正按照目标分解的"因果关系"来确保目标之间保持纵向、横向一致，从而导致员工工作之间存在冲突。此外，绩效考核周期内的目标一旦确定往往很难更改，导致管理实践与目标之间出现脱节现象。

总之，目标管理法对我国组织管理水平的提高，特别是对我国企业生产力的提升和促进发挥了积极作用，且效果有目共睹。随着组织发展和管理进步，管理者要克服目标管理法在组织管理中的思维惯性，不断对目标管理法进行修正，与时俱进地发展目标管理的理论与方法。

（二）关键绩效指标法

关键绩效指标法（KPI）是一种能够将结果导向与行为导向相结合，强调工作行为和目标达成并重的一种战略性绩效管理方法。

1.关键绩效指标法的主要特点

二八法则强调经营管理必须抓住关键的人、关键的环节、关键的岗位、关键的项目等。二八法则的应用间接促成了关键绩效指标法的产生。关键绩效指标法强调基于企业的愿景、战略与核心价值观，对企业运营过程中的关键成功要素进行提炼与归纳，通过密切关注20%关键任务的管理，建立其关键业绩指标评价体系和绩效管理系统。关键绩效指标法具有以下特点：

①以战略为导向。关键绩效指标法是衡量企业战略实施效果的指标体系，企业关键绩效指标来自最能有效影响企业价值创造的关键驱动因素，是对企业成功具有重要影响的内容，因此它是战略导向的方法。

②将结果与行为过程并重。关键绩效指标法是用于评价和管理员工绩效的可量化的和可行为化的标准体系，其管理的重心在衡量员工工作行为与工作结果，指标必须可量化和可行为化。

③将绩效管理集中在对组织价值具有最大驱动力的经营行为上。关键绩效指标法的精髓就是企业绩效指标的设置必须与企业战略挂钩，集中管理在某一阶段一个企业战略上要解决的最主要的问题。表3-4比较了关键绩效指标法与传统绩效指标法的区别。

2.关键绩效指标法的操作流程

关键绩效指标体系作为一种系统化的指标体系，包括三个层面的指标：企业级关键绩效指标、部门级关键绩效指标和个人级关键绩效指标。三个层面由上至下，层层传递；由宏观到微观，层层支撑；形成一个相互联系的系统。其操作流程为：

第一步，识别和明确公司目标。这些目标包括：在目标市场处于第一位或第二位；对公司经营成功关系重大；能够帮助公司获得高增长的现金流量；提供基础性服务的目标。

第二步，识别和确定目标达成所必须完成的重点任务。重点业务是公司的关键绩效领域（Key Performance Area，KPA），通常包括：市场领先；客户满意；利润保证；

技术创新和产品领先等。

表3-4　关键绩效指标法与传统绩效指标法的区别

	基于KPI的绩效考核	传统的绩效考核
前提假设	假定人会采取一切必要的行动努力达到事先确定的目标	假定人主动采取行动以实现目标；假定人不清楚应采取什么行动以实现目标；假定制定和实施战略与一般员工无关
考核目的	以战略为中心，指标体系的设计与运用都是为组织战略目标的达成服务	以控制为中心，指标体系的设计与运用都来源于控制的意图，也是为更有效地控制个人的行为服务
指标的产生	在组织内部自上而下对战略目标进行层层分解	通常是自下而上根据个人以往的绩效与目标产生
指标的来源	基于战略目标中要求的各项增值性工作产出	来源于特定的程序，即对过去行为与绩效的修正
指标的构成与作用	通过财务与非财务指标相结合，体现关注短期效益、兼顾长期发展的原则；指标本身不仅传达了结果，也传递了产生结果的过程	以财务指标为主、非财务指标为辅，注重对过去绩效的考核，且指导绩效改进的出发点是过去的绩效存在的问题，绩效改进行动与战略需要脱钩
价值分配体系与战略的关系	与KPI指标的值和权重搭配，有助于推动组织战略的实施	与个人绩效密切相关，与战略关系不大

第三步，将KPA分解为关键绩效指标（Key Performance Index，简称KPI）。KPI不是一两个指标，而是公司宏观目标经过层层分解后产生的可操作的一系列、可量化的指标体系。

（三）平衡计分卡法

传统的目标管理法是以企业制定的目标为基准，实行反向管理，组织人员和资源，用奖罚激励去实现制定的目标。平衡计分卡法（BSC）则是将组织战略通过财务、客户、内部运营、学习与成长四方面指标之间相互驱动的因果关系，展现组织战略轨迹，实现绩效管理的一种管理方法。

1.平衡计分卡法的主要特征

作为与组织战略密切挂钩的一种绩效管理方法，平衡计分卡法体现出四个方面的基本特点：

①以战略为核心。平衡计分卡法为企业的战略管理与绩效管理之间建立系统联系提供了思路，其主要方法是通过与企业关键成功因素（CSF）和关键绩效指标（KPI）

相结合来设置绩效管理体系，描述企业的战略框架。平衡计分卡法所采用的四个指标内容之间相互嵌套、相互关联，共同支撑组织战略目标的实现。

②兼顾过程管理与目标管理。平衡计分卡法既注重对经营目标完成程度的管理，又注重对经营目标实现过程的管理。财务类指标主要指向结果类任务，其他三个方面的指标（内部运营、客户、学习与成长）则主要是以过程考核为主。

③财务指标与非财务指标并存。平衡计分卡法在指标设置上采用多维指标，尤其是将财务类指标与非财务类指标并存的做法，避免了传统绩效管理只注重财务类指标考核带来的弊端。通过借助非财务类指标考核帮助企业全面分析管理中的问题，借此找到影响企业整体表现的根源。

④短期目标与长期目标结合。在平衡计分卡法的指标设置中，将企业长期目标与短期目标进行捆绑，可以保证组织长期目标与实际行动保持一致，也可以通过将长期目标逐层分解来指导短期管理。这种兼顾当前与未来目标的做法保证了组织发展的延续性和连贯性。

2.平衡计分卡法的构成要素

平衡计分卡法的设计目的是要建立"实现战略指导"的绩效管理系统，从而保证企业战略得到有效执行。它通过四个逻辑相关的角度及其相应的绩效指标体系，考察公司实现其战略愿景与目标的程度这四个角度分别是财务、顾客、内部运营、学习和成长。

①财务类指标。财务类指标主要解决应该如何满足股东的利益要求。常见的财务类指标主要包括：财务效益状况指标（如净资产收益率、总资产报酬率、销售利润率、成本费用利润率等）、资产运营状况指标（如总资产周转率、流动资产周转率、存货周转率、应收账款周转率等）、偿还债务指标（如资产负债率、流动比率、速动比率、现金流动负债率、长期资产适合率等）、成长性指标（如销售增长率、人均销售增长率、人均利润增长率、总资产增长率等）以及常用其他财务指标（如投资回报率、资本保值增值率、总资产贡献率、全员劳动生产率、产品销售率、附加价值率等）。

②客户类指标。客户是企业获得利润与持续发展的根本，满足客户的需求就需要向顾客提供优质的产品与服务，并在顾客关注的方面，比如服务时间、产品质量、产品性能、产品成本等方面进行管理。客户类指标主要在于解决客户对企业的要求是什么的问题。常见的客户类指标包括市场占有率、客户维持率、产品退货率、服务响应时间、顾客满意度等。

③内部运营类指标。企业内部运营方面，主要解决企业应该具有什么样的优势？企业最擅长什么？制定运营类评估指标在于督促企业在上述方面做得更好。常见的内部运营指标包括新产品推出能力、设计能力、技术水准、制造效率（如产品及原材料损耗率、订单交货速度、单位成本等）、安全性（如企业事故发生次数、损失金额

等）、售后服务指标（如顾客满意度、服务速度等）。内部运营类指标既包括短期的现有业务的改善，又涉及长远的产品和服务的革新。

④学习和成长类指标。为了提升企业持续竞争力，企业必须不断成长。因此，围绕组织学习与创新能力提升，设置有关"人"的学习和成长类指标显得非常必要。学习和成长类指标在于解决企业如何持续提高能力并创造价值的问题。学习和成长类指标主要包括员工能力（如员工生产力、员工培训次数、员工流动率等）、信息系统状况（如信息覆盖率、信息系统更新程度等）、员工提案数量、因员工所提倡议而节省成本的金额等。

3.平衡计分卡法的实施过程

①建立公司的愿景与战略。公司愿景和战略指明了公司长远的发展方向和目标，对公司内部各业务单元与每个员工都具有指导意义，使部门和员工可以通过相互关联的指标考核来共同完成公司的愿景与战略。

②成立平衡计分卡小组或委员会，在公司愿景和战略基础上，构建财务、顾客、内部运营、学习与成长四类具体目标。

③分别为四类目标找到具有意义的业绩衡量指标。

④加强企业内部沟通与教育，通过各种不同渠道告知组织内部相关人员。

⑤确定每年、每季、每月的业绩衡量指标的具体数字，并与公司的计划和预算相结合。注意各指标之间的因果关系、驱动关系和连接关系。

⑥将每年的报酬奖励制度与平衡计分卡挂钩。

⑦经常采用员工意见修正平衡计分卡指标并改进公司战略。

（四）目标与关键成果法

目标与关键成果法（Objectives and Key Results，OKR）原是英特尔公司用以解决目标聚焦与执行效率的工具，后盛行于美国硅谷创新公司，成为科技企业进行绩效管理的一种方法。作为一种全新的管理思想，OKR方法的最大用处在于通过识别目标（O）和关键成果（KR），持续对齐，让企业内部各级目标保持一致，并使行动与环境保持适配，从而提升企业的经营业绩。严格意义上说，OKR方法是一种纯粹的战略性效率工具，并不是作为绩效考核的工具。但因其强调的目标管理及其在促进组织实现目标过程中表现出的力量，让很多公司选择将之作为KP1或平衡计分卡的替代。

1.目标与关键成果法（OKR）的特点

目标与关键成果法（OKR）是一套严密的思考框架和持续的纪律要求，旨在确保员工紧密协作，把精力聚焦在能促进组织成长的、可衡量的贡献上。OKR的基本特点包括以下几个方面：

①严密的思考框架：OKR意在提升绩效，但并不是简单地跟踪结果。比检查结果更为重要的是，深入思考这些关键结果（KR）对组织和个人而言意味着什么，从而帮助找到未来的突破口。

②持续的纪律要求：OKR代表了一种时间和精力上的承诺。要想从OKR方法中获益，就必须遵循以季度（或其他预定的周期）为单位刷新OKR，持续修正现行战略和商业模式。

③确保员工紧密协作：OKR本身具有的透明性让组织内每一个人都能够充分共享OKR及其达成情况，因此OKR必须被设计用于最大化协作与促进整个组织对齐一致。

④精力聚焦：OKR的主要目的是用于识别最关键的业务目标，并通过量化的关键结果去衡量目标达成情况。

⑤做出可衡量的贡献：KR通常是定量的，无论何时都需要尽量避免主观描述KR，KR越是精准和可量化，它对于达成业务具有非常大的促进作用。

2.OKR的实施流程

企业实施OKR的基本流程可以缩减为五个英文字母，即"CRAFT"，它分别代表了：C-create创建；R-refine精练；A-align对齐；F-finalize定稿；T-transmit发布。

创建（Create）环节的主要任务是为1～3个目标（O）起草1～3个很有挑战的关键成果（KR）。这一任务可以通过头脑风暴法的方式加以实施，并成为企业文化的一部分。当然，公司也可以通过授权小团队的方式，由一个很小的团队来负责筹建公司的OKR。

初步完成了OKR的创建之后，需要将之提交给更大范围团队成员进行评审，并确保参会人员为OKR讨论做好准备。这一过程就是精练（Rrefine）。作为该过程的一部分，每个KR都应当运用评分量表来加以分析。最后，所有人员需要对精练出来的OKR达成共识，以获得大家对OKR的支持。

由于现代组织中的大多数工作都是跨职能，需要多团队协同解决所面临的问题或创造出新的工作模式，因此在团队层面制作OKR时，要将本部门的OKR草案提交给存在依赖关系的其他团队评审，并尽量得到对方提供相关支持的承诺。通过对彼此之间OKR的协商（对齐），团队的OKR就可以确定下来。定稿之后，还需要将OKR上传到一个软件系统，或者能够进行结果跟踪的产品（比如Excel等）中。OKR必须予以严格和正式的分类并跟踪，以确保其完整性。

上述步骤完成之后，组织需要向相关人员发布OKR，并通过多种媒介与成员进行广泛沟通。

二、个体绩效考评方法

个体绩效考评方法是指就某项具体的工作任务，在员工个体层次上进行考核时采纳的方法。这些方法主要分为三类：比较法、量表法和描述法。

（一）比较法

比较法是通过员工之间的相互比较来得到考核结果。比较法又可以划分为以下几类：

1.排序法

排序法又叫排队法，是指按被考评员工绩效相对的优劣程度，通过直接比较，确定每人的相对等级或名次的方法。这种方法在考核人员数量不多，且所从事的工作大致相同或类似的情况下被广泛使用。在具体的操作中，又依据实施过程不同，可以划分为直接排序法和交替排序法。

①直接排序法。直接排序法又称为简单排序法，是评价者将员工按照工作绩效的总体情况，从最优到最差进行排序。

②交替排序法。交替排序法又称选择排序法，是将需要进行评价的所有被评价者在某一绩效要素上的表现进行通盘考虑后，从中选择最好和最差的两名，然后再在剩下的员工中选择次好和次差的两名，以此类推，直至全部人员完成排序。交替排序法有利于人们发现极端差别的个体，从而保证排序更加合理。

2.配对比较法

配对比较法又称为两两比较法，是考评者根据某一标准，将每一员工与其他员工进行逐一比较，并将每一次比较中的优胜者选出，记为"＋"，另一名员工记为"－"。最后，计算每个人"＋"的个数，并根据次数的多少进行排序。配对比较法只适合用于考核人数不多的情况，因为按照两两比较计算，一共需要比较的次数为：

$$[n \times (n-1)] \div 2$$

公式中：n 为被考评者人数

也就是说，如果有9名员工需要按照两两配对法进行考核，则需要一共计算9×8÷2＝36（次）。

3.强制分布法

强制分布法又称为硬性分配法，是先确定出绩效考核结果的等级，然后按照正态分布原理，确定出各个等级的比例，最后按照这个比例，依据员工表现将其纳入不同等级的一种方法。强制分布法的特点是中间多、两头少，可以避免过分严厉、过分宽容或者平均主义倾向。但其缺点则是，如果员工的业绩水平的确不是按照正态分布，那么对员工的绩效进行强制等级划分将招致不满。

（二）量表法

量表法就是指将绩效考核的指标和标准制成量表，依次对员工的绩效进行考核。量表法是最简单和运用最为普遍的工作绩效评价方法之一。它的优点在于：由于有了客观的标准，因此可以在不同部门之间进行考核结果的横向比较；另外有了具体的考核指标，也可以确切知道员工在哪些方面存在不足和问题。但是这类方法的弊端在于：开发量表需要一定的时间，且花费的成本较高，并且量表的有效性需要一定的技术保障才能达到。量表法的主要类型包括：评级量表法、行为锚定评价法、行为观察量表法、混合标准测评量表法等。

1.评级量表法

评级量表法是量表法中最为简单的方法之一，是由考核者依据量表，对员工每次考核基础上的表现进行评价/打分，然后进行相应汇总。评级量表法需要首先列出考核的指标，并将每个指标划分为不同等级，每个等级对应一个分数，划分的等级常采用李克特5点或7点等级。

设计评级量表法的一般流程包括：

①确定可量化的考核指标，即列举评价指标（评价什么）；

②确定评价标准（尺度说明），列举绩效等级（如五等级或七等级），并对等级进行说明；

③确定每一标准的赋值，对每一等级评价标准的界定进行说明；

④依据相关考核指标和评价标准，针对员工表现进行等级评定；汇总最终得分，标注对应绩效等级。

2.行为锚定量表法

行为锚定量表法（Behaviorally Anchored Rating Scale，BARS）也称行为定位法，行为决定性等级量表法等。

行为锚定量表法是一种基于关键行为的评价量表法。它将同一职务工作可能发生的各种典型行为进行度量，并和等级评价有效地结合在一起，建立一个锚定评分表，以此为依据将员工绩效水平按等级量化，从而对其工作实际行为进行评价。行为锚定等级评价法实质上是把关键事件法与评级量表法结合起来，兼具两者之长，可以使考评的结果更有效，更公平。

行为锚定量表法适用于能够明确观察到的、可测量的工作行为。这种方法的优点是考核指标有较强的独立性，考核尺度比较精确，对具体行为的考核准确性较高。缺点就是考核对象一般是从事具体工作的员工，不适应于管理人员的考核。

建立行为锚定量表法的步骤如下：

①进行岗位分析，确定关键事件。所谓关键事件，是指能够区分出岗位表现优良者和岗位表现差者的事件。通常由具有丰富工作经验，且对工作岗位比较熟知的员工识别关键事件。

②初步建立绩效考核要素。将确定的关键事件合并为几个（通常5~10个）绩效要素，并给出绩效要素的定义。

③重新分配关键事件，确定相应的绩效考核要素。由另一组同样熟悉岗位工作的人员对已经提炼出的关键事件作重新分配。如果第二组的一定比例的人（通常为50%~80%）将某一关键事件归入的考核要素与之前确定的相同，则可以认定该关键事件的最终位置。

④确定各关键事件的考核等级，并确定最终的绩效考核评价体系。对每一个工作绩效要素而言，都有一组关键事件（通常为7个左右）作为其"行为锚"。

3.行为观察量表法

行为观察量表法（Behavioural Observation Scale，BOS），也称为行为评价法、行为观察法、行为观察量表评价法。是由美国学者拉萨姆和瓦克斯雷于1981年在行为锚定等级评价法和传统业绩评定表法的基础上对其不断发展和演变所提出的一种绩效考核方法。行为观察量表法适用于对基层员工工作技能和工作表现的考察。

行为观察量表法在考核各个具体的项目时给出一系列有关的有效行为，考核者通过指出员工在各种行为上的表现频率来评价其工作绩效。

行为观察量表法中列出的考核指标主要是依据特定工作成功绩效所需要的一系列合乎希望的行为来制定，因此它能够向员工提供有效的信息反馈，引导员工如何得到较高的绩效评分。管理人员也能够利用量表中的信息有效监督员工行为，使具体行为与组织战略目标联系起来。这种方法的优点是使用便捷，员工参与性强，容易接受。但其缺点在于由于所需要的信息可能会超出大多数评估者能够加工或记忆的信息量，因此在实施过程中对考核者的要求比较高。同时，有些工作无法准确详细地找出有关的有效行为，因此无法设计出相应的量表。而且，人们对于一项行为"几乎从没发生"到"经常发生"的理解存在差异，也会导致评价结果不稳定，最终影响到被考核者的得分。

4.混合标准测评量表法

混合标准测评量表法（Mixed Standand Scales，MSS）又称为混合标准尺度法，或者简称混合量表法。混合标准测评量表法包含多组概念上相容的描述句（通常3个一组），用来描述同一考核项目的高、中、低三个层次。这些描述句在测评量表中是随机排列的，考核者只需指出被考核者的表现是"好于""相当于"还是"劣于"描述句中所叙述的行为即可。

该量表分别针对巡警工作中"预防犯罪行为""判断力""工作知识""举止风度""合作""沟通技能"等11个项目的行为进行了考核。每个项目通过3个不同的描述句加以评价，并分别代表高、中、低三个层次的水平。

混合标准测评量表法的好处在于可以鉴别出那些"没有逻辑性"的考核者，还可以减少某些诸如晕轮效应、过宽或过严误差等评估误差。而且混合标准量表的操作步骤简单，一旦制定出混合标准量表，今后的考评都可以依此操作。当然，混合标准测评量表法的缺点也很明显，比如测评过程中容易受主观影响，考评结果与组织战略一致性不强等。

混合标准测评量表法的基本设计步骤如下：

①确定考评维度。考评维度往往由设计者根据组织的实际需要和被考评者所从事的工作性质等因素决定。最常用的6个主要维度包括：质量、数量、及时性、成本节约、监督的需要和人际关系。若考评的维度较大，也可以在每一个维度下拟出几个子维度，如在对某一公司的产品营销人员进行考评的混合标准量表中，可以设7个维度，分别为：团队合作、沟通能力、市场洞察力、工作主动性、责任心、纪律性和社

交能力。同时在团队合作这个维度中，又设了大局观、分享知识、认同和影响力这4个子维度。

②维度的表达。为每一个考评维度（若维度中包含子维度，则对每一个子维度）分别拟出一条范例性的陈述句，描述好、中、差三种行为水平。

③设立每一个维度和子维度的权重。由于考评的角度不同、目的不同，对每一个维度的重要性也就不同，但必须确保每组子维度权重之和为1，维度权重之和也为1。

④打乱次序，掩盖评分等级，求得最后分数。由每一个子维度的分数乘以权重，得出维度的分数；每个维度的分数乘以权重，得出总分数。这就是一个考评者对被考评者的评价分数。

（三）描述法

描述法（Description Methods）是指考核主体用叙述性文字来描述员工在工作业绩、工作能力和工作态度方面的优缺点以及需要加以指导的事项和关键事件等，由此得到对员工的综合考核。描述法一般作为其他绩效考核方法的辅助方法得以采纳。该方法在设计和使用上都比较便捷，成本优势明显，适用性广。依据记录事实的不同，描述法可以分为业绩记录法、能力记录法、态度记录法和综合记录法。本书以最具代表性的方法——关键事件法进行介绍。

关键事件法（Critical Incident Method，CIM）由美国学者弗拉赖根和贝勒斯在1954年提出，通用汽车公司在1955年运用这种方法获得成功。它是指负责评价的主管人员把员工在完成工作任务时所表现出来的特别有效的行为和特别无效的行为记录下来，形成一份书面报告，每隔一段时间，主管人员和下属员工面谈一次，根据记录的特殊事件来讨论员工的工作绩效，从而做出工作绩效评估的一种方法。

关键事件法有很多的优点，比如：它为主管人员向下属解释绩效考核结果提供了确切的事实材料；可以使主管人员在评价下属时，依据员工整个工作年度的表现，而非一段时间的表现来给予考评，从而使得考核更加全面、准确；此外，它还可以使主管了解下属员工是通过哪种途径克服不良绩效的具体事例。当然，由于关键事件法记录的是不同员工的工作表现，无法在员工之间、团队之间和部门之间进行工作比较；员工的考评主要由管理者来确定，员工的参与性不高，也就使得该方法的缺点比较明显，不合适用于人事决策。

绩效管理是企业员工对应该实现的目标及如何实现目标形成共识的一个过程，是在一定期间内科学、动态地衡量员工工作效率和效果的管理方式，是通过制定有效、客观的绩效衡量标准，使各级管理者明确了解下属在考核期内的工作业绩、业务能力以及努力程度，并对其工作效率和效果进行评估的过程。

绩效管理的核心目的就是通过提高员工的绩效水平来提高组织或者团队的绩效。对公司来说，绩效管理是增强战略执行力的一套方法，它将个人业绩、个人发展与公司目标有机结合，通过持续改善个人业绩和团队业绩来持续改善公司业绩，并确保公司战略的执行和业务目标的实现。对各级管理者来说，绩效管理能帮助其提高管理水平，减轻管理压力，通过建立自上而下、层层分解的目标体系，使每名员工明确自己的工作重点、工作目标与方向，让员工以最有效的方式、尽最大努力来做"正确的事"，确保员工的工作行为及工作产出与组织的目标一致。对员工来说，绩效管理通过绩效目标设定、绩效辅导、绩效反馈帮助员工改善个人业绩，并通过实施员工改善计划提升个人能力，从而帮助员工实现个人职业生涯发展。

　　绩效管理过程主要包括绩效计划阶段、绩效沟通阶段、绩效考核阶段、绩效反馈阶段和绩效结果应用阶段。绩效计划是绩效管理的第一个环节，也是绩效管理的首要一步。绩效计划制订之后将进入到执行阶段，即管理者依据计划内容持续跟踪绩效成果，并予以辅导、监控、记录数据信息、分析数据结果等，不断和员工进行沟通。绩效反馈是发现工作不足进而提出改进计划的关键过程。绩效结果的应用是绩效管理的最后一个阶段，也是下一个绩效管理周期开始前的准备阶段。绩效结果应用主要包括两个层次：一是指依据绩效考核结果，做出相应的人事决策，比如薪资分配或调整、职务晋升或降级等；二是对绩效考核分析之后，用于制订绩效改进计划。

　　绩效管理过程中目标管理法（MBO）、关键绩效指标法（KPI）、平衡计分卡法（BSC）和目标与关键成果法（OKR）等方法是组织进行绩效管理的常见方法。而针对员工个体绩效水平的考核方法主要包括比较法、量表法和描述法等。

　　有效的绩效管理需要运用系统性思想来进行指导，同时满足组织发展阶段的现实需求。过度进行绩效管理，或者将绩效管理简单等同于绩效考核都会给企业发展带来隐患。这也是当前多数管理者对绩效管理问题的反思。

第四章　人力资源薪酬管理

第一节　薪酬与薪酬管理概述

薪酬管理是人力资源管理的重要组成部分，是组织吸引、保留、激励员工的重要手段和途径。薪酬管理既是组织管理的热点，同时也是组织管理的难点。本节内容详细介绍了薪酬、全面薪酬、薪酬管理、战略薪酬的基础知识。

一、薪酬的概念

社会生活中，薪酬、报酬、工资等概念常常被用于表述员工收到的组织支付其劳动的回报。要理解薪酬和薪酬管理的内涵，就需要清晰界定薪酬的概念。

（一）薪酬的定义

1.薪酬

薪，旧指木柴，现在指薪金、薪水；酬，指报酬、报答、酬谢。薪酬两字合在一起，形象而生动地描述了组织支付给员工的、用于补偿劳动付出的回报。在英文中，Compensation 一词从字面意思理解，亦是平衡、补偿和回报的意思。可见，薪酬从本质上而言是指雇主或组织因为员工提供劳动而给予的一种回报或补偿。组织的经营者关注薪酬，因为它是组织成本重要的构成要素，每月形成组织巨大的财务负担；员工关注薪酬，因为它是关乎员工自身的生活质量，提供了日常的必需品。

本书认为薪酬是指组织因雇佣关系使用劳动者的劳动而支付给员工的直接的和间接的经济收入。薪酬不但是组织提供给员工的经济收益，也是组织自身的成本支出。这种收益与支出的实质，就是员工和组织之间的一种利益交换关系，它保证了员工和组织双方的生存和发展。

2.报酬

报酬（Reward）的概念非常宽泛，既包括员工实际性的经济收益，也包括员工精神层面的收益。通常学界用两种方式对报酬进行类型的划分。按照报酬的具体形态划分，报酬分为货币性报酬和非货币性报酬。货币性报酬，是指员工获得的以货币形式支付的报酬，表现为员工的工资、奖金、分红等；非货币性报酬，是指员工获得的来自工作本身、工作环境、组织方面的报酬，主要包括工作晋升、工作挑战、默契的工作环境和融洽的同事关系等，均能使员工在工作中受到激发和鼓舞，获得精神上的满足和社会的尊重。货币性报酬和非货币性报酬均是组织支付给员工的回报，是组织吸纳和维持人力资源的重要工具和手段。

根据报酬对员工所产生的影响，报酬通常包括外在报酬和内在报酬。外在报酬对员工产生外部的激励效果，体现为员工对外在物质和环境的满意感；内在报酬对员工产生内在的激励效果，体现为员工对自身更加自信和满意，自我效能感的不断提升。

根据前人对薪酬的概念界定，本书将薪酬划分为广义薪酬和狭义薪酬两种其中，在广义薪酬的概念中，其概念界定非常广泛，不仅包括员工经济型的收益，也包括非经济型的收益。特别是目前组织中采用的"总薪酬""全面薪酬"等概念，几乎与报酬的概念和范畴相同。而狭义薪酬通常指货币性的报酬，不涵盖非货币性的收益。因此，薪酬与报酬的关系也略有不同。在狭义概念视角下，报酬的范畴大，薪酬的范畴小，薪酬是报酬的一部分。

3.全面薪酬

全面薪酬是指组织在员工充分参与的基础上，建立起每个员工不同的薪酬组合系统，并定期根据员工需求变化做出相应的调整。这种以员工需求为导向而建立起来的薪酬组合模式，极好地解决了传统薪酬方案的不足。在"全面薪酬"体系中，组织将支付给员工的薪酬分成"外部薪酬"和"内部薪酬"两大类。如何科学地把握全面薪酬的两个方面，使它们有机统一起来，是组织经营者面临的一个难题。外部薪酬主要是指为员工提供的可量化的货币性价值。比如基本工资、奖金等短期薪酬，股票期权等长期薪酬，失业保险金、医疗保险等货币性的福利，以及组织支付的其他各种货币性的开支，如各类津贴、购物卡等。内部薪酬是指那些给员工提供的不能以量化的货币形式表现的各种奖励价值。比如对工作的满意度、为完成工作而提供的各种顺手的工具、培训的机会、提高个人名望的机会、吸引人的组织文化、相互配合的工作环境，以及组织对个人的表彰、谢意等。外在薪酬与内在薪酬相互补充、相互作用，缺一不可。

（二）薪酬的构成

一般来说，组织中的薪酬通常包括基本薪酬、可变薪酬和间接薪酬。

1.基本薪酬

基本薪酬是组织根据员工承担的职位及相应的工作职责或员工所具备的技能，而支付给员工的相对稳定的经济性的报酬。基本薪酬是员工较为稳定的收入来源，为员工提供了基本的生活保障。但是基本薪酬也不是一成不变的，会随着员工的职位、能力、职称、绩效等因素的变化而不断被调整。

2.可变薪酬

可变薪酬也称为浮动薪酬，是薪酬体系中与绩效直接挂钩的经济报酬。组织根据员工、团队或组织的业绩，给予员工一定比例的激励，表现为奖金、红利、股票期权等。可变薪酬对员工有很强的激励性，有助于提升员工工作的积极性和主动性，对于组织整体业绩的实现具有重要的助推作用。

根据激励时间的长短，可变薪酬分为短期可变薪酬和长期可变薪酬。短期可变薪酬以月度、季度、年度的业绩目标为基础，根据员工不同的绩效水平发放，表现为奖金、分红等；长期可变薪酬以长期的、跨年的业绩目标为基础，鼓励员工实现长期的绩效目标，表现为员工持股计划、股票期权计划等。在组织中，特别是高层管理人员、核心技术人员等核心员工是长期可变薪酬最主要的激励对象。

3.间接薪酬

间接薪酬又称福利，是指员工作为组织成员所享有的，以组织自身的支付能力为依托，用于改善员工个人和家庭生活质量的各种补充性报酬。它既可以货币形式直接支付，又可以实物或服务的形式支付，间接薪酬体现了组织的福利水平。资金雄厚、管理现代的组织更能够为员工提供形式多样的间接薪酬。部分间接薪酬具有法律的强制性，例如五险。根据我国劳动法律法规的规定，组织必须按时足额为员工缴纳养老保险、医疗保险、失业保险、工伤保险和生育保险。

（三）薪酬的功能

薪酬是员工获得生存保障的重要途径，是组织获得稳定劳动力的有效工具，对于员工和组织均具有不可替代的重要功能。

1.薪酬对于员工的功能

（1）经济保障功能

员工的薪酬水平决定着他们的生存状况，是劳动者个人甚至整个家庭的重要经济保障。员工通过向组织提供劳动，而获得相应的薪酬。通过薪酬的取得，员工能够获得生活所需要的物质、文化、生活资料，为其提供经济上的保障。一份来自组织的稳定收入，是保持和提升劳动者生活质量的经济保障。

（2）激励功能

薪酬是劳动力的市场价格，需要符合市场规律，围绕市场价格上下波动。薪酬的差异会促使员工产生不满意感，这种不满意感在一定程度上促进上了员工努力提升自身的技能和知识水平，促使员工努力争取更高的职位和更好的工作机会。此外，薪酬不但是一种有形的供求契约，而且是个人和组织之间的一种心理契约，从而使员工获得心理收入。

（3）风险防范功能

稳定的薪酬收入，提高了员工抵抗人身、工作、意外风险的能力。在市场经济条件下，薪酬收入是绝大部分劳动者的主要收入来源，它对于劳动者及其家庭的保障作用是其他任何保障手段无法替代的。根据我国劳动法的规定，应当给员工及时足额上缴养老、医疗、工伤、失业和生育保险，对于员工未来的老有所养、医疗救治、人身伤害和工作就业提供了保障，在一定程度上起到风险防范的作用。

2.薪酬对于组织的功能

（1）优化劳动力资源配置

薪酬的调节功能主要表现在引导劳动者的合理流动。劳动力市场中劳动供求的重要影响因素是薪酬，科学合理地运用薪酬，就可以引导劳动者向合理的方向流动，达到劳动力的合理配置。此外，薪酬也有助于组织形成更为合理的员工梯队。

（2）吸引和保留人才

薪酬管理在现代市场经济中是各国组织人力资源管理的重要环节。薪酬水平是一个人劳动价值的具体表现，当一个人的收入不能体现其应有的社会价值时，人才的流失就成为必然。富有外部竞争力的薪酬能够使员工从进入组织的第一天起就懂得珍惜自己的工作岗位。

（3）提升员工的工作效能

员工的工作效能既包括员工完成既定工作的能力，又包括最终的工作效率和效果。薪酬是对员工工作效能的价值肯定。对员工具有激励性的薪酬，能够引导员工进行积极的主动学习，提升与职位和工作紧密相关的工作能力和技巧，完成更有挑战的工作和任务，提升工作效率，从而实现更为理想的工作效果。

二、薪酬管理概述

人力资源已经成为现代组织的重要战略资源，维持或激励人力资源的重要手段是薪酬。薪酬对于组织的功能决定了薪酬管理的重要性。

（一）薪酬管理的内涵

薪酬管理是组织为了实现战略目标，在综合考虑内外部因素的基础上，围绕薪酬水平、薪酬结构、薪酬支付等方面开展的一系列管理活动的总称。掌握薪酬管理的内涵应当把握以下方面：

①薪酬管理作为人力资源管理的重要职能，将为组织战略目标的实现提供支持和保证。

②薪酬管理的目的在于有效激励员工努力工作的同时有效控制人工，从而确保组织或组织竞争力的形成和提高。

③薪酬管理需要综合考虑各种因素的影响。这些因素包括行业特点和竞争对手、劳动力市场价格、组织规模和实力、国家相关法律法规等，都会对组织的薪酬管理活动产生重要影响。

④薪酬管理涉及一系列相互关联、彼此作用的工作，包括薪酬水平的确定、薪酬

结构调整、薪酬形式组合、薪酬体系的设计、运行与调整等，是一个复杂的系统管理过程。

⑤薪酬管理与其他人力资源管理职能紧密相关。如图7-3所示，人力资源战略制定时应确定组织的薪酬战略，并在人力资源规划时做好薪酬预算；通过科学合理的职位分析和职位评价确定组织各个职位的薪酬标准；在招聘新员工时根据不同岗位的职位要求和薪酬标准选择合适的人才；将培训、职业生涯规划、人力资源配置与薪酬管理紧密结合，发挥非经济性薪酬的激励效果；将绩效管理与薪酬管理紧密结合，体现薪酬的公平性、公正性和激励性。薪酬管理与人力资源管理的其他职能是密不可分、互相支撑的。

（二）薪酬管理的基本内容

薪酬管理作为人力资源管理的重要职能，必须制定一些重要的决策，主要包括以下方面。

1.薪酬水平

薪酬水平指组织中各职位、部门以及整体的平均薪酬的高低状况。它反映出组织所支付的薪酬对外部的竞争性以及薪酬成本的高低。薪酬水平的确定及其调整是薪酬管理的核心内容，薪酬水平的高低直接影响到组织对人力资源的吸引、保留和激励。从薪酬管理角度出发，组织通过建立科学规范的岗位价值评估体系、能力评估体系和绩效评估体系，为组织薪酬水平的确定奠定科学可靠的依据与基础；出于对人工成本控制的需要，组织必须同时考虑员工薪酬水平的外部竞争力和人工成本承受能力。

2.薪酬结构

薪酬结构指同一组织内部职位所得薪酬之间的相互关系，体现对职位重要程度以及职位价值贡献的看法。薪酬结构反映的是薪酬内部公平性问题。薪酬结构应随行业、组织和岗位特征的不同而有变化，通过薪酬要素和比率的选择，将组合出不同的薪酬结构。在支付相同的人工成本的前提下，薪酬结构的改善将产生不同的激励效果，其合理性关系到员工流动的可能，并对员工工作积极性产生较大的影响。

3.薪酬形式

薪酬形式是员工所得薪酬的组成部分以及各部分的比例关系'一般情况下，薪酬形式可以划分为直接薪酬、可变薪酬和间接薪酬。直接薪酬的主要作用体现在维持和保留人力资源，可变薪酬对人力资源的激励效果相对显著，间接薪酬在保留人力资源方面发挥重要作用。因此，三种形式的薪酬在总薪酬中所占的比例和组合方式决定了组织的薪酬模式的特点。

4.薪酬体系

组织基于不同的薪酬标准，形成不同的薪酬体系。目前流行的三种薪酬体系为职务薪酬体系、技能薪酬体系和能力薪酬体系。职位薪酬体系是根据工作或职位的价值评价来确定基本薪酬，从而形成以职位为中心的薪酬体系；技能薪酬体系是按照员工所具有的技能的评价来确定基本薪酬，从而形成以个人技能为中心的薪酬体系；能力薪酬体系则是按照个人能力的评价来确定基本薪酬，从而形成以个人能力为中心的薪酬体系。三种方式分别以职位、技能和能力为基础，因此在评价重点、工作变动、培训开发和员工晋升等方面存在明显不同，适合于不同类型人员的评价，以便有针对性地实施薪酬管理。

（三）薪酬管理的意义

作为人力资源管理的重要职能活动，薪酬管理具有重要的意义，主要表现在以下方面：

1. 薪酬管理有助于实现对人力资源的吸引和保留

组织之间的竞争，首先表现为人力资源的竞争。薪酬作为员工主要的生活收入来源，是吸引和保留人力资源的重要手段和工具。薪酬管理正是借助合理有效的薪酬设计与管理，充分满足员工的基本生活需要的同时，吸引优秀的人力资源进入企业，留住企业内部绩优员工，以支撑组织现在及未来发展对人力资源的需要。

2. 薪酬管理有助于实现对人力资源的有效激励

薪酬不仅表现为员工工作的物质回报，同时也是对员工工作投入和贡献的肯定，从而对员工形成精神激励。研究结果表明，绝大多数管理人员和员工认为绩效水平应该是决定薪酬增长的最重要因素，而且按照绩效支持报酬的做法也确实起到了提高员工工作绩效的作用。

3. 薪酬管理有助于合理控制人工成本

薪酬管理的目的在于最大限度地调动员工积极性的同时，实现对人工成本的合理控制。随着组织的不断发展和物价水平的不断提高，组织的成本居高不下，其中人工成本所占份额也日益增大。科学合理的薪酬管理有助于降低组织人工成本，以提升利润空间，提高组织整体绩效。

4. 薪酬管理有助于组织文化建设

组织文化指组织长期形成的并为全体员工认同的价值观、行为规范以及行为方式。薪酬管理借助薪酬目标引领或强化员工的行为，从而对员工的工作积极性和工作态度、工作行为产生直接的影响，组织的奖惩措施作为薪酬管理中重要的组成部分，也将有助于形成良好的组织氛围，促进组织文化的建设。

（四）薪酬管理的原则

科学合理的薪酬管理，必须遵守以下原则。

1. 合法性原则

薪酬管理必须符合国家相关的法律法规，保障组织整体利益的同时，保障劳动者的利益。《中华人民共和国劳动合同法》中明确规定劳动报酬的规章制度制定须有严格程序并在劳动合同中明确劳动报酬。

2. 公平性原则

公平性是薪酬设计和管理的基础。公平性是设计薪酬系统并实施薪酬管理的首要原则。公平理论认为人们公平感的来源可分为外部公平性和内部公平性。外部公平性指同一行业或同一地区或同等规模的不同组织类似职位或职务的报酬应大致相同。它决定组织对人力资源的吸引程度和竞争力的大小；内部公平性指同一个组织中不同职位或职务所获报酬应正比于各自的贡献。内部公平性有助于实现人力资源合理配置和员工积极性的有效提升；第三是个体的公平性，即同一个组织中不同职位员工，薪酬应当与其能力或者贡献成正比。

3.激励性原则

薪酬的高低应当与员工的绩效和贡献有机结合，才能有效发挥激励作用。薪酬设计应当适当拉开差距，形成合理的薪酬结构，真正体现按劳分配、按贡献分配、按能力分配的相关原则，以更好地实现对人力资源的激励。

4.经济性原则

薪酬管理的经济性原则强调薪酬设计必须充分考虑组织自身发展的特点和实力。经济性强调从短期来看，组织的收益扣除费用和成本后，要能够支付员工应得的薪酬；从长期来看，组织支付的薪酬再加上费用和成本后，要有盈余，用于追加和扩大投资，获得组织的可持续发展。

（五）影响薪酬管理的要素

在管理实践中，组织开展薪酬管理要受到来自各方面因素的影响。从环境角度分析，这些影响因素可以分为组织外部因素、组织内部因素和员工个人因素。这三方面相互作用，共同影响组织薪酬管理工作的开展。

1.组织外部因素

外部环境因素是指提供组织运营所需资源和条件的总和，主要包括以下方面：

①国家法律法规及政策。国家法律法规政策是在强制基础上，对组织行为的规范和限制。遵守国家相关的法律法规，使得劳动者权益得到保障的同时，便于组织更好地开展薪酬管理。

②劳动力市场价格。劳动力市场价格会随着劳动力供求关系的变化而上下浮动，从而对组织的运营成本产生影响。市场供需价格的变化要求组织相应地调整员工的薪酬水平以确保薪酬具有相应的竞争力，维持和保留人力资源队伍。

③物价水平。物价水平的变化也是影响组织薪酬设计和管理的重要因素。在物价水平不断提高的今天，提升收入水平以满足员工的基本需求和生活需要成为薪酬管理的重要方面。

④竞争对手薪酬状况。行业薪酬水平特点、惯例及发展趋势也是组织调整薪酬以适应外部环境发展的主要因素。设计薪酬时应该考虑行业薪酬水平、市场人才供给与需求情况、竞争对手的薪酬政策与水平等因素。在充分调查和考虑以上因素后，组织制定出相应的薪酬政策，以形成组织的薪酬体系，并调整薪酬水平。

2.组织内部因素

组织内部因素是组织薪酬管理的重要条件和影响因素。

①组织的使命和目标。组织的使命和目标决定了组织的价值观，是组织文化的核心。薪酬管理直接关系到组织和员工之间的利益分配，是员工基本需求满足的基本手段，构成了组织文化的物质基础。因此，薪酬管理必须服从组织使命和目标，为组织发展战略服务。

②发展战略。发展战略是组织在不同阶段战略重点的选择和经营决策的前提。在薪酬设计时必须充分考虑自身发展战略的特点，以实现对薪酬策略的具体设计。成功组织的经验证明，不同阶段发展战略不同，薪酬策略也会相应地发生变化。

③规模和实力。组织的规模和实力是薪酬管理的重要限制。行业特点、业务性质、产品服务、经营状况和财力条件等是组织开展生产经营的基础，也是确定薪酬的前提。行业领军组织的薪酬水平常常高于其他竞争对手，完全取决于其自身的实力和规模，从而会影响到同行业其他组织的薪酬管理活动。

④薪酬体系。不同薪酬体系需要的前提条件和管理基础存在着较大的差异，也导致不同的组织需要根据自身的条件以确定薪酬体系，并对薪酬管理活动的开展提供基本方法和手段，以追求最有效的激励效果。

3.员工个人因素

组织中的员工即使担负同种工作，其薪酬也可因职务、能力、绩效状况、工作年限等方面的不同而有所差别。

①职位与职务。薪酬的重要依据来自职位。不同职位的工作性质、复杂程度、责任与贡献等方面存在明显差异，从而导致不同职位的薪酬也存在差异。职位被看作确定薪酬的基础。

②能力状况。能力是直接影响活动效果，使活动顺利完成的个性心理特征。在知识经济时代，能力可以看作员工所拥有的知识、经验和技能的集合。能力状况是确定绩效工作的重要方面。

③绩效状况。绩效是指员工所呈现的可以被评价的工作业绩、工作态度和工作能力。不同员工个人绩效差异，可以直接通过薪酬反映出来。绩效是决定绩效工资的基础。

④工作年限。员工工作年限主要通过参加工作的年限和本单位工作的年限等指标反映出来。本单位工作年限的长短，反映员工对本单位的贡献大小。按照不同工作年限作为计算薪酬的标准，是有助于奖励长期工作的员工的重要因素。

三、战略性薪酬管理

传统薪酬管理面临着时代发展和组织改革的巨大挑战，战略性薪酬管理应运而生。全球大部分500强企业早已采取以组织战略为导向的薪酬管理体系，在确保组织完成发展目标的同时，能够满足组织对人才的需要和期望，也能使员工提高对组织和工作的满意度，更有利于组织对人力成本的控制和对员工的激励。

（一）战略性薪酬管理的定义

战略性薪酬管理是指以组织发展战略为前提，充分考虑了组织发展的宗旨和价值目标，将薪酬作为组织战略实现手段和组织赢得和保持战略优势重要工具的薪酬管理模式。战略性薪酬管理包括薪酬策略、薪酬体系、薪酬结构、薪酬水平、薪酬关系及其相应的薪酬管理制度和动态管理机制。战略性薪酬管理强调薪酬体系为组织发展提供带有前瞻性的战略支撑。它在关注为组织所有员工提供一般意义上的薪酬激励的同时，也为组织战略"瓶颈"部门和核心人力资源设计出有重点、有区别的薪酬体系与薪酬政策，以便为组织整体发展提供战略支撑。

（二）战略性薪酬管理的特点

战略性薪酬管理具有战略性、激励性、全局性、灵活性、创新性、沟通性、共赢性的特点。

1.战略性

战略性薪酬管理必须与组织的经营战略具有高度的相容性。组织经营战略通常表现为成本领先战略、差异化战略和集中战略，不同的战略类型需要不同的薪酬制度与之相匹配。

2.激励性

战略性薪酬管理注重对不同类型、不同层级人才的激励，将薪酬管理与绩效管理、员工培训、职业生涯管理等职能紧密结合，全方位开发员工，提高员工绩效。

3.全局性

战略性薪酬管理需要有一个系统化的设计框架和思路，从组织整体战略的角度全盘思考，具有全局性和整体性的特点。

4.适应性

为了适应瞬息万变的市场环境，战略性薪酬管理必须具备自我调整的适应性和灵活性。

5.创新性

战略性薪酬管理要依据组织的现状，进行薪酬管理的创新和再造。

6.过程性

战略性薪酬管理强调通过薪酬系统将组织的价值观、使命、战略、规划以及组织的未来前景传递给员工，界定好员工在上述每一种要素中将要扮演的角色，从而实现组织和员工之间的价值观共享和目标认同。

7.共赢性

战略性薪酬管理既关注组织的发展，也关注员工的诉求，有机地将组织与员工的利益整合在一起。

（三）战略性薪酬管理的流程

薪酬管理天然属于组织战略中的一个环节，需要和组织战略导向高度契合。战略性薪酬管理需要有一个系统化的设计框架和思路，从组织整体战略的角度全盘思考，既要考虑薪酬管理体系对组织战略目标的促进关系，又要考虑薪酬管理体系内部不同层面和架构之间的相互匹配和协同效应，最终从制度和技术层面制定具体的实施细则。

企业实施战略薪酬管理，布局薪酬战略的关键步骤如下：

第一步：确立组织发展战略。明确组织的发展战略，了解其使命和远景，这是成功实施战略性薪酬管理的首要任务。只有符合组织的战略目标，了解阶段性组织的发展重心和着力点，才能通过薪酬战略的制定产生激励效果，将个人的发展目标和组织的发展目标有机结合。组织通过 SWOT 分析法，明确组织外部的机遇和威胁、内部的优势和劣势，确定战略目标、战略选择和战略步骤。

第二步：确定薪酬战略在确立组织整体战略后，组织需要制定适宜的薪酬战略，使组织的薪酬目标、内部一致性、外部竞争力、员工贡献和薪酬管理等主要决策适应组织战略和外部市场环境的变化在确定组织的薪酬战略时，要充分考虑组织的整体战略、发展阶段、所处行业、经济实力、竞争策略等。

第三步：薪酬制度的设计与实施薪酬制度的设计与实施是薪酬战略付诸实践的主要工作。在设计薪酬制度时，组织需要对组织结构、岗位体系、员工特征进行充分的调研，明确采取岗位薪酬、技能薪酬还是能力薪酬。同时，确定组织的薪酬水平、薪酬结构，形成组织的薪酬制度。

第四步：战略薪酬管理体系的重新衡量和调整。战略薪酬管理体系建立后，并非是一劳永逸的，组织需要根据劳动力市场的变化、组织发展的需求进行适时地调整，形成螺旋式的循环结构，促使组织的薪酬战略必须不断调整完善，以适应组织环境与战略的变化。

（四）战略性薪酬管理匹配

1.组织生命周期与薪酬战略的匹配

所有组织是有生命力和生命周期的，都会经历一个由盛到衰的过程。组织在生命周期的不同阶段要与不同的薪酬战略相匹配。

①初创期薪酬战略。在组织的初创期，组织处于一个初步发展阶段，规模较小，产品并不成熟，获益能力较差，抵抗风险能力低，经营成本反而较高，组织并不能支付员工较高的薪酬，所以一般采取滞后型薪酬水平策略。同样，组织结构简单，薪酬结构也并不复杂，通常情况采取职位薪酬体系，便于操作和管理。在此阶段，组织在薪酬支付能力上存在一定的压力，导致薪酬缩减，低于市场水平，但可以通过一系列手段来弥补这一不足。首先，组织未能及时提供较高的薪酬时，可以从长远考虑，把未来收益与员工挂钩，员工有机会获得组织的股票和股票期权等未来收益，当下薪酬

和未来收益相结合,增强员工主人翁意识,提高员工对组织的忠诚度和承诺度,保留有用人才,为组织创造更多的利益;其次,组织在创立初期更注重团队合作,在薪酬设计时注重群体薪酬。当团队创造更多价值时,应当给予相应的奖励,把这种奖励计划归于薪酬设计之中,将分享成果和奖励结合起来,激发团队的战斗力与激情。

②发展期薪酬战略。在发展阶段,组织面临着市场的拓展、产品的研发,面临巨大发展机遇的同时,也面临着巨大的挑战。发展期的企业需要具有较强的应变能力和灵活性,方能适应环境的变化。在薪酬管理方面,做到薪酬设计透明化,让员工尽可能参与薪酬决策和设计,提升员工的归属感和工作满意度。这一阶段,由于组织发展灵活性较强,对应的组织薪酬政策也应做出灵活性的调整,薪酬体系也不能一成不变。根据职位的不同划分不同的薪酬水平,对于高质量和核心技术人才应采取市场领先的薪酬水平,而不是一味地拖后政策。同时,出于组织成本和组织激励考虑,员工的基本薪酬可以采取适当拖延,但是激励薪酬可及时支付,既保障组织的稳定发展,又保持了员工对组织的热情。

③成熟期的薪酬战略。对于成熟的组织来讲,组织规模较大,经营能力成熟,收益率提高,经营成本反而较少,在市场中占据有利的竞争优势。组织的薪酬政策向市场领袖政策靠拢,组织为员工提供较高的薪酬,员工获得极大鼓励,激发了员工的创造才能,保留大量有用人才。然而,高薪酬政策在这一阶段并不是持续稳定实行,组织根据自身实力的强弱和在市场中的竞争力大小做出相应调整。一般来讲,高投入的薪酬会给组织带来高回报的收入,也能把高薪成本嫁接于消费者,彰显组织的整体实力。此时员工在高薪政策下,更加积极地为组织创造财富,员工满意度较高,员工离职率下降,同时吸引更多的高素质人才。

④衰退期的薪酬战略。对于处于衰退阶段的组织来讲,组织需要自我调整,缩减规模,减少投资,降低成本和收回资产。此时,组织的经营状况处于劣势,收益逐渐较少,因而在薪酬制度上采取缩减政策。为了短期激励员工,组织将员工绩效和薪酬相结合,员工可以抓住组织最后发展势头,与组织共同承担未来命运。通常组织也会采取员工股份股权计划策略来激发员工与组织共同承担经营风险。

2.组织战略与薪酬战略的匹配

根据行业成长特性和组织内部特点,组织在采取成长战略、稳定战略或紧缩战略时,薪酬战略也随着变动,以匹配组织战略。

①成长型薪酬战略。成长战略是基于组织现有战略基础上,向更高目标发展的一种总体战略。该战略以发展为导向,引导组织不断开发新产品,开拓新市场,采用新的生产方式和管理方式,扩充员工数量,进而扩大组织的产销规模,提高组织的市场占有率和竞争地位。为了满足组织经营领域多样化和经营地域多样化的需要,组织的薪酬制度设计应坚持多样化和针对性原则,允许差异化薪酬方案的共存,同时突出绩效薪酬制度和可变薪酬制度的应用。基本工资、福利应该注重保障,而重要的是在奖

金设置。组织利润率增加，应给予员工一定的分红，促使员工在工作上更努力。

②稳定型薪酬战略。稳定战略是指受经营环境和内部资源条件的限制，组织基本保持目前的资源分配和经营业绩水平的战略。按照这种战略，组织目前的经营方向、业务领域、市场规模、竞争地位及生产规模都大致不变，保持持续地向同类顾客提供同样的产品和服务，维持市场份额。匹配稳定型发展战略的稳定型薪酬战略，薪酬结构应保持相对稳定，在薪酬管理制度上应该更加规范，组织的薪酬水平也应维持大体相同的增长比率。基本工资和福利相对应设计较高，而奖金则可以设计的较低。

③紧缩型薪酬战略。紧缩战略是组织从目前的经营战略领域和基础水平收缩和撤退，且偏离起点较大的一种战略。紧缩的原因是组织现有的经营状况、资源条件以及发展前景不能应付外部环境的变化，难以为组织带来满意的收益，以致威胁组织的生存和发展。在这一阶段，组织的薪酬制度应回归到维护组织核心资源和核心竞争力上来，强调薪酬制度的统一性。紧缩型薪酬战略关注人工成本，但薪酬过低，会导致组织核心人员流失，应该减少基本薪酬的稳定部分，要强调外部具有竞争性，可以实行员工股份所有制计划。

第二节　薪酬设计

在人力资源管理领域中，薪酬管理是最困难的管理任务。组织薪酬管理需要结合组织现状、员工特点、劳动力市场状况等因素，合理设计其基本薪酬、可变薪酬和福利，从而实现员工的有效保障和激励，同时科学控制人工成本。本节从基本薪酬设计、可变薪酬设计和福利设计三个方面介绍薪酬设计的内容和方法。

一、基本薪酬设计

（一）基本薪酬的内涵

基本薪酬是组织根据员工承担的职位及相应的工作职责或员工所具备的技能，而支付给员工的相对稳定的经济性的报酬，是员工收入的主要部分，也是计算其他薪酬性收入的基础。基本薪酬是员工薪酬构成的基础部分，也是相对稳定的部分。

组织中常常用"基础工资"（Wage）来表述基本薪酬。在组织薪酬体系中，它是最基础的收入报酬。由于人力资源在组织中的不同性质，因而其基本薪酬的表现形式也大不相同。因此，这一薪酬组成部分对于员工来说是至关重要的。它不仅为员工提供了基本的生活保障和稳定的收入来源，而且还往往是可变薪酬确定的一个主要依据。因此在组织薪酬设计过程中，基本薪酬的设计是薪酬管理体系建立的重要前提和基本保证。

（二）基本薪酬设计的步骤

作为薪酬的基础部分，基本薪酬的设计在于保证外部竞争力的同时，确保内部公平。因此，基本薪酬设计的基本步骤主要包括职位分析、职位评价、薪酬调查、确定薪酬水平与薪酬结构等步骤。

1.职位分析

职位分析是一切人力资源管理活动的基础，是基本薪酬设计的基础，为职位评价提供依据。科学的职位分析能够识别作为薪酬设计基础的职位和人的相关特征，明确界定职位的岗位职责和任职要求，科学划分职位的类别，清晰辨别职位所需的工作能力。无论是以职位为基础的薪酬模式还是以能力为基础的薪酬模式，均需要以职位分析的结论为基础，进行薪酬设计。

2.职位评价

职位评价也称工作评价，是以职位分析为基础，根据不同职位对组织目标的贡献，通过专门的方法和程序对组织职位的价值进行综合比较，确定各个职位的相对价值差异的过程。职位评价是基本工资设计的基础。

职位评价的具体步骤包括理顺组织结构和职位设置，确定参加评价的职位；依据职位说明书明确职位的工作内容、职责、权限、协作关系、工作环境和任职资格等基本内容。选择适用的职位评价方法，并且确定评价因素和基准职位，确定评价因素的含义和评分分级的标准，对基准职位进行评分。在取得基准职位分值表后，对照职位说明书并以基准职位的得分为标准，对其余职位进行评分，并将职位评价得分进行排序和整理，得出各个职位的相对价值得分。

常用的职位评价的方法有：排序法、分类法、要素比较法和要素计点法四种。

①排序法。排序法是指比较职位绩效高低，从而排列职位等级或名次的方法、等级或名次可从优至劣或由劣到优排列。比较标准可根据特定职位绩效的指标，如产品的数量、质量、效率或服务等，也可以是根据员工的综合绩效进行比较。排序法具体又分直接排序法、交替排序法和配对比较法三种。

直接排序法。直接排序法是指进行职位评价时，将待评价的职位及其主要特征列出，然后按照每一个职位的价值大小进行排列，形成职位排列的次序，从而确定职位价值的大小。直接排序法是一种简便易行的职位评价方法，可信度较高，可以避免趋中趋向或宽严误差。受到评价人员主观判断的影响，可能影响评价结论的客观公正。

交替排序法。交替排序法亦称选择排列法。它和直接排序法类似。交替排序法首先从评价职位中，先选出价值最高的职位排在第一位，选出价值最低的职位排在最后一位。其次，从余下的职位中选出相对价值最高者和最低者分别排在第二位和倒数第二位。依此类推，直到排完。最后，根据排列顺序确定职位价值大小。与直接排列法相比，交替排序法提高职位之间整体的对比性，同样难以避免评价人员主观认识的影响。

配对比较法。配对比较法将评价职位两两配对进行职位价值的比较，以最后比较的结果对职位的价值高低作出排序。如果职位A比职位B价值大，则记1分；AB价值相当，则记 0 分；A 不如 B，则记 −1 分。最后将每一个职位同其他职位比较的分数相加，即为该职位得分。根据得分合计，按高低排序即可得出各个职位的相对价值。

排序法操作简便，成本较低，比较适用于职位较少的组织。缺点在于不适用职位较多的组织，尽管通过比较职位之间的价值差距，但只是相对差异，不能客观反映职位价值之间的差距；此外，评价结构受到评价人员个人价值观和经验的影响，主观性较大。

②分类法。分类法是排序法的改进。分类法是按照特定的标准，在职位评价的基础上，将职位划分为相应职位等级的评价方法。分类法首先将组织中的职位价值进行价值定位，区分出若干价值等级，并确定每一等级的衡量标准，然后将待评职位与衡量标准进行比较，按比较结果划入相应的职位等级之中。实践中，职位价值标准的制定通常是将组织所有职位按照工作性质大体划分为若干类型，如管理类、研发类、销售类、文秘类等。每类职位再分若干等级，等级数的多少取决于职位描述和相应的任职资格。

分类法的优点在于以相对简化的职位分类使得大量类似的职位进行合并，并实现评价，便于实施管理，操作相对简单。该方法的缺点是在规模较大的组织中，建立通用的职位定义比较困难，难以反映不同等级职位价值差距。

③要素计点法。要素计点法又称要素评分法、点值法。是目前应用最广泛、最精确、相对复杂的职位评价方法。要素计点法是在职位分析的基础上，选取若干合适的薪酬因素，并对这些因素的不同程度、水平或层次加以界定，确定不同薪酬因素在职位评价中所占的权重或相对价值，同时给各个薪酬因素赋予不同等级所对应的点值，然后按照这些薪酬因素对职位进行评价，将所有职位评价的点数进行排序，从而建立职位等级结构。要素计点法的主要步骤如下：

确定薪酬要素。薪酬要素即付酬要素。是职位中包含的有助于战略目标实现的并愿意为之支付报酬的可衡量的因素。选择薪酬要素遵循以下标准：一是典型性，要求选择的薪酬要素是绝大多数职位都包含的工作内容中具有代表性的相对稳定的因素；二是可比性，在不同职位的薪酬因素应当可以比较，即可被量化；三是公认性，选择的薪酬要素应当为评价者和被评价者双方认可。薪酬要素一般从工作责任、工作技能、努力程度和工作条件等方面进行衡量。例如"任职资格"要素就可以分为专业知识、熟练程度、技术水平、主动性和灵活性等子要素。

定义薪酬要素并界定薪酬要素等级。为了使职位评价具有客观性和可操作性，不仅要对所选择的薪酬要素进行阐释，还需要给薪酬要素划分等级，对不同等级水平进行界定，以便评价时统一评分，减少评分的主观性。

确定薪酬要素权重，计算薪酬要素等级的分数。各薪酬要素对职位价值的影响不同。因此，需要根据对职位价值的影响程度，对不同薪酬要素及其子要素进行权重的确定。薪酬要素权重的确定需要由专门的评价委员会或有关专家进行，一般以百分比表示。然后，将薪酬要素的权重与薪酬等级形成对应关系，然后要对每一薪酬要素的作用大小进行处理，确定分值。

建立职位薪酬等级结构。在所有职位的薪酬分数计算完毕后，根据各职位得分的高低进行排列，然后按等差方式将职位进行等级划分，就可建立职位薪酬等级结构表。按照组织的薪酬状况赋予一定分值区间相应的工资额，就可确定不同职位的工资率或工资数额范围。

要素评分法的优点适用于多岗位的薪酬评价，采用量化方法明确职位之间的互相比较，评价结果明确，同时通过比较职位间相对价值，能够全面系统地衡量职位价值的差异，为薪酬设计奠定基础。缺点在于评价操作比较复杂，工作量大，成本较高。

④要素比较法。要素比较法又称因素比较法，是一种量化的职位评价方法。

该方法既是对排序法的改进和延续，也是要素计点法的一个分支。与排序法的主要区别是：排序法是从整体的角度对职位进行比较和排序，要素比较法则先根据职位的状况，选择影响职位价值的相关薪酬要素，然后选择典型的职位作为基准进行分析比较，根据不同职位相关薪酬要素分别排列顺序，进行比较综合，最后确定其价值的大小。与要素计点法相比，两者的主要区别在于薪酬要素的配分形式和工作等级转换成薪酬结构的方法不同。因此，该方法是兼有排序法和要素计点法特征的混合方法。其步骤如下：

根据职位说明书确定薪酬要素。不同职位有不同的薪酬要素。必须根据职位分析获取职位信息，从而确定职位的薪酬要素。

确定典型职位。要素比较法需要挑选组织中的典型职位作为评价对象。典型职位是指那些具有代表性并且广为人知的职位，要覆盖到职位的各个类别和级别，数量也要根据组织内部的职位数量来确定。

对典型职位进行要素分析和评价，明确典型职位的价值。确定典型职位后，首先需要对典型职位进行要素评价；然后需要根据劳动力市场的工资水平和组织的薪酬状况对典型职位进行要素分析和评价，确定其分值高低和排列顺序，并依此明确典型职位的价值，确定典型职位的基本工资。基本薪酬设计往往要求根据典型职位薪酬要素价值的大小，确定各个要素应付的薪酬金额后，再将它们汇总相加来得到典型职位基本工资的数额。

对照典型职位的价值以评价其他职位的价值。将典型职位的评价要素与其他职位的薪酬评价要素逐一进行比较，确定其他职位在各评价要素上的评价结果，确定其他职位在付酬要素上应该得到的薪酬金额。对照典型职位所包含的薪酬要素应付的薪酬金额，将待评职位所包含的各种相应的薪酬要素取其最接近典型职位的得分值，再汇总相加就可确定其他职位的基本工资。

要素比较法作为系统、精确的量化评价方法，将职位特征转化为薪酬要素，以明确组织付酬的依据。该方法有利于评价人员做出正确的判断，也容易向员工说明。要素比较法的缺点是操作比较复杂，典型职位的评价过程复杂，还需要不断随劳动力市场薪酬水平的变化进行调整，其应用局限性较大，评价成本较高。

3.薪酬调查

薪酬调查是指组织应用各种手段，搜集薪酬管理、薪酬设计所需宏观经济、区域、行业（包括竞争对手）以及组织内部有关信息，为组织制定薪酬策略、进行薪酬设计、薪酬调整提供依据的过程。

①薪酬调查的目的。薪酬调查的目的主要体现在以下方面。首先，为薪酬水平调整提供依据。薪酬调查可以帮助组织及时了解劳动力市场价格情况，掌握区域、行业的薪酬水平，对组织薪酬设计和薪酬调整具有非常重要的意义。其次，为完善薪酬结构提供参考。薪酬调查可以帮助组织掌握外部人力资源市场价格，结合区域、行业的薪酬特点，对组织薪酬等级数目以及薪酬等级差别的确定具有重要作用。薪酬调查还可以检验组织职位评价的准确性，借助典型职位薪酬水平与职位评价分数的回归分析，以修正评价结果。最后，了解其他组织薪酬管理的动态，评估竞争对手的人力资源成本。组织通过薪酬调查了解其他组织，特别是竞争对手的薪酬水平，这对组织制定有针对性的竞争策略吸引和保留人力资源具有非常重要的作用。

②薪酬调查的内容。薪酬调查包括以下几方面内容：

宏观信息。包括国家宏观经济政策及国民经济发展信息，涉及国家财政政策、货币政策、消费者物价指标（CPI）、国民生产总值增长等数据。

行业信息。区域内同行业组织尤其是竞争对手的薪酬策略、薪酬水平、薪酬结构、薪酬构成以及变化动态，也可参照其他区域同行业组织的相关信息。

市场信息。区域内同行业典型职位市场薪酬数据或区域内相关行业的薪酬数据，也可以是其他地区同行业的薪酬数据。

组织信息。上市公司有关薪酬数据调查分析，分析同行业上市公司员工薪酬水平，尤其是高层管理人员薪酬水平。

自身薪酬信息。调查员工对组织薪酬管理方面的意见和建议，了解员工对薪酬体系的态度和看法，为薪酬设计提供基础信息。

③薪酬调查方法。组织可以借助多种渠道获得外部薪酬数据的有关信息，常见的方法有：

外部公开信息查询。查看政府及有关人力资源机构定期发布的薪酬数据，包括岗位供求信息、岗位薪酬水平、毕业生薪酬、行业薪酬、区域薪酬数据，也可以查看上市公司高管薪酬数据，对组织薪酬政策及薪酬水平的制定提供参考。

组织合作式相互调查。同行业组织之间建立合作关系，共享薪酬数据及相关资料，同时可以共同开展薪酬调查活动，以节约成本，共同受益。

招聘时采集。招聘时采用问卷调查及面谈期望薪酬等方式实现外部人力资源市场价格的收集。如果组织因为薪酬原因不能招聘到最优秀的员工，则说明组织提供的薪酬缺乏竞争力。

外部数据购买。向专业薪酬服务机构购买有关薪酬数据，也可以聘请专业的市场调查组织。可以委托专业市场调查组织进行薪酬调查，获得数据准确，但成本较高。

④薪酬调查的基本步骤。准备阶段。根据需要确定调查的方式、确定调查的范围、界定调查对象、选择调查的薪酬信息、明确调查的项目，为即将展开的调查做好工具和条件等方面的准备。

实施调查。按照既定的调查计划和方案，采用电话调查、发放调查问卷、访谈、远程访问等方式进行调查；也可以通过咨询政府部门或专业协会获得相关信息，咨询机构发布的薪酬资讯也可以成为调查数据的重要参考。

调查资料的整理与统计。薪酬调查完毕后，应根据收集到的数据进行分析统计和整理。调查资料的价值不仅仅体现在数据的多少，关键在于调查者从获得的信息中得到的启示，所以必须对调查资料进行数据的计算、统计和整理，并根据统计结果形成调查报告。

绘制薪酬市场线。将根据薪酬调查的结果和职位评价的结果相结合，将典型职位薪酬评价点数做自变量，市场薪酬调查的薪酬数据做因变量，经线性回归可以得到的直线称为薪酬市场线。薪酬市场线对薪酬设计具有重要的指导意义。

薪酬市场线将市场薪酬调查数据与典型职位的评价点数联系起来。根据薪酬市场线描述组织的薪酬状况可以判断是否实现了外部公平性和内部公平性的统一。薪酬市场线还可以作为组织调整薪酬策略的重要参考依据。

4.确定薪酬水平与薪酬结构

基于薪酬调查的结果，组织结合自身经济状况和发展水平，进行基本薪酬水平和薪酬结构的设计和定位，确定组织的基本薪酬水平在劳动力市场中相对位置、结构构成、薪酬政策线、等级标准和等级范围。确定薪酬水平和薪酬结构，明确了组织的薪酬水平在市场上的相对位置，决定了组织在劳动力市场上的竞争地位，是组织薪酬外部竞争性的直接体现，是衡量组织薪酬体系有效性的重要特征之一。

二、可变薪酬设计

可变薪酬是组织薪酬的重要组成部分，是实现对员工有效激励的重要手段。可变薪酬设计需要兼顾公平性和激励性，保障可变薪酬体系技能激发员工工作潜能的同时，实现组织的平稳发展。

（一）可变薪酬的定义

可变薪酬是基于绩效而产生的，是指组织按照员工、团队或整体绩效为依据而支付的薪酬部分，以达到激励员工行为、有利于组织目标实现的目的。可变薪酬是薪酬系统中与绩效直接挂钩的部分，实行此类薪酬的目的是在绩效与薪酬之间建立起直接的联系。其对于员工而言具有很强的激励性，对于组织绩效目标的实现起着非常积极的推动作用，有助于组织强化员工个人、员工群体乃至组织全体员工的绩效，从而达到节约成本、提高产量、改善质量以及增加收益等多种目的。因此可变薪酬成为组织薪酬组成中的重要组成部分，得到越来越多的使用，并且受到各方面因素的影响，呈现出多元化的发展格局。

（二）可变薪酬的特点

可变薪酬与基本薪酬相比，具有突出的特点。可变薪酬的优点主要表现在以下方面：

1.更加明显的激励效果

与直接薪酬不同，可变薪酬与个人绩效紧密结合，真正实现多劳多得，少劳少得，因此可以表现为更加直接并且明显的激励效果。

2.引导员工关注整体性

许多组织借助可变薪酬与明确的绩效目标相联系，以引导员工关注个人绩效目标达成的同时，并将员工个人努力集中到整体或团队的绩效目标实现过程中来，以推动组织绩效目标的实现，从而形成个人和组织的双赢。

3.薪酬发放的灵活多样

不同职位员工的绩效标准和绩效结果存在差异，因此可变薪酬发放的对象、数量均可以按照实际绩效而发生变化，以针对性实现对高绩效员工的奖励。因此灵活多样的薪酬计划有助于实现对绩效员工的有效激励，从而避免单一的薪酬支付方式带来的弊端。

4.实现成本的有效控制

由于可变薪酬是以绩效为基础进行支付的变动薪酬，以可变成本的方式，减轻了组织在固定成本开支方面的压力；可变薪酬与企业绩效紧密联系，有利于组织可以根据自身的绩效水平有效地控制人工成本的开支，大大减少了薪酬分配的平均化和盲目性，避免陷入成本扩大的陷阱。

（三）可变薪酬设计原则

可变薪酬是有条件的薪酬，随着个体和组织的绩效的变化而变化。可变薪酬的设计既要考虑组织的现有经济状况、人员特点，又要遵循必要的设计原则。组织在设计可变薪酬过程中，需要兼顾以下原则：

1.战略性原则

可变薪酬作为激发员工工作热情，提升工作效率和业绩产出的重要工具，设计的可变薪酬体系应与公司的长期发展战略相适宜，以促进公司的长期发展。可变薪酬体系应对组织实施的企业战略提供有力的支撑。

2.差异性原则

组织岗位和员工的类型复杂多样，同样的岗位不同的员工履职，其贡献也各不相同，甚至存在很大差距。可变薪酬的设计应充分考虑价值贡献差异，不同类型的岗位、员工，应设置不同的可变薪酬构成，充分体现个人和群体的业绩差异。

3.公平性原则

可变薪酬设计应兼顾各个部门、员工的岗位特征、绩效考评结果，给予员工相应的薪酬，兼顾外部公平和内部公平。

4.激励性原则

可变薪酬不仅影响员工的物质生活水平，而且直接影响员工的工作积极性和对组织的满意程度。可变薪酬设计以员工、部门、组织的绩效为基础，通过满足不同类型员工的内在需求，达到激励最大化。

5.系统性原则

可变薪酬设计是薪酬设计的组成部分，组织应综合考虑可变薪酬与基本薪酬、福利的结构和比例，使不同类型员工的薪酬总构成之间相互协调，比例适宜。

（四）可变薪酬的种类设计

可变薪酬在组织的薪酬实践中得到越来越广泛的运用。按照支付对象的不同，可变薪酬的主要形式包括个人可变薪酬和群体可变薪酬。组织通常不会采用单一的可变薪酬形式，组织可变薪酬设计需要综合采用多种可变薪酬类型，以最大限度地发挥个体和群体可变薪酬的激励效果。

1.个人可变薪酬

个人可变薪酬是指用于奖励员工为实现其个人绩效目标而支付的薪酬，是一种短期激励的薪酬方式。个人可变薪酬主要形式包括：

①计件制。泰勒的计件工资制和差额计件工资制是可变薪酬的起源，该方式将员工个人薪酬与其绩效相联系，从而起到了激励员工的作用，但该方法的基础在于个人业绩，不利于团队之间的相互合作。最简单的计件制是直接计件制，即以员工生产产品数量为基础，以单位时间的产量确定工资率，根据员工实际产出计算实得报酬。

计件制的发展是差额计件制，即对于不同员工的产出水平分别规定不同的工资率，并据此来计算报酬。差额计件制包括泰勒计件制和梅里克计件制两种形式。差额计时制的优势在于体现出"多劳多得，少劳少得"的薪酬支付原则，使得工资具有奖惩功能。

②计时制。计时制是按照员工完成工作的时间来支付其薪酬的做法。最基础的计时制是标准小时工资制，该方法首先确定完成单位产量所消耗的标准时间，以此作为绩效标准。当员工在标准时间内完成工作任务时，按照标准工作时间支付薪酬。即使员工在规定时间内提前完成工作任务，也依然按照标准时间计算薪酬。这种方法适用于周期较长的操作，或者是需要多种技能的非重复性的工作或岗位的计薪。

实践中，采用计时制的员工即使因为节约了工作时间，也不能由此得到提升工资的奖赏。因此，标准工时制也出现了新的形式，包括哈尔西50/50计划、罗恩计划和甘特计划。哈尔西50/50计划认为如果员工以低于标准工时的时间完成了工作任务，从而因为节约时间而产生收益，将以对半分的方式实现雇主和雇员对节约成本的分享，双方共同均分摊成本节省的结余以实现对员工的激励；罗恩计划则根据实际工作时间节约的比例来计算雇员的奖金额，员工收益会随着完成工作时间的减少而增加；甘特计划将标准工时确定为需要员工付出较大努力才能达到的水平，对能够在标准时间内或在少于标准时间内完成工作的员工，当达到或超过标准工时时，员工收入增长比产量增长快。

③绩效工资。绩效工资是根据员工的绩效考核结果来支付薪酬的方法。它体现为对已经取得的工作结果的认可与奖励。这种方法适用于绩效结果可以量化的工作。由于某些职位的绩效很难以量化，因此绩效工资也发展出多种形式。

第一，绩效调薪。绩效调薪是将员工本计划年度绩效结果作为基本薪酬的增加或减少依据的绩效奖励计划。调薪根据年度绩效考核的结果按照相应的加薪规则，提高员工的基本薪酬。

绩效调薪计划可以采用多种应用方式，包括以基本薪酬为基准、以所辖等级的薪酬中值为基准、以绩效和相对薪酬水平为基础、以绩效相对薪酬水平以及时间变量为基础的调薪计划等。绩效调薪的累积有可能导致员工基本薪酬总额会随着绩效的提升而增长过快，加大人工成本的压力。

第二，绩效奖金。也称为一次性奖金，是根据员工的绩效考核结果给予的一次性奖励。是有累加的绩效加薪，是对绩效调薪的改进，但没有对达不到绩效目标的员工的惩罚。绩效奖金克服加薪可能增加工资基数的问题，实现对工资成本的有效控制的同时，有效地保护高绩效的员工积极性，达到激励员工的目的。绩效奖金可以按照个人、团队、部门或者整体的绩效结果作为奖励的基础，从而使得这种方式可以灵活地适应不同的情形。

第三，特殊绩效认可计划。为了向组织中的因为个人绩效远远超出绩效目标、工作表现特别突出、贡献十分巨大、成果十分显著的员工而特别设计的奖励计划。该计划具有较大的灵活性，对于那些表现突出的员工形成特别奖励，以奖励他们对组织的贡献和创造的价值，并且形成强烈的示范效应。

2.群体可变薪酬

个人可变薪酬旨在将个人努力与其收入联系起来。然而个人可变薪酬会导致个人与群体行为的不协调，为了解决这种问题，出现了基于群体和组织绩效的激励计划。当今团队工作方式越来越普遍，组织的工作需要依靠员工的相互协作加以完成，团队奖励就成为必然。因此，面向团队或组织的以整体绩效为依据而支付的薪酬称为群体可变薪酬。大量研究证明，与个体可变薪酬相比较，群体可变薪酬的激励作用更为明显。常见的群体可变薪酬的形式包括利润分享计划、收益分享计划、成功分享计划和员工持股计划。

①利润分享计划。利润分享计划是通过对群体绩效的指标进行衡量，以衡量的结

果作为依据来支付薪酬的一种奖励计划。利润分享是指将组织的部分利润在员工间进行分配。这种计划将员工个人的薪酬与组织绩效联系在一起，引导员工关注组织利润的提升，强化员工对组织或组织绩效的贡献，同时利润分享也有助于灵活地调整薪酬水平，根据组织经营的现实情况和实际收入进行分配，降低成本的同时改善组织和员工之间的关系。

传统的利润分享计划中，员工在年底直接获得应分享的部分；现代的利润分享计划中，利润分配将利润分享与退休计划相联系，即其中的一部分被推迟发放，并置入一种特定基金，员工可在退休或离开组织时才能获得。有些组织为减少员工流动，特别规定如果员工的服务期没有达到规定的年限，将无权得到部分或全部的利润分享部分。

②收益分享计划。收益分享计划也称为增益分享计划。收益分享是让员工参与分享超过常规收益的那部分额外收益。额外收益可以是因生产率提高、成本节约、质量提高、销售增加等获得的额外利润。收益分享的目的在于使员工尽自己所能地努力投入工作之中，并从团队或整体的总体绩效改善中获得更多的收益。这种方法有利于增强员工的团队意识和合作精神，抑制员工之间恶性竞争。

收益分享可以采用不同的分配方式，即所有员工获得同等数量的奖励、所有员工按基本工薪的同一比例获得奖励、不同类的员工按不同的比例分享额外收益，根据分配标准，不同的表现获得不同的比例或数量等。著名的收益分享计划有斯坎伦计划、拉克计划和分享生产率计划。

③成功分享计划。成功分享计划又称为目标分享计划，是将组织的综合绩效指标作为经营目标，运用平衡计分卡方法衡量整体绩效超越目标的状况，并根据结果实施奖励的一种群体奖励计划。该方法涉及的目标可能包括组织的财务绩效、质量和客户满意度、学习与成长以及流程等绩效方面的改善。该方法的关键在于确立公平合理的、经过努力后可能达成的绩效目标，通过绩效的改善和超越而体现员工对组织绩效目标的实现所产生的影响。成功分享计划涉及组织中的所有员工，从而获得全体成员对绩效目标的承诺，也全面地展现员工从各方面为绩效目标达成所做出的贡献。

④员工持股计划。员工持股计划是一种比较普遍采用的利润分享方式。员工持股计划是指由组织内部员工出资认购本组织股权，委托给员工持股会作为社团法人进行托管运作的一种特殊计划。这种方法针对员工个人，但与整体的绩效紧密相连，是对员工实施的长期激励计划。目前常见的员工持股计划主要包括现股计划、期股计划和期权计划。

员工持股计划使得员工成为其所在组织的持股人，增强了员工对组织的认同、忠诚和责任心，员工持股计划的优点使员工得以分享组织的增长和利润给个人带来的好处，同时组织用于员工持股计划的那部分收入可享受税收上的优惠待遇。

三、福利设计

（一）福利的定义

福利是间接薪酬的简称，是组织为满足员工的生活需要，在基本薪酬和可变薪酬之外，向员工本人及其家属提供的可以由货币、实物及服务形式支付的补充性报酬。福利作为薪酬体系的重要构成部分，对企业的经营发展起着不可忽视的作用。现代组织中，福利在薪酬中所占的比重越来越大，并且产生了更大的作用和影响。

（二）福利的特点

相比较基本薪酬和可变薪酬，福利具有如下特点：

1.均享性

指凡是按照岗位要求完成工作并做出相应贡献的所有员工，均有享受福利的平等权利。

2.补充性

福利是对员工为组织工作的物质补偿，从满足员工工作、生活需要而特别设计的报酬部分。

3.服务性

现代福利的最大特点是实现对员工的"全面照顾"，内容不仅包括工作安全与保障的同时，还包括个人教育培训、住房待遇、生活补贴等相关的产品及服务。

4.差异化

组织采取差异化的福利设计手段及项目设计，目的在于尽可能地采用积极有效的手段，满足具有不同需求的员工能够充分按照个人需求享受提供的福利项目。

（三）福利的功能

福利对于组织的发展具有重要意义，具体表现在以下方面：

1.吸引和保留人力资源

越来越多的求职者在进行工作或职位选择时，将福利作为十分重要的因素来进行考虑。良好的福利待遇已经成为增强组织在劳动力市场上的竞争能力的重要手段。因此，许多组织会在国家法定的一些福利项目之外，自主设立其他福利项目，并以此作为吸引人力资源和保留员工的重要途径。

2.有助于组织文化建设

组织越来越重视员工对企业文化和价值观的认同。福利体现组织的管理特色，传递组织对员工的关怀和支持，在满足个体需要的同时，努力创造家庭式的工作氛围和组织环境。因此，以员工为中心，努力向员工提供形式多样、富有吸引力的福利计划，对于构建组织的价值观和组织文化特色将发挥重要作用。

3.合理避税，提高成本支持的有效性

福利的一个重要的功能就是税收减免。福利为员工提供的保障计划、服务和实物产品等，可以用现金来进行替代。将福利完全折算成现金计入工资中，将会使员工支付高额的所得税。按照现行的个人所得税政策，采取福利的形式，员工就能够在得到这些报酬的同时，获得税收的减免，从而大大提高人工成本支出的有效性，这也是福利受到欢迎的重要原因。

（四）福利的类型

福利项目从总体来看，可分为国家法定福利项目和组织提供的自主福利项目两类。

1.国家法定福利项目

大多数国家都有相关的法律法规规定组织必须提供的福利项目。国家法定福利项目通常具有一定的强制性，需要组织认真贯彻执行。我国法定福利项目通常包括：法定的社会保险、住房公积金、公休假日、法定节假日、带薪休假等。

①法定的社会保险。目前，我国法定社会保险主要包括：养老保险、失业保险、医疗保险、工伤保险及生育保险，即"五险"。

养老保险。养老保险是按国家统一政策规定强制实施的，使劳动者在因年老而丧失劳动能力时，可以获得物质帮助以保障晚年基本生活需要的保险。养老保险作为社会保险体系的核心，它影响面大、社会性强，直接关系到社会的稳定和经济的发展。

失业保险。失业保险是指国家和组织对因非意愿、暂时丧失有报酬或有收益的工作的员工，付给一定经济补偿，以保障其失业期间的基本生活，维持组织劳动力来源的社会保障的总称。失业保险的目的在于保障非自愿失业者的基本生活，帮助其重新就业。

医疗保险。医疗保险作为公共福利中最为主要的福利，是国家、组织对员工在因病或因公负伤而暂时丧失劳动能力时，给予假期、收入补偿和提供医疗服务的社会保险制度。在我国，组织职工的医疗费用由国家、单位和个人共同负担，以减轻组织负担。

工伤保险。工伤保险是劳动者在工作中或在规定的特殊情况下，遭受意外伤害或患职业病导致暂时或永久丧失劳动能力以及死亡时，劳动者或其遗属从国家和社会获得物质帮助的社会保险制度。工伤保险是针对那些容易发生工伤事故和职业病的工作人群而设立的特殊社会保险。

生育保险。生育保险是国家通过立法，在怀孕和分娩的女性劳动者暂时中断劳动时，由国家和社会提供医疗服务、生育津贴和产假的社会保险制度，国家或社会对生育的职工给予必要的经济补偿和医疗保健的社会保险制度。我国生育保险待遇包括：生育津贴、医疗护理、生育补助和生育休假等。

②住房公积金。住房公积金是组织等用人单位及其在职职工缴存的长期住房储蓄金，是住房分配货币化、社会化和法制化的主要形式。住房公积金制度是国家法律规

定的重要的住房社会保障制度，具有强制性、互助性、保障性。

③公休假日。公休假日是指职工工作满一个工作周以后的休息时间。一般情况下公休假日安排在每个星期六和星期日，共计两天，俗称"双休"。当然，也有些组织由于工作或生产需要实行"单休"。《中华人民共和国劳动法》第三十八条明确规定，用人单位应当保证劳动者每周至少休息一日。

④法定节假日。法定节假日是指根据各国、各民族的风俗习惯或纪念要求，由国家法律统一规定的用以进行庆祝及度假的休息时间。根据国务院《全国年节及纪念日放假办法》规定，我国法定节假日包括三类。第一类是全体公民放假的节日，包括：新年、春节、劳动节、国庆节、清明节、劳动节、端阳节、中秋节，共计11天。第二类是部分公民放假的节日及纪念日，包括：妇女节、青年节等。第三类是少数民族习惯的节日。

⑤带薪休假。带薪年休假，是指劳动者连续工作一年以上，就可以享受一定时间的带薪年假。2007年12月7日国务院第198次常务会议通过《职工带薪年休假条例》，自2008年1月1日起施行。带薪休假是员工休息休假权利，能够有效调动员工工作积极性，是广大劳动者应当享受的法定福利。

2.组织福利

组织福利是指由组织自主建立的、为满足员工的生活和工作需要，在工资收入之外，向员工本人及其家属提供的一系列福利项目，包括货币津贴、实物和服务等形式。组织福利计划比法定福利计划种类更多，也更加灵活，主要有以下形式：

①组织年金，是指组织及其职工在依法参加基本养老保险的基础上，自愿建立的补充养老保险制度。它是多层次养老保险体系的组成部分，由国家宏观指导、组织内部决策执行。

②离退休待遇。组织按照国家相关规定，对达到离退休年龄的员工可以办理离休、退休等手续，并享受国家规定的离退休待遇。

③住房补贴或津贴。组织为了使员工有较好的居住环境而提供给员工的福利，主要包括：每月的住房公积金，组织购买或建房后免费或低价租给或卖给员工居住，为员工购买住房提供免息或低息贷款，全额或部分报销员工租房费用等。

④交通补贴。主要指上下班为员工提供交通方便，主要包括派专车接送上下班、按规定为员工报销交通费、每月发放一定数额的交通补助费等。

⑤伙食补贴或免费工作餐。指为员工提供的免费或低价午餐；或提供一定数额的工作午餐补助费。

⑥各种津贴。按照员工的需求，组织为员工发放的诸如外地工作津贴、海外工作津贴、特困补贴、服装补贴、水电费补贴、取暖补贴、防暑降温补贴、洗理补贴等。

⑦员工生活福利。生活福利是为员工个人生活提供的其他种类福利项目，主要有：法律顾问、心理咨询、内部优惠商品或服务、子女教育费、托儿所等。

（五）员工福利计划设计

1.员工福利计划的定义

员工福利计划（Employee Benefit）是指组织根据自身的发展目标以及未来各种影响因素的预测和分析，对特定阶段员工的福利构成、发展走向和具体实施途径所做的全面、系统、规范的规划和安排。员工福利规划的目的在于有计划、及时、公平地为员工提供所需的福利，以充分发挥福利的作用。员工福利计划是企业为员工提供的非工资收入福利的"一揽子"计划。

2.员工福利计划的管理流程。

（1）员工福利计划调查阶段

为了确保组织的福利能够真正满足员工的现实需要，必须首先进行福利调查。从调查的内容看，福利调查主要分为三种：福利项目制定前的调查、员工年度福利调查、福利反馈调查。在福利项目实施过后或年度考核时进行。主要调查员工对某一福利项目实施的反应及态度，收集相关的意见和建议，以确保福利作用的发挥。

（2）员工福利计划设计阶段

第一，员工福利计划的设计需要确定福利目标。福利目标必须符合组织的发展战略和长远目标，尽可能地满足员工的需求，以充分发挥员工激励的作用；福利的设计需要符合总体薪酬预算的结构和形式的需要，还要考虑组织的支付能力，做好科学的薪酬预算与人工成本控制相结合。福利设计还要符合国家和地方相关的法律法规，履行组织应当承担的社会责任。

第二，明确福利提供的水平。在确定福利水平时，福利成本核算也是福利设计的重要方面，主要内容包括计算组织可能支出的最高福利总费用，与竞争对手福利相比，在保证自身福利竞争优势的前提下，努力减少福利支出，确定员工福利项目的成本，以制订相应的福利成本计划。

第三，明确福利提供的结构。福利提供的结构既要考虑全员享受福利，又要考虑员工之间的差异。既要保证福利的保障功能，又要发挥福利的激励功能。

第四，明确享受福利的条件，回答员工应该付出怎样的努力才能享受到福利计划。为了增强福利的激励性，组织需要对员工享受福利的资格条件作出限定和条件约束，组织中常常采用的约束条件有：工作年限、绩效结果、岗位级别等。

第五，明确福利实施的主体，回答谁来负责？谁来实施？组织需要结合整体人力资源战略明确员工福利计划的实施主体，明确直接责任人，确保明确福利产品或服务购买或支付的顺畅进行。

（3）员工福利计划实施阶段

按照福利实施计划，向组织的员工提供福利。福利实施需要严格按照计划进行，严格控制福利开支的同时，确保福利预算要落实，以避免福利计划落空，或向员工的福利承诺不兑现。保持实施进程的灵活性，定期检查、定期监控，以保证福利提供的有效性。福利实施的好坏，不仅仅取决于福利计划得是否科学合理，同时还取决于组织能否对福利进行有效的沟通。

（4）员工福利计划反馈阶段

员工福利计划经过实施，需要获得员工对现行项目的态度和意见反映。由于员工有可能对现行的福利项目有着不同的看法，所以需要调查员工对现行福利计划的满意度，特别是对福利项目的选择和享受福利条件的看法，发现福利管理过程中可能存在的问题和不足，吸纳员工的意见和建议，同时积极学习参考其他组织的做法，不断完善和调整员工福利计划，以更好地满足员工的实际需要。

第三节　薪酬决策

成功的薪酬决策能让组织在支付能力的范围内，以具有竞争力的薪酬政策吸引并挽留优秀人才。本节主要介绍薪酬体系类型、薪酬水平和薪酬结构的决策。

一、薪酬决策概述

薪酬决策是指组织根据自身特点和人力资源管理的内在要求，选择和确定各项薪酬要素的过程。薪酬决策的内容包括薪酬体系决策、薪酬水平决策、薪酬结构决策等诸多方面的问题。薪酬决策的核心是使组织的薪酬系统有助于组织战略目标的实现、具备外部竞争性及内部一致性、合理认可员工的贡献以及提高薪酬管理过程的有效性。由于不同类型的薪酬决策支持不同的组织战略，因此组织必须根据组织的经营环境和既定战略来做出合理的薪酬决策。

二、薪酬体系决策

薪酬体系决策的主要任务是确定组织的基本薪酬以什么为基础。传统上，根据组织决定员工基本薪酬的基础不同，大致分为职位薪酬体系、技能薪酬体系和能力薪酬体系三种。

（一）职位薪酬体系

职位薪酬体系是根据员工所在职位而决定其薪酬的一种薪酬体系。该体系借助对职位价值的客观评估，并根据评估结果给付与其职位价值相当工资的一种工资制度。在我国组织中常见的岗位工资制可以看作职位薪酬体系的具体化。

职位薪酬体系的优点在于组织可以按职位进行薪资管理，实现责、权、利有机结合；职务和薪酬相对应，薪酬随着职位的变动而变化，有利于鼓励员工努力提高业务能力和管理水平；按照职位进行薪酬分配也有利于在组织中实现同工同酬，按劳分配，较好地发挥激励的作用。缺点包括将职位与工资挂钩，仅考虑职位的价值大小，不能真实地反映员工的能力和贡献，可能会导致部分员工占据特定职位而出工不出力；由于职位的相对缺乏，不能得到及时晋升的员工积极性受挫，不公平感增加。

（二）技能薪酬体系

技能薪酬体系是根据员工所掌握的与工作有关的技能支付工资的一种薪酬体系。员工的技能等级不同，薪酬支付标准不同。能力薪酬体系正是在技能工资制基础上拓展的形式。

技能薪酬体系所包含的技能通常包括三类：深度技能、广度技能和垂直技能。深度技能指员工具有的专业技术或专业知识、技能和经验，表现在能力的纵向结构上，强调员工在专业能力上不断提高，鼓励员工成为该领域或行业的专才；广度技能指员工所掌握的与本专业相关并且有一定联系的其他职位所要求的专业知识与技能，表现在能力的横向结构上，提倡员工掌握更多的技能，鼓励员工成为通才；垂直技能指的是员工掌握与工作有关的计划、领导、团队合作等管理技能，鼓励员工成为更高层次的管理者。

（三）能力薪酬体系

能力薪酬体系是以员工自身综合能力为主要指标反映工作数量和质量差别、确定员工的工资等级和标准的薪酬体系。能力表现为胜任本职工作需要，实现某种特定绩效或表现出某种有利于绩效实现的行为所需要的个人技能、知识、能力、行为特征及个人特性的总和。

技能薪酬体系和能力薪酬体系与职位薪酬体系不同，技能薪酬体系和能力薪酬体系是基于员工的所掌握的技能或个人能力，根据员工具备的与工作有关的技能和能力的高低来确定其报酬水平。技能薪酬体系和能力薪酬体系真正体现"以人为本"理念，给予员工足够的发展空间和舞台，促进员工努力学习，掌握新的知识和技能，不断提升个人能力。能力薪酬体系的问题在于科学确定员工的技能等级和能力状况，用动态的方法维持现行制度与员工成长的需求之间的一致。

（四）绩效薪酬体系

绩效薪酬体系是以个人绩效为付酬依据的薪酬体系。绩效薪酬体系的基本特征是将员工的薪酬与绩效挂钩。绩效薪酬体系的核心在于建立公平合理的绩效评估体系。绩效标准要科学、客观；绩效衡量要公正、有效，衡量结果应与工资挂钩。

绩效薪酬体系将员工收入同其工作绩效直接挂钩，计算方式简单，容易操作，激励性强，同时也具有很强的公平性。绩效薪酬体系鼓励员工创造更多的效益，同时又不增加组织的固定成本。绩效薪酬体系鼓励员工追求高绩效，有可能导致员工的短期行为，可能损害客户和组织的利益；这种薪酬体系鼓励员工之间的竞争，造成员工之间的信任和团队精神的破坏。

三、薪酬水平决策

（一）薪酬水平的定义

薪酬水平是组织薪酬体系的重要组成部分和薪酬战略要素之一。薪酬水平是指组织支付给不同职位的平均薪酬。薪酬水平侧重分析组织之间的薪酬关系，是相对于其竞争对手的组织整体的薪酬支付实力。一个组织所支付的薪酬水平高低无疑会直接影响到组织在劳动力市场上获取劳动力能力的强弱，进而影响组织的竞争力。所谓薪酬的外部竞争性，实际上是指一家组织的薪酬水平高低以及由此产生的组织在劳动力市场上的竞争能力大小。

薪酬水平是指组织内部各类职位和人员平均薪酬的高低状况，它反映了组织薪酬的外部竞争性。薪酬水平反映了组织薪酬相对于当地市场薪酬行情和竞争对手薪酬绝对值的高低。它对员工的吸引力和组织的薪酬竞争力有着直接的影响，其数学公式为：薪酬水平=薪酬总额/在业的员工人数。

（二）薪酬水平策略

薪酬水平的制定，可参照当地上一年行业薪酬水平，结合物价因素制定，薪酬水平策略的类型主要有四种，分别是：领先型策略、跟随型策略、滞后型策略、混合型策略。

1.领先型薪酬策略

领先型薪酬策略是采取本组织的薪酬水平高于竞争对手或市场的薪酬水平的策略。这种薪酬策略以高薪为代价，在吸引和留住员工方面都具有明显优势，并且将员工对薪酬的不满降到一个相当低的程度。组织采取领先型薪酬策略一般有三种情况：第一，组织具有雄厚的实力，通过高薪吸引和留住优秀人才，保持人员稳定，并且高薪有利于树立组织形象；第二，组织急需某类人才，也许组织并不具备一些大组织所具备的优势，但又非常需要引进和利用一些高级人才，此时便以高薪为代价与大组织竞争；第三，组织所提供的工作可能具有某些明显劣势，如工作地点偏远、办公环境恶劣、责任重大、风险高等，很少有人愿意从事，此时便支付高薪作为一种补偿。

2.跟随型薪酬策略

跟随型薪酬策略是力图使本组织的薪酬成本接近竞争对手的薪酬成本，使本组织吸纳员工的能力接近竞争对手吸纳员工的能力。跟随型薪酬策略是组织最常用的策略。很多组织都愿意采取跟随策略，一方面不会因薪酬水平过低而吸引不到员工、留不住员工，另一方面也不用支付过高的薪酬水平而增加成本。大多数组织采取跟随型薪酬策略是一个必然结果，如果组织的薪酬水平略高于竞争对手，则可以吸引到组织所需要的员工，假设其他条件完全相同。跟随型薪酬策略根据竞争对手或市场的薪酬水平，制定本组织的薪酬水平，保持在一个基本一致的程度。

3.滞后型薪酬策略

滞后型薪酬策略是采取本组织的薪酬水平低于竞争对手或市场薪酬水平的策略。采用滞后型薪酬策略的组织，大多处于竞争性的产品市场上，边际利润率比较低，成本承受能力很弱。受产品市场上较低的利润率所限制，没有能力为员工提供高水平的薪酬，是组织实施滞后型薪酬策略的一个主要原因。滞后型薪酬策略具有很高的风险，很可能招不到人，还会引起员工频繁跳槽。但是也有不少组织采用这种滞后型策略，主要原因是当前的资金不充裕。这种策略也并非完全不可取，它可以作为一种过渡策略，帮助组织快速成长或渡过难关。

4.混合型薪酬策略

混合型薪酬策略是指组织在确定薪酬水平时，根据职位的类型或者员工的类型来分别制定不同的薪酬水平决策，而不是对所有的职位和员工均采用相同的薪酬水平定位。比如，有些组织针对不同的职位族使用不同的薪酬决策，对核心职位族采取市场领袖型的薪酬策略，而在其他职位族中实行市场追随型或相对滞后型的基本薪酬策略。

进而言之，对组织里的关键人员例如高级管理人员、技术人员，提供高于市场水平的薪酬，对普通员工实施匹配型的薪酬政策，对那些在劳动力市场上随时可以找到替代者的员工提供低于市场价格的薪酬。此外。有些组织还在不同的薪酬构成部分之间实行不同的薪酬政策。比如在总薪酬的市场价值方面处于高于市场的竞争性地位，在基本薪酬方面处于稍微低一点的拖后地位，同时在激励性薪酬方面则处于比平均水平高很多的领先地位。

四、薪酬结构决策

（一）薪酬结构的定义

薪酬结构是指组织中各种工作或岗位之间薪酬水平的比例关系，包括不同层次工作之间报酬差异的相对比值和不同层次工作之间报酬差异的绝对水平。薪酬结构确定应注重两点：一是其制定过程要科学、合理，二是薪酬之间差异是否合理。其设计思路一般有两种：一种是趋于平等的薪酬结构，另一种是趋于等级化的薪酬结构。

（二）薪酬结构的构成要素

要制定符合组织需要的薪酬结构，就必须明确薪酬结构的构成，绘制组织的薪酬结构图。

薪酬等级是指组织中薪酬标准由于职位或技能等级的不同而形成的梯次结构形式。薪酬等级的多少取决于组织的规模、性质、组织结构及工作的复杂程度。一个等级可能划分为多个档次。根据薪酬等级的多少，可将薪酬结构分为窄带薪酬结构和宽带薪酬结构。为了反映在同一岗位级别上的员工在能力上的差别，组织在实际薪酬管理中往往在同一薪酬等级中划分若干个层次（档次），能力不一的员工可进入不同的档次，经过考核可逐年调整，但一般不会超过该等级的上、下限，除非岗位发生变动。

等级最大值：该等级员工可能获得的最高工资。

等级最小值：该等级员工可能获得的最低工资。

薪酬等级带宽：每一薪资等级的级别宽度，反映同一薪资等级的在职员工因工作性质及对组织影响不同而在薪资上的差异。一般说来，薪资等级的宽度随着层等级的提高而增加，即等级越高，在同一薪资等级范围内的差额幅度就越大。

薪酬区间中位值：该等级的平均薪酬水平。

重叠度：相邻两个薪资等级的重叠情况。主要是由每一薪等基准职位之市场水平所决定的。重叠度从某种程度上能够反映组织的薪资战略及价值取向。一般说来，低等级之间重叠度较高，等级越高，重叠度越低。

薪酬等级级差：即相邻两个薪酬等级中值之间的差距。一般说来，低等级之间级差较小，等级越高，级差越大。

（三）薪酬结构设计

薪酬结构设计时应根据薪酬市场线，结合组织的薪酬策略，可以制定薪酬政策线。薪酬政策线是用于指导薪酬设计的重要工具，薪酬政策线反映组织薪酬水平政策和薪酬结构政策的现实状况。

薪酬结构设计的具体流程主要包括五个步骤：

1.确定薪酬等级数

根据职位评价结果以及外部薪酬调查数据，将组织所有职位划分为若干职等，薪酬等级的数目应适中。职等的划分要结合目前职位所在层级状况，层级差别较大的职位尽量不要归在一个职等，将职位评价价值相近的职位归入同一个职等。

2.确定每一薪酬等级的带宽

确定每一个薪酬等级的带宽，就是要确定该等级的等级最大值、等级最小值、薪酬区间中位值、薪酬区间变动比率。不同职位等级的薪酬变动比率存在差异，较高等级的薪酬变动比率较大；薪酬变动比率通常在10%～150%。

3.确定薪幅重叠度

考虑薪酬级数、薪酬幅度及薪幅重叠之间的关系，确定薪酬等级间的重叠幅度。综合考虑重叠度的变化情况，尽量保持由低等到高等的逐渐减少趋势，从而为较低等级员工跃级晋升提供方便，增强了工作积极性。根据目前在职者的薪资水平调整带宽，以使相邻等级的重叠度能够符合现实变动需要。同时，组织应估算其全部薪资成本，如果不能承受，则应适当增加重叠度以扁平化薪资水平。

组织的薪幅重叠度取决于两个因素：区间变动比率和区间中值级差。由于组织中的薪酬等级数量有限，晋升机会少；晋升导致薪酬差异过大，会引起未晋升员工的强烈不满，因此，大多组织将薪酬结构设计成有交叉重叠。然而重叠区域不应过大，否则会限制不同薪酬等级之间的区间中值的差异。

4.设计每一薪酬等级内部的层次

结合确定的每一薪酬等级的最大值、最小值和区间中值，根据组织薪酬管理的需要，将每一薪酬等级再一次划分为不同的等级和层次，使同一薪酬等级间进一步产生等级区分。

5.薪酬结构的调整

由于劳动力市场价格、竞争对手薪酬结构等方面的调整，再加上组织战略调整、组织结构重组以及新员工的加盟，原有的薪酬结构有可能失去合理性，发挥不了应有的激励作用。因此，组织必须对薪酬结构作适当的调整，使之与变化的环境相适应。

第四节　互联网时代的薪酬管理

互联网时代的到来，挑战着传统的薪酬管理模式，助推着薪酬管理的不断进步与创新。本节选择宽带薪酬、弹性福利计划、股权激励等内容进行介绍。

一、宽带薪酬

（一）宽带薪酬的定义

宽带薪酬始于20世纪90年代，是作为一种与组织扁平化、流程再造等新的管理战略与理念相配套的新型薪酬结构而出现的。宽带薪酬是一种新型的薪酬结构设计方式，是对传统的带有大量等级层次的垂直型薪酬结构的一种改进或替代。在互联网时代，越来越多的组织采用宽带薪酬提升其薪酬管理、人力资源管理水平。

宽带薪酬在组织内用少数跨度较大的工资范围来代替原有数量较多的工资级别的跨度范围，将原来十几甚至二十几、三十几个薪酬等级压缩成几个级别，取消原来狭窄的工资级别带来的工作间明显的等级差别。但同时将每一个薪酬级别所对应的薪酬浮动范围拉大，从而形成一种新的薪酬管理系统及操作流程。宽带中的"带"意指工资级别，宽带则指工资浮动范围比较大。与之对应的则是窄带薪酬管理模式，即工资浮动范围小，级别较多。

宽带薪酬像是把传统薪酬矩阵的"带"压缩，同时扩展了"宽"，即压缩了职位层级，拓展了能力层级，这个过程恰恰与扁平化、柔性化的组织转型过程相匹配。

在宽带薪酬体系中，员工不是沿着组织中唯一的薪酬等级层次垂直往上走，相反，他们在自己职业生涯的大部分或者所有时间里可能都只是处于同一个薪酬宽带之中，他们在组织中的流动是横向的，随着能力的提高，他们将承担新的责任，只要在原有的岗位上不断改善自己的绩效，就能获得更高的薪酬，即使是被安排到低层次的岗位上工作，也一样有机会获得较高的报酬。

（二）宽带薪酬的优点和缺点

薪酬的设计有很多种，有的组织用窄带薪酬，有的组织用宽带薪酬。那么哪种薪酬才是最适合组织的发展呢？就必须了解宽带薪酬的优点和缺点。

1.宽带薪酬的优点

①有助于打破组织中的等级界限。宽带薪酬有助于打破了传统薪酬结构所维护和强化的职位等级界限，减少工作之间的等级差别，从而提升组织的核心竞争优势和组织的整体绩效。

②激发员工工作绩效。在宽带薪酬体系下，即使是在同一个薪酬宽带内，组织为员工所提供的薪酬变动范围增大，员工只要注意培养组织所需要的技术和能力，并在本职岗位上不断提高绩效也可以获得较高的报酬。

③培育员工在组织中跨职能成长的能力。在宽带薪酬体系下，由于薪酬的高低是由能力来决定而不是由职位来决定的，员工乐意通过相关职能领域的职务轮换来提升自己的能力，以此来获得更大的回报。

④关注市场薪酬水平。宽带薪酬的薪酬水平是以市场调查的数据以及组织的工资定位来确定的。组织实施宽带薪酬，必须定期核对与调整其薪酬水平，从而使组织更密切地与市场接轨。在互联网时代，高端人才对市场薪酬更加敏感，获得市场薪酬的渠道也更加多元。为了吸引和保留更多的优秀员工，组织必须密切关注市场的变化。

⑤提升组织人力资源管理水平。宽带薪酬在同一薪酬宽带中，由于薪酬区间的最高值和最低值之间的变动比率非常大，对于员工薪酬水平的界定留有很大空间。人力资源部门和直线部门管理者在薪酬决策方面拥有更多的权力和责任，可以对下属的薪酬定位提出更多的意见和建议。

2.宽带薪酬的缺点

①晋升难度增大。宽带薪酬下的职位级别少，员工很可能始终在一个职级中变动，长时间内员工只有薪酬的变化而没有职位的晋升。然而，职位晋升对员工而言是非常重要的激励手段，是其职业生涯发展的重要标志，晋升机会减少可能导致员工士气低落而失去进取热情。

②人工成本增加。宽带薪酬为低层员工提供了更加优厚的工资待遇，在激励员工的同时也增加了组织的人工成本，给组织带来更大的资金压力。因此，对于资金比较充裕的组织而言，宽带薪酬更加适用。

③对组织的管理水平要求较高。宽带薪酬需要组织具有明确的组织发展战略、完善的组织结构形式、清晰的组织治理结构、良好的人力资源管理硬件和软件环境。

二、股权激励

股权激励，也称为期权激励，是组织为了激励和留住核心人才而推行的一种长期激励机制，是目前最常用的激励员工的方法之一。在互联网时代，股权激励成为组织激励和保留核心员工的重要工具。

（一）业绩股票

业绩股票是指在年初确定一个较为合理的业绩目标，如果激励对象到年末时达到预定的目标，则组织授予其一定数量的股票或提取一定的奖励基金购买公司股票。业绩股票的流通变现通常有时间和数量限制。另一种与业绩股票在操作和作用上相类似的长期激励方式是业绩单位，它和业绩股票的区别在于业绩股票是授予股票，而业绩单位是授予现金。

（二）股票期权

股票期权是指公司授予激励对象的一种权利，激励对象既可以在规定的时期内以事先确定的价格购买一定数量的本公司流通股票，也可以放弃这种权利。股票期权的行权也有时间和数量限制，且需激励对象自行为行权支出现金。目前在我国有些上市公司中应用的虚拟股票期权是虚拟股票和股票期权的结合，即公司授予激励对象的是一种虚拟的股票认购权，激励对象行权后获得的是虚拟股票。

（三）虚拟股票

虚拟股票是指公司授予激励对象一种虚拟的股票，激励对象可以据此享受一定数量的分红权和股价升值收益，但没有所有权，没有表决权，不能转让和出售，在离开组织时自动失效。

（四）股票增值权

股票增值权是指公司授予激励对象的一种权利，如果公司股价上升，激励对象可通过行权获得相应数量的股价升值收益，激励对象不用为行权付出现金，行权后获得现金或等值的公司股票。

（五）限制性股票

限制性股票是指事先授予激励对象一定数量的公司股票，但对股票的来源、抛售等有一些特殊限制，一般只有当激励对象完成特定目标（如扭亏为盈）后，激励对象才可抛售限制性股票并从中获益。

（六）经营者/员工持股

经营者/员工持股是指让激励对象持有一定数量的本公司的股票，这些股票是公司无偿赠予激励对象的，或者是公司补贴激励对象购买的，或者是激励对象自行出资购买的。激励对象在股票升值时可以受益，在股票贬值时受到损失。

（七）管理层/员工收购

管理层/员工收购是指公司管理层或全体员工利用杠杆融资购买本公司的股份，成为公司股东，与其他股东风险共担、利益共享，从而改变公司的股权结构、控制权结构和资产结构，实现持股经营。

三、弹性福利计划

随着福利种类的增多和福利覆盖范围的扩大，摆在组织面前的福利计划的种类越来越多。不同的组合或组织面临着不同的问题，组织开始寻求与其战略目标、组织文化和员工类型相匹配的福利模式。

（一）弹性福利计划的定义

弹性福利计划是指组织在核定的人均年度福利预算范围内，提供可选的多种福利项目，给员工自主选择权，由员工根据本人及其家庭成员的需要自主选择福利产品或产品组合的一种福利管理模式。该计划与传统福利计划的最大区别在于给予员工选择权和决定权，最大限度满足员工个性化需要，大大提高了员工对福利的感知度与体验值。随着我国社会保障制度的逐步完善和商业保险体制的日益成熟，传统企业"一刀切"的员工福利计划已经不能满足企业日益多样化的人力资源管理需求，组织和雇员要求更为灵活、更为人性化、更加系统和规范的企业福利管理制度。

（二）弹性福利计划的类型

弹性福利计划的类型主要包括以下内容：

1.附加型弹性福利计划

这是最普及的一种形式，是在现有的福利计划之外，再提供其他不同的福利措施或扩大原有福利项目的水准，让员工去选择。

2.核心加选择型

由"核心福利"和"弹性选择福利"所组成，前者是每个员工都可以享有的基本福利，不能自由选择；后者可以随意选择，并附有价格。

3.弹性支用账户

这是比较特殊的一种，员工每一年可从其税前总收入中拨取一定数额的款项作为自己的"支用账户"，并以此账户去选择购买雇主所提供的各种福利措施。拨入支用账户的金额不须扣缴所得税，不过账户中的金额如未能于年度内用完，余额就归组织所有；既不可在下一个年度中并用，也不能够以现金的方式发放。

4.福利套餐型

是由组织同时推出不同的福利组合，每一个组合所包含的福利项目或优惠水准都不一样，员工只能选择其中一个弹性福利制。性质如同餐厅里的套餐消费。

5.选高择抵型

一般会提供几种项目不等、程度不一的福利组合供员工选择，以组织现有的固定福利计划为基础，再据以规划数种不同的福利组合。这些组合的价值和原有的固定福利相比，有的高，有的低。如果员工看中了一个价值较原有福利措施还高的福利组合，那么他就需要从薪水中扣除一定的金额来支付其间的差价。如果他的挑选的一个价值较低的福利组合，他就可以要求雇主发给其间的差额。

四、薪酬满意度

薪酬满意度（Salary Satisfaction Degree）最初是作为工作满意度一个维度进行研究的。随着研究的深入，人们开始对薪酬满意度进行单独的研究，认为是员工对工作所获得直接报酬的满意程度。

薪酬满意度，是指员工对获得组织的经济性报酬和非经济性报酬与他们的期望值相比较后形成的心理状态。薪酬满意度的构成维度包括薪酬水平满意度、薪酬提升满意度、福利满意度，薪酬结构/管理满意度，并设计出薪酬满意度调查问卷（Pay Satisfaction Questionnaire，PSQ）。目前这一问卷已广泛应用于组织作为测评员工薪酬满意度的一个颇具权威性的员工薪酬满意度测量问卷。

在互联网时代，员工对其薪酬更加关注和敏感，组织应当积极做好薪酬满意度调查，及时掌握员工的满意度状况，在哪些方面满意？哪些方面不满意？准确探寻不满意产生的原因，及时修正薪酬管理和人力资源管理中存在的问题，切实提升员工的薪酬满意度水平，从而提高员工的业绩水平。为提高员工薪酬满意度，组织采用适度提高员工的薪酬水平、努力做到人岗匹配、关注员工的需求和期望、提升薪酬管理的公平性等多种渠道。

第五章　医院人力资源柔性管理模式

第一节　柔性管理的理论基础

一、柔性管理的概念和类型

（一）柔性的定义和内涵

"柔性"一词源于英语"Flexibility"，在《韦氏大词典》中，被定义为能够对变革或新情况做出反应或适应的质量。在汉语中的词意为柔屈性，柔（韧）性，可曲性，弹性，适应性，机动性，原本指物质的一种物理特性，后引申到人，包括人的行为、思想，再扩展到管理领域（本文只讨论组织这一主体），涵盖到世界上的一切事和物。管理学上关于"柔性"定义争议最少的是指"对变化的反应、处理和适应"，反应、处理和适应是一种能力，因此也可定义为"对变化的反应能力"，即应变能力。与柔性相对的是刚性（Rigidity——坚硬、僵化、死板、严格、硬度）。

柔性与刚性同是组织本身固有的一种属性。没有绝对的柔性，也没有绝对的刚性，任何组织既有柔性的一面，也有刚性的一面，评价组织柔性与刚性的标准是适合组织生存、发展的恰当的"度"。这个"度"的大小或强弱由组织的各要素、性质、机制、特点等因素决定，是组织本身的一种属性，没有好坏之别。因此，柔性与刚性应该同时成为组织进行管理活动的一种原则。缺少柔性或刚性的组织与管理行为都可以说是不完整的组织或管理。但是，在知识经济时代，内外环境变化的不确定性和风险性可能会给组织带来破坏、打击乃至毁灭（当然也可能带来机遇和帮助），因此对组织主体而言，能够应这种变化的柔性被赋予了更多正面价值和肯定意义。刚性因为对外部变化的反应相对迟缓而有可能使得组织失去其竞争优势。这样，在处于复杂易变的外部环境当中，就有可能掩盖了二者平等、相对的性质。强调柔性有可能成为这一时代组织与管理变革的主流。

（二）柔性管理的定义与内涵

1.柔性管理的定义

柔性与柔性管理是相互联系但完全不同的两个概念。柔性是事物或组织本身固有的一种属性，只要事物存在，这种性质就如影随形，不会消失，与管理相联系是因其对组织的生存与发展的重要性。对于柔性管理的认识，目前存在着两个不同的看法，一是以柔性生产和制造为前提而提出的柔性管理。它首创于日本丰田汽车公司，主要目的是提高生产系统的应变能力。它的特点是利用电脑等先进技术，设计灵活的生产线，实行小批量多品种生产，从而对顾客需求迅速做出反映，同时提高劳动效率、降低成本。柔性在技术上代表弹性、可适应性、可扩展性和可兼容性。二是以研究人们心理和行为规律为前提而提出的柔性管理。它是在人力资源管理方面，采用各种非强制性的方式对员工进行教育和鼓励，从而把组织意志转变为人们的自觉行动，也就是人性化管理。主要强调人处在管理的中心和主导地位，要注重组织独特的文化精神、价值观和员工凝聚力。在此，对柔性管理的定义必须考虑以下几个原则。

（1）其功能是增强组织对变化的应变能力，有益于组织的目标实现，脱离这个目的性原则，谈柔性管理就失去了柔性管理的价值和意义。

（2）其客体（对象）既可以是人，也可以是物，包括知识、技术、信息等。

（3）其本质是一种服务于组织目标的分类管理方式。

（4）这种管理方式过去有，现在有，将来也还会有。

（5）其与刚性管理是平等的、平行的，其优劣应以是否有利于组织目标的实现和是否有利于人的全面发展来评判。

（6）其存在体现在组织构成的各要素中，包括组织结构（组织设计、机构设置）、人力资源（知识、技能、素质、年龄、性别、个性、文化等）、人位配置机制（人力资源与岗位的职责、权利等结合）、运作系统（各种规章制度、操作程序等）、对物质、技术与信息等资源的管理以及组织性质与目标、战略等各个方面。因此，对柔性管理，我们最终定义为：利用一定的技术、手段、方式和方法，增强组织等主体对变化的应变能力的一种管理行为。

管理的对象既可以是人，也可以是物，还可以是具体的意识形态。其实柔性管理作为一种全方位的新型管理模式，是一个系统工程，它既包括生产管理，又包括人力资源管理，既包括对物质管理，又包括对人的管理，因而是高度灵活的生产、营销管理和人力资源管理的统一。本文主要探讨的是人力资源的柔性管理。

2.柔性管理的内涵

"柔性管理"是相对于刚性管理而言的，柔性管理模式冲破了刚性管理模式的有形界限，它不再把人、资本、原材料作为组织的资源加以严格控制作为唯一谋求资源的最佳利用效率的路径。柔性管理更多的是采用一种软性控制和心理控制的方式达成目标，是能够使管理的艺术性得以充分发挥的一种管理方式。因为艺术家的个性发展、崇高的思想境界和运用之妙、存乎一心的创作方法，都具有柔性的特点，从而也与现代经营管理艺术有其相通之处。

具体地说，柔性管理强调的管理思路是：在尊重人，重视人，理解人的基础上管好人，用好人。从本质上来说是一种"以人为中心"的管理，也可称之为"人性化的管理"。它是在尊重人的人格独立与个人尊严的前提下，依靠人的心理过程，在提高广大员工对企业的向心力、凝聚力与归属感的基础上，所实行的分权化的管理。柔性管理的最大特点在于它主要不是依靠外力（如上级的发号施令），而是依靠人性解放、权力平等、每个人当家作主的主人翁责任感，从内心深处来激发每个员工的内在潜力、主动性和创造精神，因此具有明显的内在驱动性。只有当组织规范化为员工的自觉认识，组织目标转变为员工的自发行动，这种内在驱动力，自我约束力才会产生。

在现代市场经济中，组织要使顾客满意，首先要以员工满意作为基础和条件。试想：假如员工内心不满意，缺乏敬业、乐业精神，指望他们创造优良业绩使顾客满意，无异缘木求鱼。一般来说，柔性管理主要是满足员工的较高层次的需求。由于人的个体差异，组织的历史文化传统及其周围的环境等多种因素的影响，组织目标与个人目标之间往往存在着一定的差异，要把外在的规定性转变为内在的承诺，并最终转变为自觉的行动，这一过程需要一定的时间。然而一旦取向相同，协调一致，便能对员工产生强大而持久的影响力。在传统的人力资源管理当中引入柔性管理是要消解以前单方面强调刚性管理所带来的弊端，强调人在管理中的中心地位，突出其"人性化"特点。这种管理既要具备柔性的内涵，同时又具有广泛的外延。这就要求在人力资源管理过程中要坚持"以人为本"的精神，体现出"和谐、融洽、协作、灵活、敏捷、韧性"等柔性特征，依靠人性解放、权利平等、民主管理，从内心深处来激发组织成员的主动性和创造精神，给他们创造一个宽松的工作环境，使他们心情舒畅、以主人翁精神和对工作高度负责的态度为组织效力。

二、柔性管理的理论依据

柔性管理模式具有强大的生命力，在于它是建构在系列科学管理理论基础之上的，并以此为理论依据。

（一）以辩证唯物主义为理论依据

辩证唯物主义是人们认识客观事务的强大思想武器，对于提高管理水平具有重要的理论指导作用。管理来自实践，是随着社会生产力的发展和科技水平的进步而不断发展和提高的，柔性管理之所以成为管理学发展的趋势，正是因为它顺应了当前世界新技术革命浪潮的兴起与复杂多变的内外环境的要求。管理中的"柔性管理"与"刚性管理'的关系也是以辩证唯物主义为理论依据的。柔性管理和刚性管理是矛盾的统一体，柔性管理并不排斥管理中刚性管理的成分。柔性管理的实质是在保持适度刚性的同时，尽可能增加管理的柔性，使得组织运作管理有刚有柔，刚柔并济，更加科学、实用、灵活、有效。

（二）以行为科学理论为理论依据

行为科学理论是西方管理学中的一个重要理论。它产生于二次大战前，其发展和应用主要在二战之后，行为科学理论是针对传统管理重物不重人的局限性而提出的。行为科学理论重视管理中人的因素作用。它是研究人的思想、需要、动机、行为和目的以及人际关系的理论。研究人的行为、人际关系、行为与企业组织的关系。目的在于改善组织管理，协调人际关系，调动人的积极性和创造性，提高工作效率，实现组织目标。

由于人的行为受到多种因素的影响，行为的表现也呈现在多个方面。研究人的行为要涉及多种学科的知识，如心理学、社会学、生理学、教育学、经济学、管理学等，另外，对行为的研究还要涉及决策论、系统论、信息论和控制论等，所以，行为科学是多门交叉科学的综合理论。行为科学理论与管理直接相关的部分，通常被称为"组织行为理论"——其核心就是"以人为本"。人本管理必然要求柔性管理，柔性管理正是一种实现以人为核心的管理模式，强调做好与人有关的管理工作，如注重感情投资，协调人际关系，调动人际关系，调动员工的积极性，倡导企业精神，塑造企业文化，树立外部良好形象，实行员工参与管理，形成员工的向心力和凝聚力等，都是吸收行为科学理论的产物。

（三）以系统管理理论为理论依据

系统理论最先只用于科学及工程技术领域，五十年代以后逐步开始应用于经济管理领域，成为现代管理学理论之一，其内容包括管理系统理论、管理系统分析方法、管理系统模式三个部分。系统理论作为一种新的管理思维方式，与传统的管J方式相比具有以下的几个特点。

1.注重认识事物的整体性分析影响事物发展变化的各种因素，克服了传统管理对事物认识的片面性。

2.掌握事务发展变化规律

对事务变化采取相应措施，取得管理的主动权。

3.强调系统的开发性与动态性

指导管理者以开放的、动态的眼光观察事物、分析事物，克服传统思维把事物看成封闭的、静止的片面性。系统理论作为新的管理理论，提高了企业管理水平，推动了管理科学的发展。它的贡献至少有三个方面：一是提出系统论推动了管理观念的更新；二是开展系统分析为解决复杂的管理提高了科学分析工具；三是实行系统管理促进了管理新模式的出现。系统理论认为，组织是一个多层次的复杂动态系统，一个人造的完整的动态系统，要以系统的、动态的观念来研究组织管理，才能把握组织运作机制，提高效率和效益。组织柔性管理正是根据这一理论从系统角度来制订组织的战略目标，建构柔性组织层级，从全方位实现组织目标，这些都是以系统理论为指导的。

（四）以权变管理理论为理论依据

权变理论是20世纪70年代西方管理学提出的一种企业管理新理论。所谓权变，就是随机应变，即根据不同的环境和条件，灵活地区别对待客观事物。权变理论认为，在管理实践当中没有一成不变、普遍适用的万能的管理模式。要根据组织内部条件和外部环境的变化来决定其管理思想和管理方法。权变理论的指导思想是以经营环境为自变量，以组织管理为应变量，认为在经营环境与组织管理之间是一种数学函数关系，这种数学函数关系表现为：组织管理的理论、方法和技术是随着经营环境的变化而相应变化的，其目的在于提高组织管理的应变能力，更好地达到其经营目标。例如，在经营环境良好的时期即经济繁荣时期，产品与服务供不应求的时候，组织就应当采取分权组织结构，充分调动员工的积极性，加快发展，才有利于达到组织经营目标。反之，在经营环境不好的时期即经济不景气时期，产品与服务滞销的时候，组织就应当采取集权组织结构，加强经营的计划与调控，进行适度谨慎的步骤，才有利于达到组织经营目标。权变理论提出后，受到西方管理学界人士的高度重视，认为权变理论比其它管理理论有着更加广泛的实用性，是在经营环境多变的情况下一种有效的管理方式。柔性管理就是依据权变管理理论建立起来的，如组织的经营目标、计划决策、组织机构、生产服务等趋向柔性化，都是权变思想的体现。

三、柔性管理的主要内容及其特点

（一）柔性管理的主要内容

当前，管理界许多人士对柔性及柔性管理的认识值得商榷。目前的观点比较多，根据涉及的主要对象归纳起来有三种不同看法。第一种是以人为中心的人力资源管理领域的柔性管理，即人性化管理。流行的权威定义是郑其绪教授的观点："柔性管理是在研究人们心理和行为规律的基础上，用非强制的方式，在人们心目中产生一种潜在的说服力，从而把组织意志变为人们的自觉行动"。该定义揭示出了人本管理的本质，是很有见地和原创性的，但严格地说，作为柔性管理的定义还缺乏普遍性。而许多翻版在此基础上则具体化了，如把对与物质相对的意识形态范围的具体文化作为柔性管理；或把利用人的非理性因素——情感、精神等进行的管理活动归入柔性管理，或把主观层面的人格等因素纳入其中等。第二种是以柔性生产为中心的物质资源管理领域的柔性管理，即对物质的过程化柔性管理。它源于对以日本为代表的东亚企业文化的研究，指的是提高生产系统的应变能力的管理模式，实现的方式是利用当代先进的科学技术，设计灵活的生产线，满足多样化的市场需求。这种观点虽然也包含了相应的对人力资源的管理，但其侧重点是物质生产方面，包括对柔性供应链的管理和引申到其他领域的过程管理，如柔性化的教学管理、科研管理、沟通的管理、参与管理等。第三种是全方位的各种资源、系统和领域的柔性管理，即全面化的柔性管理。一个典型定义是：指在市场机会不断变化、竞争环境难以预测的情况下，快速反应，不断重组人力和技术资源，获得竞争优势和利润的管理模式。

柔性管理应该涉及经营管理的各个方面，是一种全方位的新型管理模式，是一个系统工程，既包括生产管理，又包括人力资源管理，既包括对物的管理，也包括对人的管理，是高度灵活的生产、营销管理和人力资源管理的统一。根据柔性的本质与内涵，第三种观点应该更接近柔性的本意，更能反映柔性是"对变化的反应能力"这一原则性内容。前二种看法是对某一具体领域或范围的管理柔性特征的概括，丰富了柔性管理的现实内容与应用外延，但由于过于深入考察具体领域，以至没有强调和突出柔性的本质属性，产生使人认为原来这就是柔性管理的认识误区。应该明确，柔性管理是而且仅仅是诸多管理中的一种手段、方式、方法或模式，对它的定义应该依据柔性的内涵与特征来确定，而不是将凡具有柔性特点的东西都冠之以柔性管理的帽子，它们至多只能称作柔性化或具有柔性倾向的管理。

（二）柔性管理的特点

基于柔性管理自身的"柔性"特色，郑其绪教授认为，柔性管理具有模糊性、非线性、感应性、塑造性和滞后性的鲜明特性。

1.在质的方面

柔性管理表现为模糊性，管理对象的内心感情和思维是一个模糊不定的值，表现于其外在的行为也同样是模糊不定的。因此，作为侧重于人的心理工作的柔性管理必须相应地作同样模糊化的处理。在管理中只能追求相对模糊的"满意解"，而不是明确的唯一的"最优解"。传统的管理模式用绝对和精确的方式表达事务，因此，其决策所需的信息只能在比较狭小的范围内才有意义。然而柔性管理的对象是人，人是一种带有自身意识和感情的微妙的客观存在，很难对人的复杂多变的思维有一个明确的定量的确切表述，因此，对人的约束也必然是不确定的，只能进行模糊化处理。

2.在量的方面

柔性管理表现为非线性，即不可加性。因为柔性管理在实际应用中本质上的模糊性，因此在管理中量的方面同样呈现出一个波形变化，而不是简单的直线相加，是在一个总体方向上分不同阶段、时期、不同管理对象的非线性管理。在具体工作场合，这种非线性主要体现在以下几个方面：第一，个人在工作中投入的精力与产生的绩效并非一种线性的关系；第二，个体功能的总和与总体的功能呈现非线性的关系。1+1$\neq$2的现象层出不穷，人的总体功能决不单纯是人数堆积的结果。

3.在方法上

柔性管理强调感应性与内控性，作为"软"控制的柔性管理区别于"硬"规定的刚性管理，在实际管理过程中运用的手段和方法突出感应性，不注重用模式化、程序化、机械化的方法，靠的是双方微妙的心理互动感应。现代行为科学及心理学认为，人是"社会人"，除了关心经济利益之外，还应注重诸如成功感、亲密感、归属感等。

也就是从内心深处激发主动性、内在潜力和创造精神，因此具有明显的内在驱动性。

4.在职能上，柔性管理表现为可塑造性

柔性管理排斥强制行为，因为许多表面上的服从通常潜伏着危机，只有从心理上接受、从观念上转变才能真正形成对组织的忠诚度和归属感。人的思想，是一个活的东西，受到外在不断变化的世界的影响，随时处在调整当中。因此，柔性管理面对管理对象活动、变化的思想状况，要随时用先进的思想、理念对被管理者的思想加以塑造和引导，让被管理者从自身内心出发，从心理上解说，从观念上改变。

5.在效果上，柔性管理表现为滞后性

思想观念的改造不是一朝一夕就可以完成的，其表现为外在的行为也迟于内心思想形成的时间。因此，在柔性管理中，管理效果的出现明显区别于通常的管理，因为其见之于内而达之于外的特点，有一个为人所了解和接受的过程，才能成为被管理者自觉的行为，从而才能看出管理效果。要完成这一"外在规定——内在接受——自觉行动"的转化过程是需要时间的，这明显的时间落差成为柔性管理的一个比较典型的特点。

四、刚性管理和柔性管理的比较

刚性管理是严格按照规章制度，并利用组织结构、责权分配来实现由支配到服从的管理。它以规章制度为中心，依靠严密的组织结构、严明的规章制度和赏罚分明的激励来进行以生产为导向的管理。这是传统农业经济、工业经济时代典型的管理模式，这种管理视生产资料为资本，视人力为成本，曾经极大地促进了生产效率的提高和经济的发展，但已不能适应新经济时代中以知识工作者为本的需要。柔性管理的诞生正是基于刚性管理的不足。柔性管理是基于员工对组织行为规范、规则制度的认识、理解与内化，所依靠的是组织的共同价值观和心理文化氛围，使员工处在组织文化的道德规范和行为准则的无形规范当中，产生自控意识，达内在的自我管理和自我约束的效果。这就更有可能进一步提高员工的工作热情和工作责任心，激发创新精神。在这里，管理者的主要作用在于启发、引导与支持。

刚性管理重"管"、重"权"，也就是重控制，从而达到管理的统一性。柔性管理重"理"、重"知"、重"交流"，也就是重协调，尊重人的个性和自主权利，有利于群策群力。在近百年来管理的发展与变革，刚性管理与柔性管理的此消彼长、渗透、融合与互补，在一定程度上体现了否定之否定规律。这一过程不是"河东河西式"的两极嬗变，而是以"层累式"地由低级到较高级，再到更高级以至无穷地递进。每一次递进，都以特定历史时期的政治、经济、科技、文化的变革为后盾，都与特定历史时期的市场、制度等因素密切结合。而且，每一次递进都是在更高的层次上的以往管理理论与实践的扬弃。

其实，刚性管理与柔性管理，犹如一个完整的生命体，对组织来说都十分重要，刚性管理是骨架，柔性管理为血肉。刚性管理与柔性管理，无高低优劣之分，只是在某些方面与适用的对象和实施的程度有关，他们互有长短，互为补充，犹如一个硬币的两面，潜显相随，无所不同在，无时不共存。

五、柔性管理的作用功能

从柔性管理的概念及其特点来看，其发挥的管理作用主要集中在教育、协调、激励、互补等几个方面。

（一）柔性管理具有教化的作用

这是由柔性管理的直接目标——把组织意志变成人们的自觉行动所规定的。孟子曾说："善政不如善教之得民也。"意思是善于领导不如善于培养、教育人得民心。对于组织的奋斗目标以及各种规章制度，人们是自动执行、维护还是被动的不得已而为之，其效果是大不一样的。如何由被动的强迫意志转变为主动的自愿意志，最为明显和有效果的措施，就是对管理对象施以教育与引导，使之从道理上理解问题的所以然。柔性管理在这种由被动变主动的过程中发挥着强大而有效的教育作用。另外，人的总体素质的提高需要柔性的管理方式。随着社会的进步，人的素质全面得到提升，组织的成员是由有知识，掌握信息，适应环境，并被授予权力的人员组成的。他们的人生追求已经超越了过去单纯的物质利益的追求，已经把个人的人生价值与组织融为一体。他们既需要考虑周密的经济激励，也需要更多的非经济激励。比如平等、尊重、权力以及实现自身价值的满足感等。而柔性管理恰好能够满足这些成员的要求。

（二）柔性管理发挥着独特的道德自律和协调作用

柔性管理是建立在尊重人的人格独立与个人尊严的前提下，它注重平等和尊重、创造和直觉、主动和企业精神、远见和价值控制，强调一种自觉自省的"心理契约"模式，用自律替代他律。而一般管理中的协调作用通常会采取指挥和控制的刚性手段，即通过诸如政策、制度等规范，对被管理者加以即时指挥，来达到协调的目的。但这在人们的思想、意志等方面的协调与沟通，靠指挥和规范是不易解决的，在这里，柔性管理就可以发挥其所长。

（三）柔性管理有着强大的激励作用

在人们的日常工作、生活、社会交往当中，柔性管理可以随时随地产生影响，如及时评价、赞许、鼓舞、恰到好处的批评与表扬、惩前毖后的处罚等，从各个方面牵动、感染人们的思想情绪，对其施加影响和控制。柔性的激励方式在实施过程中没有咄咄逼人的气势，没有畏惧无奈的应付，只有双方的潜默的心灵感应，一旦发生作用，完成"外在规定——内在接受——自觉行动"的转化过程，就会成为发自内心而见之外的行为，就会从"必然王国"跨入"自由王国"。

（四）柔性管理能为刚性管理的实施发挥补充作用

刚性管理在管理中是基础的、初始的和必要的。但是由于这种管理的形式化和外在化，在员工没有充分理解并自觉接受之前，它又是机械的、僵化的和呆板的。其负面效应会使得工作易于肤浅和简单化，因而会出现组织虽然有好的制度规范，但执行力却出现一再受挫的现象。柔性管理的诞生正是基于刚性管理的不足，柔性管理正好能够弥补刚性管理的这些不足，发挥强而有力的互补作用。另外，在知识经济时代，主要财富都来源于知识，知识根据其存在形式分为显性知识和隐性知识。前者主要是指以专利、科学发明和特殊技术等形式存在的知识。后者则指员工的创造性知识、思想的体现。显性知识人所共知，而隐性知识只存在于员工的头脑中，难以掌握和控制。要让员工自觉、自愿地将自己的知识、思想奉献给本单位或者本部门，实现知识共享，仅仅靠刚性管理是不行的，要想达到人尽其才的目标，只能通过柔性管理。

第二节　人力资源柔性管理必要性及模式定位

一、人力资源管理柔性化的必要性

（一）医院人力资源的特征是实现柔性化管理的基础

医院是一个科技含量高、知识型人才密集的地方，医院人力资源相对于其他组织而言有其鲜明的特征，主要体现在以下几点：①医院员工大都受过系统的专业教育，其学历层次相对较高，高学历的人员所占比例较大。他们一般具备一定专业特长和较高的个人素质，掌握一定的专业知识和技能，视野开阔，求知欲强，学习能力强，知识层次面宽泛；②医院员工具有较高的需求层次。他们自我意识强烈，善于自我管理，热衷于具有挑战性、创造性的任务，努力实现自我价值。由于对自我价值的高度重视，他们同样格外注重他人、组织及社会的评价，并强烈希望得到社会的认可和尊重；③医院员工有强烈的表现自我的欲望，有明确的奋斗目标，更加有着发挥专业特长和成就自我的事业追求。在他们的激励结构中，成就激励和精神激励的比重远大于金钱等物质激励；④医院员工具有较强的自律能力和创新精神。人们对健康的关注以及医院特殊的氛围促使医务人员不断寻求突破，努力创新，提高医疗水平。他们依靠自身占有的专业知识，运用头脑进行创造性思维，并不断有新的知识成果。他们希望拥有宽松的、高度自主的工作环境和组织气氛，并注重强调工作中的自我引导和自我管理；⑤与一般的员工相比，医院员工有能力接受新工作、新任务的挑战，因而拥有更多选择机会和选择权。医务人员出于自己职业感觉和发展前景的强烈追求，人才流动也就成为一个人们普遍关注的社会现象。医院员工的这一系列特征反映了这个知识性高素质群体是实施柔性管理的可靠保证。

（二）知识经济时代发展和现代化管理的需求

在知识经济时代，知识以及获取知识、运用知识和创造知识的能力，已经成为医院发展的关键。人力资源作为医院管理诸多要素中最活跃、最具创造力和最有价值的要素，其开发利用情况越来越受到重视。其中智慧型、主动型、创造型的人才已经成为医院发展争夺的焦点所在。

医院内外环境的变化，需要管理突破原有的思维模式和运作方式。不断进行管理创新，需要管理方式更加多元化、人性化、柔性化。因此，只有主动抛弃传统刻板的管理方式，运用柔性管理的理论和方法，采用灵活的管理技巧和手段，注重人力资源的开发和利用，激发人力资源的潜能，才能使之为医院的长远发展作贡献。

（三）适应现代组织管理对象特征变化的必然选择

知识经济的发展不仅改变着经济结构、组织结构和生产方式，而且也改变人们的思维方式、价值观念乃至生活习惯。随着知识经济的发展，具备了医学知识的年轻一代在其成长过程中的就业心理逐步受到重视，他们思维习惯、情感理念和处世风格都较以前的人才相比发生了变化。对他们来说，只是对其物质需要的满足是远远不够的。诚恳的赞许、真情的关怀、工作内容丰富化，特别是能够提供富有挑战性的发展机会，体现一个人的价值，更有利于激发他们的潜能和工作热情。所以，医院管理者一定要充分理解管理目标，不仅仅要从内外环境出发，更要从人的自身需求、价值取向和心理意愿等方面出发来把握。实施柔性化是管理对象特征发生变化的必然选择。

二、人力资源柔性管理的借鉴模式以及模式定位

（一）企业的柔性管理模式的借鉴

随着世界经济一体化进程的深入和市场竞争的日渐激烈，越来越多的企业逐步重视并实施柔性管理。其原因主要在于：目前全球市场已由卖方市场转为买方市场，而且占据市场主体地位的消费者的需求也日趋多样化和个性化。因此，企业需要转变原先大规模、标准化式的生产和服务模式，转向能够灵活满足顾客需求的小批量、多品种的生产和服务模式。一方面，企业需要对消费者的需求做出快速反应，即建立快速灵活的信息系统；另一方面，要具备在同一时间生产多种产品的能力，即建立快速灵活的生产系统。这两个方面进一步要求企业建立起灵活的、敏捷的、能够迅速适应环境变化的组织结构和管理方式，即柔性组织结构和管理方式。一般而言，企业的柔性管理具有如下几个方面的特征。

1.以企业内部组织的柔性化和企业间的动态联盟为组织特征

传统的金字塔型的组织结构转向少层次的网络型的扁平化组织结构。传统的管理组织结构是金字塔型的，组织层次过多，信息渠道过长，反应迟缓，各职能部门相互间隔，信息流动受阻，上下级之间的信息常常扭曲、失真。企业若要具备对消费者需

求变化的快速反应能力，就必须对组织结构进行调整。一是对管理层级简单化，即采用管理层级较少的扁平化结构。精简组织中的某些环节，下放绝大多数竞争的决策权力，让每个员工或每个团体都获得独立处理职责范围内的权力。二是结构要网络化。组织结构扁平化后，使得纵向管理压缩，横向管理扩张，横向管理向全方位信息化沟通的进一步扩展，导致组织的网络化，工作团队便成了网络的结点。企业正是以这种扁平、网络化的组织结构使其整体有机化，自动且及时地对外界环境做出反应，从而使企业能够迅速对市场变化做出反应，赢得竞争先机。

对于变化和不确定的环境，"虚拟组织"是一种实用的组织工具。虚拟组织是"强强联合"，其最本质的特点是它必须以顾客需求为中心，市场机会为基础。同时，它还必须有一整套清晰的、建立在协议基础上的目标。虚拟组织的伙伴之间必须包含信任，开诚布公的交流以及和谐的管理模式。这一组织必须快速的做出决策，当机会消失时能够相对无痛苦地解散。

柔性组织结构具有一定的动态性，它能够通过自我调整来适应外界环境的不同要求，同时这种组织结构为组织内部成员提供了自我完善的发展空间和支持条件，人员的主动性和积极性将得到极大的提高，组织运行成本也会大大降低。

2.建设柔性的企业文化，打造企业的共同愿景

柔性管理注重企业文化建设，通过共同的价值观、行为准则、道德规范，形成以尊重人的感情因素为基础的约束和激励机制，在企业内部产生巨大的向心力和凝聚力。现实中，大多数企业的企业文化是一种硬性的文化，这种文化具有高牢固度、一致度和系统的完整性，但缺乏的是开放性和宽容度。这种企业文化会在不断的自行稳定中逐步僵化，失去初始的活力。柔性的企业文化是一种与现有系统和谐统一的企业文化，它不仅保持了一定的开放度和宽容度，鼓励个体创新和组织学习，而且它还为随时而至的变革创造条件。因此，企业文化柔性的核心是企业价值观念及经营管理理念在动态环境下的不断创新，以期形成相应的有利于柔性管理的氛围。企业的共同愿景是企业所有员工发自内心的共同愿望和共享的景象——企业未来发展的目标、任务、使命或事业。共同愿景将产生一种强大的内在驱动力，这种驱动力能使企业的全体成员具有神圣的使命感和为企业愿意奉献的持久动力，并能够激发员工的无限创造力。

3.人员柔性

人具有学习、感知及适应能力，因而成为所有有形资源中最具有柔性的资源。柔性人员的最大特点在于善于学习，很快学会原本不会的东西。在一些新型企业中，越来越多的工作，无论是技术型或是非技术型的工作，都基于相对比较专业的知识上，再加上现在知识更新速度十分迅速，原本掌握的知识可能已经过时等原因，所有员工的学习能力尤其重要。如果一个系统没有留有余地，以便在出现差错后提供后备力量的话，那么这个系统就不会存在。当企业的工作由于某种突发情况而出现瓶颈时，只

要拥有掌握多重技能的员工，总有人能够胜任使得工作正常进行。这对于多变的竞争环境中的企业非常重要。

此外，员工的创新精神也是实现人员柔性的关键，人能在易变和不完全确定的系统中更好地发现机会，更知道如何去做。企业的员工，包括管理者，要经常保持积极进取的心态，不断打破旧的思维模式，勇于向极限挑战，唯有不断地创新才能适应变化。

4.建立灵活多变的柔性激励机制

目前，越来越多的企业设计采用一种弹性的、可供选择的综合激励制度。对于比较侧重于物质利益的人，能够在考虑投入产出效率和企业实际能力的基础上给予满足；对于比较侧重于安全方面的人，则要考虑提供保险、年金、股票等保障方法；对于追求自我价值实现，寻求尊重认可的员工，可以施加精神激励，比如尊重、信任、关心及提供培训和提升的机会、吸纳员工参与管理、帮助员工进行职业规划等。如果企业的实际能力并不能满足某些需求，也可以考虑其他多种方法的综合运用，因为每一种需求对人力资本来说都有一定的权重系数，只要企业在其他方面能提供较多的满足，就可能弥补企业的不足之处，实现良好的激励效果。

（二）知识型企业的柔性管理模式

知识经济时代引发了知识管理的产生。知识管理是以知识为中心，运用科学的手段、更加灵活的制度调动人的情感和积极性的艺术。鉴于医院人力资源的特点与知识型企业有很大的相似性，两者都是以从事创造性活动的高素质专业人才为主，工作过程不易量化等，因此这里从知识型企业的柔性管理模式的分析入手，以便下面探讨医院人力资源柔性管理模式定位。

1.知识型企业的特点

何谓知识型企业，到目前为止没有一个明确的定义。简单说来，知识与企业的结合就可形成知识型企业。如果某个企业的产出中知识的贡献率达到一定比率（50%），这个企业就可以被称为知识型企业。知识型企业不同于一般的企业，它最显著的特点就是知识：投入的是知识，生产的是知识，销售的是知识，管理的还是知识。知识型企业就是一个由各种各样的知识堆积而成的金字塔。知识型企业具有以下主要特点：

（1）知识是企业的第一生产要素

与传统的生产函数不同，知识是当代经济生活中最重要的一种资源，成为与劳动力、资本、土地三大传统要素并重的内生变量，是企业创造财富的最大推进器。

（2）知识型人才是企业生命力的源泉

知识型人才是指，一方面能充分利用现代科学技术提高工作的效率；另一方面知识型员工本身具备较强的学习知识和创新知识的能力。知识创新力是知识型员工最主要的特点。此外，知识型员工的工作主要是一种思维性活动，知识的更新和发展往往随环境条件的变化而有所适应，具有很大的灵活性。所以，知识型员工兼具知识性、创造性、灵活性等方面的特征。在知识型企业中占主导地位的不再是传统的管理者，而是掌握了知识、具有创新能力的知识型人才。他们脑中的知识不同于有形资产，不仅不会被消磨殆尽，反而会创造出更多的价值以及更多的知识，因此，知识型人才是企业永葆活力的源泉。

（3）知识创新及运用是企业的灵魂

知识型企业可能会由于其特有的某种知识而在一定时期内保持竞争优势，但由于知识是可学习的，在一段时间之后会不可避免地被竞争对手所仿制。因此，只有保持知识的不断创新以及对创新的运用，才能保证企业获得长期的竞争优势，并始终处于行业的领先水平。

2.知识型企业的柔性管理模式

知识型企业的柔性管理模式具有以下几个方面的特点。

（1）组织结构柔性化

在组织结构方面，建立支持指导型的组织结构。许多成功的企业，都已摒弃了等级制的组织结构，采用了一种特别适合专业人才创造价值的结构。这种变革改变了传统观点，组织的核心部门不再充当发号施令的角色。

组织结构的功能在于"分发"，即组织的角色是提供服务，而不是发号施令，它只是将后勤分析及行政支持"分发"给专家。原有的直线等级制变成了一个支持性的结构，只有在情况紧急时才进行干预。原有的线性管理人员的职能发生了变化，他们不再发号施令，而是清除障碍、开发资源、开展研究并提供咨询。从上述例子可以看出，知识性企业的组织结构在一般企业网络化、扁平型组织结构的基础上，有了更深一层的拓展。其根据自身的特点，建立起一种支持指导型的新型组织结构。在考虑到知识型企业的员工高度的专业化、自主性、创造性特点的基础上，把管理部门的职能由直线式的发号施令转为围绕式的提供支持和服务，为企业的员工解决繁杂的事务性问题，以使他们集中精力进行具体的专业工作。

（2）激励机制的柔性化

知识型企业的员工是从事创造性活动的高素质员工。而创造性的活动往往是一个探索过程，其间充满了不确定性和偶然性，且智力活动本身难以直接计量，所以创造性工作亦难以量化。倘若硬性地将其量化并以此作为奖酬依据，势必会挫伤员工的积极性、创造性，抑制了其潜能的发挥，因而知识型企业柔性管理的一个重要体现就是奖酬机制的柔性化。除了物质上的奖励更应注重精神上的嘉奖，还可以通过扩大和丰富工作内容，提高工作的意义和挑战性对员工进行激励。

（3）鼓励创新和宽容的企业文化

知识产品的特点决定了知识企业的研究与开发工作往往要超前于时代，致力于产品创新、管理创新、组织结构创新，不断向市场投放新产品，才能把握生存与发展的主动权，创新是知识企业的生命力所在，鼓励创新也就成为知识企业不可或缺的一大支柱。与之相伴的是宽松的企业环境和宽容的企业文化，要鼓励创新就必须允许失败，同时也必须允许差异的存在。每个人都具有自己的价值观和道德观，必须承认人与人之间存在的差异性，应热爱差异性，利用差异性。

三、医院人力资源柔性管理模式的定位

医院人力资源管理模式究竟是选择以刚性为主还是以柔性为主，主要还是由医院的人力资源自身的特点决定。柔性管理与刚性管理本身没有优劣之分，我们应当辩证地看待它们。在管理实践中不可不按固定的模式和程序，运用权力和组织系统强行进行指挥、控制、命令，硬性管理来达到组织目标；也不可不采取灵活手段建立灵活的柔性组织系统和采用柔性化的管理手段。在管理实践中既要以柔克刚，又要刚柔并济。其实相对来说医院本身是一个刚性色彩比较浓厚的组织，本身有一套完整而严密的组织构架和运作流程以及奖惩制度，但是在医院人力资源管理领域，面对这样一个特殊的高素质群体，我们应该更多强调柔性方式解决问题，这是由于医院人力资源主要是由高等知识分子构成，高层次的精神需求占主导地位。医院员工一般都具有自身的专业特长，有强烈的自主意识，因而人员的流动性强，人力资源有很强的共享性。这些特点类似于知识型企业的员工。在此，人力资源的柔性管理并非对刚性管理的否定，而是对其的完善，是在刚性管理框架的基础上对管理方法和思想的升华。这并不是要否定刚性管理，相反，人力资源管理的柔性化应建立在严格的制度化管理基础之上，有一整套健全的规章制度，完善的工作绩效评价系统，还要使目标的达成情况与报酬有机的结合起来，使每一个员工都能切实完成岗位职责。另外，人力资源管理的柔性化还应与柔性组织结构、柔性的企业文化相配套。

总之，欲在医院中大力推行柔性管理，在管理过程中必须实行人力资源的柔性化，才能真正做到一切以人为出发点，充分发挥人的积极性、主动性和创造性，提高管理的综合效益。定位于柔性的人力资源管理是医院真正增强核心竞争力的法宝。

第三节　人力资源柔性管理的构建策略

一、建立医院柔性的组织结构

柔性的人力资源管理必然导致柔性组织形式的产生，柔性组织结构翻过来又是柔性管理的依托。所谓柔性组织是相对于"刚性组织"而言的，是一种结构相对简单，管理层相对缩减的组织形式。由于"简单"，它能够根据外界环境的变化迅速做出调整，能适应环境并生存、发展。由于管理层的缩减，信息误传、曲解大大减少，信息流通也比较快，为高层管理人员与基层工作人员之间的交流创造了条件。在视信息为生命的科技中介组织中，网络式柔性组织结构适应了信息快速传递的需要，从而实现

了组织的高效率。

人力资源的柔性管理模式其本质是"以人为中心"的人性化管理，是依据企业的共同价值观和文化、精神氛围进行的人格化管理。因此，首先要把员工满意放在第一位，在尊重人的人格独立和个人尊严的前提下，在提高广大员工对企业的向心力、凝聚力与归属感的基础上，实行分权化管理。人力资源的柔性管理，要求改变等级制的组织结构，建立一种特别适合专业人才创造价值的结构，使组织的核心部门不再充当发号施令的角色。在医院中，要精简机构，减少管理层次，采取较宽的管理幅度，实行扁平化管理。压缩层次的目的在于减少医护人员的领导者，这样能充分发挥人力资本的积极性和创造性。同时有利于上下级之间的信息沟通，特别是基层的意见能很快反映到医院的决策层。

传统的医院组织结构通常是金字塔型的，从最上面的决策层到最下面的操作层，中间隔着许多层次，这样的体制结构重叠，效率不高，容易产生官僚主义。扁平化组织结构通过减少管理的层次，可减少决策与行动之间的时间延滞与信息失真，加快医院对市场和竞争动态变化的反应，使组织的能力变得柔性化，反应更加灵敏。

二、医院决策的柔性化

传统的决策理论认为：决策目标的选择应遵循最优化的原则，其追求的是在一定条件下唯一的最优解。而在现实当中，最优化的决策却很难做到，并有可能出现太过于理论化的决策，从而失去指导现实的实践意义。决策者在决策过程中可根据已掌握的信息做出满意的选择，而不必苛求唯一的最优解，因而使得决策具有更大的弹性。这种决策最优化准则向满意准则转变，实质上是实现了刚性准则向柔性准则的转变。同时，决策的柔性化还体现在决策的过程当中，"一言堂式的决策"具有刚性决策，其不可避免地存在着主观、片面、武断等缺陷，有时候会给组织带来无法估量的损失或产生严重的矛盾。"群言堂式的决策"是由相关人员独立思考、自由表达各种看法、意见和建议，在此基础上进行综合分析、择优采纳，相互补充，由此形成的决策可称之为柔性决策。其最大的好处在于可以尽量避免刚性决策可能造成的失误。具体来讲，完善医院决策柔性化、科学化有以下建议。

（一）转变决策观念，明确决策者的自身定位

决策过程实质上是创造性思维过程，没有创新就没有真正意义上的决策。决策水平取决于医院领导者的决策素质、决策理念、战略和全局眼光。在涉及医院人力资源管理的战略层面，医院领导者必须把精力用于制定决策上，通过对这一领域加以深入的对比研究，确定未来医院人力资源的战略规划、战备储备、人员结构配备等重大决策。要吸收多种知识营养，不拘泥于眼前利益，保持敏锐的分析和观察事物的能力，降低决策成本，提高决策效益，让人力资源管理有的放矢。

（二）增强决策的民主性

由于决策往往涉及重大的政策方向，所以保证决策的民主性是获得"满意"的保证。在传统的刚性组织中，决策层是领导层和指挥层，管理决策是自上而下推行，组织成员是决策的执行者，因此决策往往带有强烈的高层主观色彩。柔性决策中决策层包括专家层和协调层，管理决策是在信任和尊重组织成员的基础上，经过广泛讨论而形成的，与此同时，大量的管理权限下放到基层，许多管理问题都由基层组织自己解决。

（三）决策目标选择的柔性化

刚性管理中决策目标的选择遵循最优化原则，寻求在一定条件下的最优方案。柔性管理认为，由于决策前提的不确定性，不可能按最优化准则进行决策，提出以满意准则代替最优化准则，让管理决策有更大的弹性。这种决策目标的转变正是体现了管理模式由"刚性"向"柔性"的转变。

三、医院柔性的人员激励机制

人力资本管理和激励是密不可分的，人们各种行为的背后都具有一定的动机，而动机又产生于人们本身内在的、强烈要求满足的需要。如何满足需要、激发动机、鼓励行为、形成动力，促使成员的动机更强烈，将潜在的内驱力释放出来，为实现组织目标和个人目标而努力是激励的最终目的。在"以人为本"理念的指导下，医院制定激励机制时，除了要考虑"外部激励"，主要指物质激励即薪水和福利待遇等以外，更侧重于"内部激励"，如情感激励、荣誉激励和事业激励等柔性激励，柔性激励是医院人力资源开发和利用的核心所在。因此，建立针对我国医院人力资源特点的柔性激励机制，是人力资本柔性管理得以成功的重要保障。

（一）柔性激励机制

柔性激励机制就是要寻找管理中人性化和制度化的平衡点，达到管理绩效的最优境界。制度化的重点在于对人的归化和约束，用制度来强制组织成员的行为与企业的目标保持一致。人性化则强调人的自主性和创造性的发挥，在不伤及组织的根本利益和最终目标的前提下，尽可能减少对组织成员的束缚，给组织成员更大的自由发挥空间。柔性激励机制的基本要素包括：

1.行为诱导因素

该因素用于调动人力资本积极性的各种激励资源，对行为诱导因素的提炼必须建立在对组织成员需要进行调查、分析和预测的基础上，然后根据组织所拥有的激励资源设计各种激励形式。

2.行为导向因素

它是指组织对人力资本所期望的努力方向、行为方式和应遵循的价值观的组合。

3.行为幅度规制要素

它是指由行为诱导因素所激发的行为强度的控制规则的组合。

4.行为时空规制要素

它是指奖酬制度在时间和空间方面的规定，包括特定的外在奖酬和特定绩效相关联的时间限制、组织成员与一定的工作相结合的时间限制以及有效行为的空间范围。以上四个要素形成了柔性激励机制的基本架构。

（二）医院人力资源的柔性激励机制实现模式

要使人力资源的柔性管理从根本上适应我国医院发展集团化、组织虚拟化、管理信息化的需要，就要对现行的激励机制进行彻底变革，将激励机制的原则从权力型、制度型转化为互动型，把激励模式从操纵型转为契约型，从而实现激励的动态调整和平衡。

1.成本契约型激励模式

成本契约型激励模式是根据医护人员的需求特征，设计出各种能满足其个性化需求的激励方案供员工选择，并通过契约形式商定，激励主体在激励对象工作目标实现过程中给予的激励性的成本投入。其形式主要体现在：

（1）培训激励

培训不仅使员工提高自身的知识水平和技能，更能令员工有足够的资本面对将来的挑战，达到自我价值的不断增值。培训激励方案的优点在于它既是人力资本柔性管理的体现，又反过来强化人力资本的"柔性"。

（2）弹性福利激励

福利作为激励手段其形式很多，关键是要能体现医护人员的需求特征。在我国医院中可以采取弹性福利激励方案。弹性福利制度的最大优点是在满足员工福利需要的同时，更满足他们精神上的尊重需要。

（3）薪资激励

目前我国医院的薪资政策是薪酬和职务挂钩的"职务制"薪酬模式，而不是和能力挂钩的"职能制"薪酬模式。这仍然是制度化的人力资本管理模式。为了充分肯定员工在职务不变的情况下取得的进步，医院需要通过设计合理的奖酬政策与之配合，使员工技能的提高、知识的增长、管理能力的进步能够与薪酬挂钩，通过奖酬形式给予鼓励，能够加速医院人力资本的开发。

2.心理契约性激励模式

成本契约性激励属于经济性范畴，而心理契约性激励则是精神方面的激励，它是契约双方在心理上形成的一种认同和接受。心理契约与经济性契约相比较，有三个特点：第一，心理契约无法用文字或有形的载体来表达，难以数字量化；第二，心理契约大多是隐含的，个体化的；第三，心理契约往往处于一种不断变更和修订的状态中，具有很大程度的不稳定性。

具有激励意义的心理契约的核心内容是医院与员工之间的心理认同问题，也就是管理与被管理者达成的共识问题。具有激励作用的心理契约有以下方面：一是信任方面的心理契约。这方面的心理契约首先体现在企业决策中信任方面的心理契约，是心理激励的最基本内容。二是情感方面的心理契约。医院的人力资本管理一方面要以制度和条令来约束人们的行为；另一方面这种约束又要符合情理。三是意识方面的心理契约。包括领导的人格魅力、领导风格、职业道德、宗教信仰、价值观念、企业精神、组织发展等内容，大多属于企业文化的范畴。

（三）医院人力资源的柔性激励机制实现手段

1.完善人才开发与培养机制

科学技术的发展要求人们不断进行知识更新，以适应知识经济的大潮。而更新就得学习和培训，培训就得提前规划，早做准备，并将之纳入医院发展的总体战略中。在强化教育培训的同时，要加大智能资本的投资。当前，通过学习"充电"来提高人力资源的质量、增强医院的竞争力，已成为医院管理者的共识。因此，医院要对员工进行持续不断的教育培训，将继续医学教育、对外交流、脱产学习、外出进修和平时的岗位培训、参加学术讲座结合起来，充分发挥员工的创造性思维能力，培育浓厚的学习氛围，真正建立起有机的、高度柔性的、扁平的、符合人性的、能持续发展的"学习型"医院，使所有的医护员工置身其中都能得到陶冶和提高。

2.正确的利用薪酬的激励手段

在管理中正确运用薪酬的激励杠杆作用，以人力资源价值为目标，按照效率优先、突出业绩、注重贡献、兼顾公平的原则，建立以岗位评价为基础，绩效评估为手段，将决定医院核心竞争力的要素（技术、知识等）参与分配，以岗定薪、岗变薪变、工资随医院效益浮动，收入同个人能力与绩效挂钩的灵活的激励竞争的分配机制。突出人本理念，围绕人的因素所处的重要地位，利用人的智力，充分发挥其创造性的思维，实现人力资源管理中对人力的价值创造、价值评估和价值分配所构成的"人力资源价值链"的有效管理，实施以人为本的管理运作方式，体现知识的价值。

3.大力培养团队精神

一般来说，医务人员都有较高的文化素质，较强的创新精神。他们的需要不再停留于低层次的需要，他们加入团队主要是为了获得或实现地位、自尊、归属、权力及实现目标等较高的心理需求，渴望能够实现自我的人生价值。因此，在团队管理模式下，管理者必须遵循精神激励为主，物质激励为辅的方针，找到可激励团队成员的有效要素，这样才能有的放矢，起到较好的效果。

四、柔性的人员流动机制

整合资源，尤其是整合人力资本是医院组织变革的重要内容之一。因此，人力资本跨组织、跨部门的岗位流动是人力资本柔性管理模式中"柔性"的重要体现和要求。人员和人才的流动，"对于一个组织来说，流动率太高肯定不是一件好事，但是，如果流动率太低或根本没有任何员工流动，那也不意味着是件好事，因此，很难为组织确定一个最优流动率"，而"真正重要的是流动的质量，而不是数量"。要疏通医院内部人力资源的流动渠道，通过内部流动优化人力资源配置。对于不同科室的医护人员，通过持续的培训开发其人力资本，使其可以胜任不同科室的医护工作。对于高级医疗人员，跨组织的"柔性流动"是其主要形式。需要注意的是，在医护人员的"柔性流动"模式下，对医护人员持续的培训是必须加以强调的，若在人员素质训练及工作安排上无法提出完善的配套措施，必然会面临服务品质低下的情形。因为高级医疗人员的知识技能并非可以"速成"，和护理人员一样将其进行跨科室的柔性流动不但是人力资本的极大浪费，也可能造成重大医疗事故。通过高级医疗人员在人力资本匮乏和人力资本充足的医院之间正式和非正式的柔性流动，不但可以突破国家医师执业规范的束缚，而且也是合理配置医院的人力资本，提高公共卫生保障能力的重要举措。

五、医院人力资源的柔性信息管理

（一）建立人力资源管理信息库

尽量实现内部联网管理，实现资源共享、数据共用，同时注意人事信息的保密工作。据了解，我国医院人力资源管理工作计算机化发展迅速，各种人力资源管理软件开始应用于医院人力资源的日常管理当中，形成了一定的规模并且初见成效，但是水平参差，良莠不齐。不但各个医院人力资源部门在和软件公司合作开发自己的应用软件，由于各种原因，上级主管部门也在向医院不断地推广各有特色的人力资源管理软件，这样反而给规范化的工作流程带来了不便，有的甚至几年时间换装了好几套软件，前后数据联贯性差，软件又没有继承性，往往需要推倒重来，给工作增加了不必要的麻烦。其实，医院要结合自己医院的实际情况，选择或开发实用、简单的医院人力资源管理软件，形成包括员工基本信息、工资、任免、奖惩、培训、考核等内容的通用信息库，做好保留与备份工作即可。同时要特别注意人事信息的采集，因为其准确性和规范性对于建立信息库是至关重要的，还有要注重人事信息的保密性、真实性、实时性和全面性。

既不能把人力资源管理系统开放地放在网上运行，又要确保相关职能部门能够及时调用、查阅相关的信息。不同层级的密码设置和实现内部网络是这一问题的主要解决方式。另外，要注意人为的破坏，特别是病毒的感染和黑客的入侵，除了及时更新防毒软件和查杀病毒外，还要对数据进行必要的备份，包括硬盘分区表的备份，加强信息防护工作。

（二）了解政策与法规，掌握操作上的力度、广度和深度

利用国际互联网查阅国内外有关医院人力资源管理信息，充分了解上级部门有关

医院人事方面的政策与法规，掌握人力资源管理政策在操作上的力度、广度和深度。

医院人力资源管理在新世纪应跟上信息社会发展的步伐。通过国际互联网查阅相关信息，我们不但可以学习国内外医院人力资源管理经验，加强与有关医院的联系，及时掌握政策，把握医院人力资源管理政策操作上的力度、广度和深度，以避免失误与偏差。同时，通过内部设立 BBS、BLOG 等交流平台，加强领导与员工之间的双向交流，互相沟通。特别是在医疗体制改革和医院自身发展变革的各项改革措施出台之前，在干部任免、人员招聘等重要决定出台之前，可以更多地了解、倾听群众的呼声和反馈的信息，共谋良策、共求发展。另外，通过网络发布可以吸引和引进医院急需的人才，如学科带头人、特色专家等，合理开发和利用本院人力资源，做好对外宣传工作，介绍和展示医院的特色优势，提高所在医院的知名度和影响力，加强与其它医院的外部联系、合作与交流，互联网提供了一个很好的方式。

（三）建设一系列的系统软件

医院人力资源管理部门除了人才基础信息库的建设外，还要负责开发一系列相关的配套软件，包括工资管理系统、社会保险管理系统、人才评测系统、教育培训系统、考核晋升系统等相关软件，以适应新世纪的需要。

为了充分利用计算机进行人力资源管理，提高办事效率，医院要想方设法为人力资源管理部门配备先进的电脑设备，配合外部软件公司开发相关配套软件。硬件是软件的载体，软件是硬件的延伸，只有"软硬兼施"，才能充分发挥计算机在人力资源管理方面的作用，加强人力资源管理自动化的程度。特别在员工的工资、保险、评测、培训、考核、选拔等方面要开发相应的软件，以示公平、公正、公开。使得人力资源竞争有序、流动有序、工作规范、效率提高、管理水平提升。

六、柔性化的医院组织文化建设

（一）组织文化的概念

组织文化以组织管理哲学和组织精神为核心，是组织在长期实践中形成的并为全体员工认同与遵循的价值观念和行为规范的总和。可以理解为组织成员共有的一整套假设、信仰、价值观和行为准则。这种文化可能是由组织的关键人物有意识地创造的，也有可能是随着时间的推移自然发展出来的。

（二）组织文化对柔性管理的作用

1.教育功能

组织文化作为一种理性文化，集中反映了组织成员共同的价值观念、理想信念和共同利益。组织文化没有所谓的最佳的概念，而是要依据具体情境而变革发展，组织文化要适应柔性管理要求，首先必须具备较强的教育功能。具体而言，这种文化的变革应代表组织文化所决定的组织的行动目标；代表着组织成员应具有的共同价值观和共同利益的表现，决定组织行为的方向；有利于组织建立起反映组织文化精神实质的合理而有效的规章制度；有利于引导组织成员及整个组织朝既定的发展目标前进。组织文化变革在思想冲突的柔性管理中体现出的教育功能具有长期性、象征性、内隐性等特点，并在较高程度和广泛空间使思想冲突者能独立自主地去判断思索，通过比较、分析、判断以达到对新文化的正确认识，从而实现对思想冲突管理的"柔性"一面。

2. 激励功能

当组织成员长期处于一种稳定的、变动微小的组织环境和文化中时，其工作的热情和动力将会逐渐地减退，而人性中反叛的一面也会对现有组织文化存续的合理性产生怀疑，同时，人们生活的大环境是他们的社会文化，由于组织中的社会文化有多样化的趋势，所以人们需要接受并欣赏文化背景的多样性价值，这有助于组织的成功。这一切都将使组织中的成员产生思想上的波动与碰撞，使组织成员内心及人际关系等方面产生障碍。因此，必须变革组织文化，保持组织文化的时代性，将组织文化的变革视为网络时代激发员工工作动力的潜在力量，这种表面上的潜在力量一经激发被组织成员所接受，便可产生显在的效能，正如马克思所说：批判的武器当然不能代替武器的批判，物质力量只能用物质力量来摧毁；但是理论一经掌握群众，也会变成物质力量。理论只要说服人，就能掌握群众；而理论只要彻底，就能说服人。所谓彻底，就是抓住事物的根本。同样，组织文化的变革将树立起组织新的形象，从而有助于改变组织成员的精神风貌；组织文化的变革以及可能伴随而来的组织结构的变革，将引发组织成员对组织发展方向的理性认识；组织文化的变革致力于建立包含新的价值理念的更加科学规范的管理制度，这种制度应当把"柔性化"充分凸显，从而实现把外在的制约内化为组织成员内在的自觉的行动。变革的组织文化必须承担起重塑组织成员理想和热情的任务，在变革中求新生，求发展，消融组织成员的抵触、散漫、慵懒等思想，使人们的情绪向稳定、高昂、持久的方向转化。

3. 和谐功能

追求组织中人际关系的和谐是管理科学的永恒主题之一，行为科学管理者认为人与人关系的和谐是管理的核心。而现代化科学管理者在20世纪60年代以后，管理流派如权变管理、模糊管理学派等都在管理中致力于追求整体关系的和谐。和谐是相对于冲突而言的，要实现和谐必须对冲突进行有效管理，即充分发挥冲突的正面效应并将其保持在有助于推进组织更新发展的适度水平上。组织文化变革作为柔性管理的方式，在促进组织和谐方面的功能主要体现为当新的价值观、信念和利益追求对组织成员发生正面影响时，这种文化变革便可能将组织全体员工凝聚在一起，增强组织的内聚力；组织文化变革符合历史潮流、代表组织正确发展方向时，将启发组织成员消除成见，消融思想上的一些冲突，使其自觉地放下包袱，协调共进；组织文化变革时，将给组织成员提供重新审视自我价值观及行为准则的机会，将创造成员之间沟通、交流的新起点、新契机、新渠道，使组织成员在新的认识层面上寻求消除思想冲突；当组织文化在变革中真正吸纳组织成员的良好建议，真正引导组织成员参与新文化建设时，组织文化在变革中将展现员工的智慧与价值，从而消除他们的悲观、自卑等思想，增强责任感和创造力，使思想上的冲突转化为改造组织，增强组织的活力。

4.互补功能

组织文化的互补功能是相对于"刚"性管理的强制性和不可抗拒性而言的。在刚性管理中，强调外在的规范为主，它主要通过各项政策、法律、规章、制度形成有序的行为，通过具体的条文使人们的一切行为都有章可循，有据可依。但由于这种管理的形式化和外在性，对思想冲突管理而言，则有明显的机械、肤浅和简单化的负面效应，在思想政治教育中会出现"好马无人骑"或"骑不好"的低效率和低效益现象。利用组织文化变革进行思想冲突柔性管理正好可以弥补这些不足。组织文化的变革将充分尊重人们的独立人格，允许人们将思想冲突充分展示，它并不直接地要求别人在思想冲突时做出何种选择，而是引导人们学习、理解、接受，创造新的正确的思想理念，从而自觉地反思过去，检视现在，在潜移默化中对意识形态的紊乱进行梳理，对内心的冲突进行思索和抚慰，这些是刚性管理所难以达到的。组织文化变革过程是新的思想、文化驰骋于组织成员隐形的内心世界的过程，它发挥着一般管理所无法发挥的作用，弥补刚性管理不足，使之相辅相成、全面协调和完美无缺的管理。

（三）医院组织文化的概念

医院组织文化是指医院员工在长期的建设、发展和医疗服务中所形成的共同的价值观念、心理定势和行为规范。其作为医院管理理念的氛围平台，是现代医院建设的重要内容。医院组织文化作为一种管理文化，确立的是以人为本，以价值观塑造为核心的文化管理模式，主要通过文化来引导、调控和凝聚人的积极性和创造性。人性、个性化、人的价值、人的自我实现和发展应得到医院组织的高度重视，所以只有创设符合人性规律的，符合医院管理者发展需求，由价值标准、道德规范、伦理规范等构成的医院组织价值文化体系，才能实现医院组织和管理者个体的和谐发展。

柔性管理之所以依赖医院的文化建设来实现，是因为在柔性管理中需要医院成员更多的尊重、理解、沟通和信任，因为柔性管理只有通过团结、合作、支持和宽容的和谐气氛才能达成。在医院组织中，通过以民主化为原则建立一套合适的行为规范，以竞争性为指导制订公平合理的奖惩制度，建立以知识、能力和贡献为基准提供个人发展的机制，能使医院组织文化既有全体成员共享的生命空间，又有个人进步的动力之源。

（四）培育医院文化的措施

1.尊重员工

要把每一位员工都看成是医院的财富；营造家庭式的人际氛围，让硬邦邦的机器和单调乏味的工作程序充满人情味；多为员工提供参与的机会，并重视与员工的沟通；注重树立共同的医院价值观和行为导向以及把医院和员工结合为一个利益的共同体等。

2.加强医院的医德医风建设

医院的工作直接面向社会、面向群众，与人民群众的生老病死及生活息息相关，医院职业道德的好坏不仅影响病人的治疗和康复，而且还影响着整个社会风气。我国医院的标志，就是体现医务人员要以病人为中心，全方位为病人提供优质服务这样一个理念，白十字代表以病人为中心，四颗红心代表对病人的爱心、耐心、细心和责任心。因此，医院要坚持不懈地对广大医务人员进行医德教育，让他们树立爱岗敬业，廉洁行医，无私奉献的精神，培育爱心、耐心、细心和责任心，端正医疗作风，增强服务意识，提高服务质量，更好地为患者提供优质服务。

第六章 医院人力资源信息化管理模式

第一节 人力资源信息化管理理论

一、人力资源管理信息系统的发展历史

在人力资源管理方面，信息技术的应用开始于20世纪60年代末。当时计算机技术走出实验室进入实用阶段，这时出现的第一代人力资源管理信息系统由于技术和条件的限制主要是一种自动计算薪资的工具，不包含非财务的信息和薪资的历史信息，而且几乎没有报表生成功能和薪资数据分析功能。到了20世纪70年代末，随着计算机应用的普及，计算机系统工具和数据库技术有了较大发展，在此背景下出现了第二代人力资源管理信息系统，它考虑了非财务的信息，也包含薪资的历史信息，报表生成和薪资数据分析功能有了较大的完善。但主要由计算机专业人员开发研制的，未能系统地考虑人力资源的需求和理念，非财务信息还不够系统和全面。在20世纪90年代末期，市场竞争日益加剧，最终体现为人才的竞争，逐渐把人看作是企业最重要的财富，认为员工是企业的利润来源和发展动力，同时个人电脑充分普及，数据库技术、客户/服务器技术、特别是Internet/Intranet技术得到很大发展，使得第三代人力资源管理信息系统出现成为必然。其主要特点是：从人力资源管理的角度出发，用集中的数据库将几乎所有与人力资源相关的数据（如薪资福利、招聘、员工职业生涯设计、培训、职位管理、绩效管理、个人信息和历史资料）统一管理起来，形成集成的信息源；友好的用户界面，强有力的报表生成工具、分析工具，信息共享使人力资源管理工作日趋科学化、规范化、专业化，切实体现"人本管理"的核心理念。

二、人力资源管理信息系统在医院的应用情况

计算机在医院管理中的应用已有40多年的历史。20世纪60年代初，美国便开始

了医院管理信息系统（简称 MIS）的研究。人力资源管理信息系统是整个医院 MIS 的一个子系统，随着计算机技术的发展，到了 70 年代，医院 MIS 进入大发展时期，美、日、欧各国的医院，特别是大学医院及医学中心纷纷开发医院 MIS，极大地促进了医学信息学的形成与发展。20 世纪 70、80 年代，美国的医院 MIS 产业已有很大发展。日本的医院 MIS 开发和应用从 20 世纪 70 年代初开始，多数日本医院是 20 世纪 80 年代以后开始进行医院 MIS 工作的，但发展十分迅速，规模相当大，且多为以大型计算机为中心的医院计算机系统。欧洲的医院 MIS 发展比美国稍晚，大多数是 20 世纪 70 年代中期以后开始的。而我国的医院 MIS 是近几年才开始开发和应用的，一般仅限于医疗子系统。人力资源、后勤和财务系统是自成体系，互不相连的。财务子系统已渐趋成熟，人力资源及后勤子系统还处于起步阶段，目前通用的做法是首先建立独立的系统（包括人力资源及后勤子系统），待系统运行顺利后，再进行整合，融入医院整个的 MIS 系统，达成完善的医院信息管理系统。

三、医院人力资源管理信息系统的要求

医院人力资源管理信息系统是医院 MIS 的一个子系统，医院 MIS 是指利用计算机和通信设备，为医院所属各部门提供病人诊疗信息（Patient Care Information）和行政管理信息（Administration Information）的收集（Collect）、存储（Store）、处理（Process）、存取（Retrieve）和数据交换（Communicate）的能力并满足授权客户（Authorized Users）的功能需求。医院 MIS 被业界公认为是迄今为止世界上现存的信息系统中最复杂的一类。

而目前我国医院所实行的 MIS 多数是一种独立的服务于医疗的信息管理系统，医务员工的信息多数是手工输入或一次性导入的，是相对静态的数据，不能实现动态互动，在很大程度上影响医疗模块的正常运行；另一方面人力资源信息管理系统中的绩效管理模块必须依赖医疗模块所产生的基础数据，并在此基础上进行分析、整合，因此医院的人力资源管理信息系统必须满足以下要求。

（一）要和医院信息管理系统（HIS 系统）做到有效连接

系统要在人员资质、职称、人员离职、新进等功能上和 HIS 系统自动衔接，达到数据自动互转。同时由于医院的 HIS 系统是和医疗保险中心相连的，医院人力资源管理信息系统又要保证信息的保密性、安全性，避免重要信息外泄。

（二）要和现有的医务员工绩效数据库做到有效连接

能够方便地导入和导出医务员工的绩效数据，利用这些数据进行分析、整合，完成员工绩效考核，从而指导薪资等一系列人事工作的开展。

（三）要和财务子系统做到有效连接

财务部门需要进行整个医院的成本分析，因此需要人事薪资、人力成本信息，系

统必须和财务系统进行有效连接，达到数据共享，方便财务部门进行成本分析、成本核算。

（四）要充分体现现代人力资源管理理念

人力资源信息化管理就是要涵盖现代人力资源管理的主要内容：招聘、选拔、绩效管理、岗位管理、培训管理等，更应涉及人力资源规划、职业生涯设计等战略性和开拓性工作，充分体现现代人力资源管理理念。

（五）要应用科学的人力资源管理工具和技术进行功能整合、流程再造

管理信息系统的实施不能简单地看作是一个软件的实施，而应是一个项目工程。在管理信息系统实施过程中有大量的人力资源管理工作需要进行功能整合、流程再造。

（六）要考虑医院今后发展，适当留有发展空间

系统的建设要从"发展"的角度出发，在规划设计时要适当考虑医院今后的发展前景，适当留有余地，比如在模块构建时，根据医院实际，有的模块一时用不上，但在设计时可以保留框架，今后医院发展了方便挂接。

（七）要操作简单、易用

人力资源管理部门的价值是通过提升员工的效率和组织的效率来实现的。系统开发者在系统设计过程中还应与医院有关部门和人员进行协调沟通，了解各部门的需求，使系统能够满足各职能部门的管理要求，真正做到简单实用，提升医院价值，提高医务员工的工作效率。

（八）要投入小、见效快

在开发和实际运用中，应考虑医院所能承受的人力、物力成本，尽量利用原有可利用的网络及硬件设备，控制维护费用。根据医院实际，在实施过程中也要考虑员工素质、原有信息化程度等各种因素，不盲目追求大而全，可以采取分步实施逐步到位的方式，避免不必要的浪费。

四、医院实施人力资源信息化管理的目标分析

（一）医院实施人力资源信息化管理可以提高效率

医院人力资源信息化管理过程中需要通过多方面措施，对其实施有效的管理。从医院员工招聘、劳务收入、保险福利、员工档案管理等方面采取策略，提升人力资源的信息化管理水平，对人力资源科学化管理、规范化管理、效率化管理具有重要的意义。从传统医院人力资源管理的角度看，人工管理模式占用了大量的人力和物力，效率很难得到全面的提高。在信息技术的推动下，医院人力资源管理过程中建立完善的人力资源管理系统，从根本上实现人力资源的信息化管理，对共享数据信息、提高工

作效率具有重要的影响。医院人力资源管理过程中需要对信息系统进行分析，全面提高工作效率，从而全面降低手工操作的错误率。

（二）信息化系统对规范人力资源业务流程的作用

人力资源管理是集事务、流程、信息一体化的管理，因此人力资源的业务流程规范化管理对其进行全面管理具有重要的意义。医院人力资源管理的周期时间长，从医院员工进入医院开始到员工退休或离休都要进行全方位的管理，保证各项事务能够符合医院具体情况，提高工作质量，完成工作流程，提高制度管理水平。在信息化平台支撑下，各项事务整合在一个系统下进行管理，从多方面提高信息化水平。医院人力资源管理过程中需要通过信息系统对其进行模块化管理，保证人力资源管理中通过信息技术和互联网技术对业务流程进行规范，确保人力资源管理中各个流程符合规范化、系统化、集成化的要求，提高人力资源的信息化水平。

（三）信息化系统需要对医院员工提供增值服务

信息化系统在实施过程中需要对员工进行全方位管理，从而提供更好的增值服务，确保提高医院的各项管理工作水平。信息系统对更好地服务于人力资源管理部门具有重要的作用，可以协调好各个科室关系，对信息进行汇总和分析具有重要价值。医院人力资源管理过程中需要对人员信息进行优化，确保数据统计报表按时汇总，并产生管理效益。医院人力资源信息化管理需要从管理模式、管理手段、管理机制、管理策略方面采取有效措施，全面提升医院人力资源信息化管理水平。信息系统建设需要从数据信息处理角度，把医院各项业务流程整合在一起，更好地为医院提供增值服务，对医院各项管理水平提高具有重要的价值。

医院人力资源管理过程中需要一个懂得技术、善于管理的行政后勤人员，医院人力资源管理人员是整个医院各项事务的管理者，也是医院全面发展的重要后勤保障，承担着医院各项事业发展的主体责任，医院人力资源需要依靠保障系统，才能更好地管理好各项事务，推进各项事务向多元化方向发展。医院人力资源管理过程中需要对核心管理进行全面优化，人力资源管理过程中涉及的管理方面较多，因此需要抓住主要管理方案，实施有效的信息管理，全面提升人力资源管理的信息化水平。信息化系统建设需要从人力资源管理的各项核心要素出发，比如绩效管理、薪酬管理、保险、工资、劳动保护、培训技能等方面进行核心管理，才能更好地提升人力资源管理水平，对人力资源效率提升和机制转变具有重要的意义。信息化系统在实施过程中需要对员工进行全方位管理，提供更好地增值服务，确保医院各项管理工作水平提高。信息系统对更好地服务于人力资源管理部门具有重要的作用，可以协调好各个科室关系，对信息进行汇总和分析具有重要价值。医院人力资源管理过程中需要对人员信息进行优化，确保数据统计报表能够按时汇总，同时能够产生管理效益，对医院全面发展具有重要的帮助。

第二节　人力资源信息化管理建设策略

目前，人力资源信息化管理系统，有两种架构：B/S（Browser/server）和 C/S（Client/server），它是浏览器服务器的缩写，是客户端服务器的缩写。应用 B/S 就是在医院人力资源部设置一台服务器，并在其上安装一套系统，医院用户可以通过访问的形式登录操作。应用 C/S 是在每一个用户的计算机上都安装此软件，不过这样，安装和维修费用都很高。医院可以根据自身经济状况进行预算，按需设计系统的综合功能。因此，本着设计原则，为充分发挥系统功能，结合医院实情，作者建议医院使用 B/S 架构，将服务器放在人力资源部，由医院网络中心负责维护，这样全院人员可以通过医院院内网进行访问。

人力资源管理信息系统的功能设计要符合医院的实际工作要求，系统解决方案包括的主要功能模块有组织管理、招聘管理、人事管理、培训管理、绩效管理、薪酬管理、领导查询、系统管理、人员自助服务，鉴于篇幅，以下主要介绍其中几种功能模块。

一、组织管理

医院发展和人力资源规划紧密相连，要及时统计现有人力资源数据参考值，预测未来需求值。设计人力资源方案，需与医院战略性人力资源和现有人力资源需求相结合，生成包括人员调入率、外出上学人数、转业军人安置人数、退休人数的指标，制定新调入、分配人员的培训发展目标。组织管理，包括人力资源规划和工作分析。

在人力资源规划模块中，要以医院发展战略为指导，以全面核查现有人力资源、分析医院内外部条件为基础，以预测组织对人员的未来供需为切入点，内容包括晋升规划、补充规划、培训开发规划、人员调配规划、薪酬规划等，基本涵盖了人力资源的各项管理工作，人力资源规划还通过人事政策的制定对人力资源管理活动产生持续和重要的影响。人力资源规划的实施，是人力资源规划的实际操作过程，要注意协调好各部门、各环节之间的关系，在实施过程中需要注意以下几点：必须要有专人负责既定方案的实施，要赋予负责人拥有保证人力资源规划方案实现的权利；资源要确保不折不扣地按规划执行充分做好实施前的准备；实施时要全力以赴有关于实施进展状况的定期报告，以确保规划能够与环境、组织的目标保持一致。在工作分析模块中，通过系统全面的情报收集手段，提供相关工作的全面信息，以便组织进行改善管理效率。工作分析是人力资源管理工作的基础，其分析质量对其他人力资源管理模块具有举足轻重的影响。工作分析在人力资源管理中的位置，通过对工作输入、工作转换过程、工作输出、工作的关联特征、工作资源、工作环境背景等的分析，形成工作分析的结果——职务规范，也称作工作说明书。职务规范包括工作识别信息、工作概要、工作职责和责任以及任职资格的标准信息，为其他人力资源管理职能的使用提供方便。

二、招聘选拔

医院招聘选拔是为了寻找最具有医疗技术，最具有劳动愿望，并能在医院稳定发展的人员，是医院人力资源管理工作的基础。医院招聘选拔工作一般要按照下面六个步骤来进行：第一步招聘前的准备。人力资源规划和工作分析。人力资源规划是运用科学的方法对医院人力资源需求和供应进行分析和预测，判断未来的医院内部各岗位的人力资源是否达到综合平衡，即在数量、结构、层次多方面平衡。工作分析，是分析医院中的这些职位的职责是什么，这些职位的工作内容有哪些以及什么样的人能够胜任这些职位，解决医院如何更好地进行团队建设。两者的结合会使得招聘工作的科学性、准确性大大地加强；第二步招聘策略的确定。招聘的策略包括对目标人才进行界定、对医院吸引人才的核心优势进行挖掘和推广宣传以及对招聘渠道和方法的选择等。只有正确的招聘策略才能保证我们的招聘工作有的放矢，百发百中；第三步招聘实施方案的设计。医院向外发布招聘信息，就需要设计出能够具有引起受众的注意和兴趣，激起求职者申请工作的愿望以及让人看了之后立刻采取行动等特点的招聘广告，即注意—兴趣—愿望—行动四原则。在撰写招聘广告时，还需要保证招聘广告的内容客观、真实，要符合国家和地方的法律法规和政策，要简洁明了，重点突出，明确招聘岗位名称、任职资格等内容以及联系方式。第四步面试体系的设计。理想的面试包括五个阶段：准备、引入、正题、收尾以及回顾。面试准备时，首先要审查求职者的申请表和简历，并注明能表明其优缺点和尚需进一步了解的地方。在引入阶段，应聘者刚开始进行面试时，问一些比较轻松的话题，以消除应聘者的紧张情绪。在正题阶段，面试者要按照事先准备或者根据面试的具体进程，对应聘者提出问题，同时对面试评价表的各项评价要素做出评价。在收尾阶段，主要问题提问完毕以后，面试就进入收尾阶段，这时可以让应聘者提出一些自己感兴趣的问题，由面试者解答。在回顾面试阶段，面试者检查面试记录，把面试记录表填写完整。第五步招聘测评体系设计。招聘测评又称为选拔过程，就是通过一系列科学的或直观经验的测试方法，挑选出符合组织和岗位要求的人员的过程。招聘测评的方法很多，心理测评、笔试、面试、评价中心技术、系统仿真等都可以作为测评手段。第六步人员录用与反馈。人员招聘、录用是医院人力资源管理行为中的重要环节，构建人员招聘法律风险防范体系极具现实意义。除此以外，还需建立备用人才系统，这样在关键时刻，医院可以根据需要选择最合适的人选。

三、培训发展人才

培训是一项战略性工作，要把医院的培训工作搞好，让培训工作尽显成效，此模块关键是要做到以下几点：第一，要了解医院的战略目标，了解战略对人才的需要，分析现有人员主要的差距，然后设计针对性的培训方案。培训方案是培训活动的首要环节，要制定合理的培训计划，对培训方式、培训方法、培训课程进行设置和确定。第二，根据培训方案认真设置培训课程。医院可以提供多种类型的培训课件，包括业务基础知识、工作技能、操作、工作方法和态度、综合素质等，培训人员可以自己选择，也可以进行网络学习。培训课程设置将使培训目标具体化，培训课程设置的合理性对整个培训活动成功与否起着重要的作用。培训课程设置通常包括培训业务、时间、方式、方法。第三，合理确定培训对象，培训对象可分为机关管理人员、医生、护士，业务培训应以临床科室或医技科室为培训对象。第四，选择适当的培训方式。有外出进修、上学以及出国深造等。第五，及时评估培训效果。避免培训流于形式，使医院的培训成为一种最有价值的投资。通过培训，提升医院人员的专业知识，感受医院的文化氛围，提高人员的服务水平，增加医院的社会美誉度。

四、系统管理

系统管理是指医院的信息技术系统，可以将其分发到使用的地方配置它使用，通过改善措施和服务更新维护它，设置问题处理流程以判断其是否满足目的。

系统管理要有一套"系统监控、系统配置和系统操作管理"工具。在医院工作环境下，不同的用户可以设置不同的访问权限，一般工作人员只可以查询并修改自己的一部分信息，科主任及机关科长以上可以使用系统管理以外的模块，系统管理员可以对该系统管理模块进行数据库加密、自动备份和恢复跟踪，记录重要操作当使用人员职务或岗位变换时，其使用权限也会相应变化，但是不会影响其使用。该模块需要系统用户资料、系统权限两张数据表。

五、人员自助

通过开放的管理体系，医院所有人员可以清楚了解人力资源管理的相关规章、通知、规定等，可以在院内网上查看关于个人该月或历史工资和奖金发放情况，可以实时了解个人考勤、人力资源需求信息、个人福利情况、个人绩效评估等情况，可以通过沟通平台和部门进行沟通，在医院论坛自由发表意见，形成民主开放的组织管理理念，推广先进、形成积极向上的组织文化，经常通过医院广播台播放先进感人事迹，在宣传栏张贴光荣榜，形成积极向上的良好文化风气。

医院除了这些基本模块外，还有一些特殊的模块，包括领导班子建设、纪律检查、离退休管理、职称评定和立功受奖及其他特殊模块。构建这些模块时，相关部门需要互相支持协调，建立对应的数据信息，以便数据共享和系统维护。

六、人力资源信息化管理建设的有关说明

医院决定实施人力资源管理信息系统开发时，还需要注意技术和管理两方面相关问题的处理。

（一）技术

①技术的解决方案要用长远的目光来看，要选择一个良好的技术开发平台，制定技术规范，以便日后信息系统的技术升级。

②人力资源管理信息系统会产生动态和静态的数据，应该有效地把这二者相互结合，对其进行分析，推进医院发展步伐。

③做好系统的实时维护。人力资源管理信息系统中的数据是动态的，每天因为医院人员流动都会变化。要保持系统始终实现数据更新，就要不间断地进行系统维护。如果不坚持进行系统维护，系统设计再先进也只是摆样子，一无是处。因此要有正规的规定要求，每天对系统进行实时维护，更新数据库，准确可靠地反映医院的人力资源实力。

④子模块的设计和开发，与医院信息系统同时使用，达到医院预期的目标。一方面缩短从设计开发到应用的时间；另一方面能更详细、更深入地考察每个模块，能及时发现问题，使人力资源管理信息系统更贴切医院实际。

（二）管理

1.要有坚强的组织保证

加强系统研发工作的支持和领导。人力资源管理信息系统的开发与应用是一项复杂的系统性工作，涉及面广，业务复杂，没有坚强的组织保障，高质量地实现人力资源信息化是非常困难的，领导的重视和支持是建设人力资源管理信息系统的前提。

2.高度重视系统的规划和系统设计，同时还要考虑与医院其他子系统的链接

医院管理信息系统是一个庞大的工程，包括医院信息系统、物流管理、财务管理、人力资源管理等，人力资源管理信息系统只是一个子系统。做好系统的规划和设计工作，并兼顾其他子系统的互相链接，是确保系统正常运行和发展成功的关键。

3.加强人力资源信息系统的技术培训

首先，加强医院高层、中层和基层管理人员的技术培训，提高他们对系统的认识和理解，发挥积极作用，并且培训他们的操作能力，熟练掌握系统。其次，对人力资源管理信息系统项目组成员的培训，主要是专业知识和系统设计等方面的培训。这样才能充分发挥管理信息系统的性能作用，对人力资源管理工作起到辅助作用。

4.还应避免该完成的工作没有完成

用户不希望使用该系统或仇恨系统、或成本超支，输出不可靠数据等，应积极努力采取适当的预防措施，保证人力资源管理信息系统的实施和正常运行。

医院的资源是有限的，人力资源信息管理系统的实施肯定会减少医院其他资源，

所以要尽量选择适合的人力资源信息管理系统项目，我们必须注意以下三点：①不能片面追求完美。处于不同发展阶段的医院，必须根据其特点、能力发展，绝不能片面追求完美，一意孤行。我们要"计划全局，分布实施"。②不能用"拿来主义"。医院应及时做自我分析，对人员状况了如指掌，对医院网络情况、通信布线情况、其他系统运行情况充分了解，制作一套适合自己、全面系统的方案，避免使用"拿来主义"、照搬照抄、脱离实际、束缚医院发展。③避免过分依赖。人力资源管理信息系统的理念是要求人力资源管理人员在系统执行的同时，必须把握系统的本质内容，梳理优化业务流程，才能找到真正符合自己的需求报告，从而设计出适合自己的人力资源管理信息系统。

七、人力资源信息化管理建设的有关说明

（一）影响因素

体分析，目的就是从医院的实际出发，为医院找到一种新的理系统，为医院的发展增添力量。但是在实际应用中往往会出现很多问题，从而影响系统应有的作用。

1.操作培训不足

不少系统在投入使用前，只有少数人力资源管理专业人员接受了使用培训，使得系统在正常投入使用后，多数人员不能进行有效操作，医院不得不安排大量的补充培训。

2.人员配置不合理

专业部门的系统操作需要一定的基础知识和规则意识，为此配备在年龄层次、学科层次以及求知欲望等方面合格的人员担任此项工作。

3.初期设计与实际运行的效果落差较大

从需求方面来讲，存在初稿设计模糊而后期需求高涨的可能，在这种情况下，如果将系统投入使用，就会带来较大的心理落差。

4.费用缺乏控制

在系统投入使用后，进行综合评价，有可能出现总体费用超过初期预算的情况。

5.知识产权认识不到位

缺乏对知识产权的认识，导致知识产权归属不确定，或对自身知识产权保护不够，引起纠纷。对已出现的问题，应改进系统运行可靠性，提升运行水平，尽量做到人机匹配，力争使现有系统的作用发挥最大水平。

（二）需求保障

1.组织保证

应有适当的组织结构、合理的人员分工和有效的沟通机制。

2.人员配置

必须对信息化建设和各项管理有通盘规划，并从思想方面高度重视人力资源管理

信息系统，有全面推行系统的坚定决心和执行能力，必须熟知职能工作的整体规划。对专家机构，其专业知识和经验以及客观负责的建设性态度是至关重要的。

3.组织合作

人力资源部门在关系网络中，处于核心与枢纽的位置。因为，它是业务需求的主要提出方，也是系统投入使用后最主要的应用部门，医院内部来自其他方面的建议也主要由它汇集。

4.专业技术培训

系统的使用，使人力资源管理的一些先进理念得以运用，需要专业技术人员在学习中探索推进。

5.与开发商紧密沟通

在系统建设的各个阶段，作为需求的排头兵，人力资源部门应该主动和开发商沟通，充分说明自身的需求，解答对方提出的疑问，对建设过程中发现的问题，特别是涉及人力资源管理业务实现的问题，要高度重视。在系统实施验收阶段，人力资源管理部门更应亲身参与，在合作的过程中进行交流，真正实现紧密沟通。

6.严格预算

为了避免超预算现象发生，必须在项目规划初期，就明确项目推行过程中各阶段的费用，并严格按预算管理。

总之，作者对医院人力资源管理的各项工作进行了详细的分析，目的是从医院的实际需求出发，在医院中应用适合医院的人力资源管理信息系统，但新系统是一种新理念的植入，任何新生事物的接受都有一个过程，因此新系统在实施和应用过程中可能会出现各种各样的问题，这些问题都有可能影响系统的正常实施和应用。但是总的来看，这些问题大都属于工作强度和素质提升方面的问题，只要我们坚定目标、踏实工作，努力克服困难，相信人力资源管理信息系统的实施会使医院人力资源管理上一个台阶。

第三节　功能转换视域下人力资源虚拟化战略

本节以公立医院为主要探讨对象。面对医疗卫生领域的改革不断深入、国家卫生政策出现新变化、人民群众对医疗有新要求、医院与社会各部门之间需要新协调、医疗领域出资主体多元化等不断变化的社会背景，医院为适应不断变化的社会环境，必须重新进行功能定位，实现新的功能转换，制定新的发展战略。而成功转换的关键在于医院人力资源管理水平的提升。根据实际情况，实施人力资源管理虚拟化战略，即把传统的人力资源管理部分内容转给专门的服务机构，以帮助医院人力资源管理部门更好地专注于核心人力资源部分，从而加速医院的功能转换。

一、医院的功能转换

（一）向大病诊治中心、区域卫生事业主体转换

公立医院作为区域内医疗卫生的主体和中心，聚集了大量的优质医疗资源和较大的医疗服务网络，医疗资源占有绝对优势，起主导性作用。这种优势特别体现在对治疗大病、疑难杂症和高危病人的抢救上。必须确保人民群众"小病不出社区，大病不出城市"的疾病治疗体系的建立和完善，公立医院切实向作为治疗大病、疑难杂症等病种的高等级机构和社会疾病治疗与预防的中心地位转变。

（二）向医学人才聚集高地转换

人力资源是医院的第一资产，拥有一支高素质、高水平的技术团队，是医院生存和发展之本。随着医疗卫生事业的不断发展，医院对人才资源的重视和需求程度愈来愈强烈，医院若要在竞争中立于不败之地，必须增强医院的吸引力，使公立医院成为德才兼备、创新能力强、适应现代医学发展的卫生高级专业技术人才的聚集高地，形成区域卫生人才的硅谷。

（三）向医学人才培养基地转换

医疗行业是一门实践性非常强的学科，人才通常具有晚熟的特点，即随着临床实践的增加，医疗水平会得到相应的增强。国有综合医院在科室设置上比较全面，高质量的人才相对较多，在收治病人方面不受限制，作为人才培养中心，可以使医学人才在最短时间内接触最多的病例，迅速地成长起来，是理想的医学人才实践培养基地，可以成为区域内医疗人才的培养中心。一方面为自己做好人才储备；另一方面可以为基层卫生服务机构输送专业人才。

（四）向医学科研中心转换

科学研究对于促进医疗卫生事业的持续发展和医疗水平的不断提高具有非常重要的作用。鉴于医疗卫生工作实践性较强的特点，开展医疗卫生科研活动，要求科研人员必须具备丰富的临床经验和多学科综合的理论基础。公立医院可以凭借学科较为齐全、人才专业比较全面、医疗设备精良、病例丰富的特点和借助医学院校教学实践基地的平台，构筑医学科研中心，成为推动社会卫生科学技术进步的中坚力量。要高度重视技术创新，寻找学科发展和进步的新的支撑点，营造"拳头产品"，创建独具特色的技术优势。在建立医院自身的医疗优势和特色时，一定要结合本院实际和当地的发病情况，注重发挥多学科的群体优势。医院的发展，包括功能的转换，离不开深化人事制度改革的支持，而人力资源管理虚拟化，将进一步推进公立医院的功能转换。

二、人力资源虚拟化内容

（一）人事关系虚拟

1. 人事代理

医院人事代理制度是在适应社会主义市场经济发展过程中所产生的一种新型的医院人力资源管理方式，是政府人事部门所属的人才服务机构接受医院或个人的委托，依据法律法规，运用社会化服务的方式。在实行人事代理的过程中，医院和人才个体之间是以聘用合同为基础的契约关系。人事代理的最大特点在于实现人事关系管理与人员使用分离，它打破了传统的所有制限制，医院成为独立的用人主体，在聘用合同的约定下享有人才的使用权，对人才个体来说，则是实现从"国家人"向"单位人"，再向"社会人"的转变。

2. 劳务派遣

又称劳动派遣、劳动力租赁，是根据医院后勤社会化的需要，由派遣机构与派遣劳工订立劳动合同，由派遣劳工向要派医院给付劳务，劳动合同关系存在于派遣机构与派遣劳工之间，但劳动力给付的事实则发生于派遣劳工与要派医院之间。劳动派遣的最显著特征就是劳动力的雇用和使用分离，即将医院后勤部门承担的部分具体职能及辅助性的工作，通过项目外包等形式交给其他专业公司运作与管理。目前，大多数医院的后勤都实行了社会化，将院区保洁绿化、病区卫生清洁、保安、病人陪护或护工、手术病人的护送、样品标本的传递、员工食堂、病员食堂、水电、维修等，以项目外包的形式移交给专业公司管理，外包项目的工作人员由承包公司向社会招聘。

（二）招聘虚拟

招聘虚拟的方式有两种：一种是由医院外部的中介机构在法律允许的范围内，根据医院的要求，为医院提供合理的人力资源配置；另一种是医院在自己的网站上辟有"职位空缺"栏目，求职者若想到该医院工作就访问该组织的网点即可。这种招聘方式缓解了信息在雇佣双方分布不对称的矛盾，使双方获取信息的代价降到最低，从而让雇佣双方的交易更透明、更准确，减少在招聘活动中的不确定性，增强了雇佣双方决策的质量。

（三）工作虚拟

虚拟人力资源管理下工作模式的一个重大变化就是工作地点正从传统的实体办公室走向虚拟办公室。基于虚拟办公室的工作模式主要有如下几种类型：一是远程办公工作模式，即工作者有固定的办公室，但偶尔在家工作；二是旅馆办公工作模式；三是在家办公工作模式；四是完全流动工作模式。

（四）智力虚拟

智力虚拟其实质是对医护人员所拥有的智力、知识、技能的管理与对医护人员的管理分离开来。提供服务的一方拥有医护人员管理的"所有权";而另一方则只有医护人员智力、知识、技能、体力的"使用权",是典型的借用外脑的虚拟运作模式。智力虚拟提供的是智力、知识和技能的服务,其人员多为医院外部的管理专家和技术专家,他们不属于一家医院独有,而是众多医院共同拥有,如医生多点执业,就是为了解决医患双方的供需矛盾。

(五)培训虚拟

采用计算机图形、仿真、通讯、传感等技术,为人们建立起一种逼真的虚拟的交互式三维空间环境,这种与现实世界极其相似的虚拟技术为医院的人力资源培训带来了极大的便利。它具有以下特点:第一,沉浸性。利用虚拟现实技术,培训对象可以完全沉浸在虚拟的现实环境当中,逼真的存在感使"被灌者"为"感受者";第二,自主性。借助于网络,培训对象可以在任何时候、任何地点对培训内容进行选择,培训对象有充分的选择权和自主权;第三,开放性与资源共享性。更新更快捷的虚拟学习,有助于把最新的研究成果反映到培训中,因而是一个开放系统。资源共享性对于医院而言,加速了学习效率,功效就更为显著。

三、人力资源虚拟管理战略价值

(一)提升医院核心竞争力

医院的改革和发展,使传统的人事部门从对医院医护人员f理的权威部门变成为医院发展服务和咨询的人力资源部门,要求原来那种对组织贡献不多又"循规蹈矩"的事务要让位于使组织更具有竞争力的人力资源开发和管理。因此,把事务性的非核心业务外包出去,把有限的资源投入到培养和输送人力资本的核心业务上,提高医院的核心竞争力。

(二)节约医院运营成本

改革开放和技术信息的发展,促使许多专业咨询尤其是人力资源信息咨询企业产生,使医院可能从外部特定领域的专家那里获得人力资源信息和高质量服务,与医院原来庞大繁杂的人事管理队伍相比,更能节约成本。

(三)降低医院运营风险

医院自身的业务活动是复杂而琐碎的,在市场竞争环境难以预测的情况下,经营者认识能力会相对滞后,所采取的手段或方法总有不可避免的局限性。由于这些原因,医院将面临来自行业、法律、政策、技术等一系列的风险。而人力资源虚拟管理能使医院达到将经营风险部分地与专业性公司共担的目的。双方构成一种利益共生体,无形中降低医院运营中的风险。

（四）赋予人力资源管理更多柔性

医院在发展中难免面临外部和内部的重重阻力，例如外部环境变化、政策变化、医院内部机构问题、管理效率等。将人力资源管理虚拟化，能使医院在市场机会不断变化、竞争环境难以预测的情况下，快速反应，不断重组其人力和技术资源，以获得竞争优势。依靠借助外脑还能让医院办好仅靠自己办不成的事，比如技术创新、新项目开展等，促进医院内部管理的协调性，减少内部阻力。

总之，通过对人力资源管理部门业务或部分业务的虚拟管理，医院能集中优势资源关注自身的核心能力，提升竞争力，最终推动公立医院功能转换。反之，公立医院的功能转换也会促进人力资源管理向科学化迈进。

第四节　制定与实施人力资源战略管理

一、医院人力资源战略管理的内涵

医院人力资源管理战略或人力资源战略，就是指为了实现医院的经济发展、经营目标，人力资源管理者从医院的全局上、整体上和组织长远的、根本的利益出发，通过周密的科学论证，在员工管理、人员选拔任用和调整、绩效考核、工资福利、员工的培训与发展诸多方面所设计的具有方向性的、指导性的、可操作的实施人力资源管理与开发的谋划、方针、原则、行动计划与策略。从以上人力资源管理战略的定义不难看出，人力资源管理战略应具备以下五个特征。

（一）全局性

全局性是所有战略的最基本的特征，否则就不能称之为战略。人力资源管理战略的全局性包括两层意思：一是把全体员工当作一个整体而制定出的战略，属于人力资源的总体战略；二是作为组织总体战略的一个方面，必须要与组织的总体战略建立起有机的联系。也就是说，人力资源管理战略虽然研究的是人员筹划方面的问题，但却不能不顾及其他与之相关联的各个方面。因此，必须以开阔的视野、系统的方法制订出与组织总体战略、与其他各个方面相协调的战略，这就是所谓的全局特征。

（二）长远性

长远性是从实现战略目标所需要的时间这一维度来考虑的。人力资源管理战略目标的实现，继而带动并达成组织总体战略目标的实现，绝非一朝一夕之功。必须经过一个长期的实施、调整、补充、完善才能逐步完成。因此，作为组织的人力资源管理战略不应只是权宜之计，而应具有长远性的特征。

（三）阶段性

一般说来，战略都是分阶段的，或者说战略在实施过程中是分步骤进行的。所谓分步骤，就是把战略所要达到的最终目标按时间的先后进行分解，形成几个阶梯，通常称之为战略步骤。人力资源管理战略也同样遵循这一普遍规律。任何一个人在组织中的"运行轨迹"正常情况下，也要分几个步骤：招聘、录用、培训、上岗、晋升……退休，这只是一个简单的个人的例子，如果涉及全体人员的"运行"，则不会是直线前进式地进行的，而是明显的呈现出阶段性。

（四）稳定性

人力资源管理战略和其他战略一样，要求具有稳定性，不能朝令夕改。这就要求医院在制订战略时，要深入细致地进行调查研究，客观地估量在今后发展过程中可能出现的利弊得失，做出科学的预测，使人力资源管理战略建立在既超前又稳妥可靠的基础上。

（五）变通性

稳定性并不排斥变通。由于医院所处的外部环境的变化，尤其是医院所处的条件变化具有某种程度的不可预知性，要求在制订人力资源管理战略时，要综合考虑各方面的因素，充分估量可能发生的各种变化，并针对这些可能的变化因素，做出相应的预期对策和应急措施，使人力资源管理战略在总体上具有稳定性，在某些方面、某些时点上又能具备灵活应变的特点，以适应变化多端的外部客观环境，为医院发展的总体战略提供一个良好的人力资源管理战略依据。

二、医院人力资源管理战略的层次

（一）在组织层次上

1.医院最高战略决策层

要使人力资源管理主管作为最高管理层的一员发挥其作用。战略决策层的活动包括：制定医院战略领导者和高级管理者接班人规划，以发现、培养、造就新一代管理人才；制定人力资源管理规划，为预测今后一定时期的人才数量、变量、类型、素质和人力资源的供需情况，并为做出正确的人力资源战略决策奠定基础；加强业绩管理，确定最适合本单位并能取得最佳效果的人员考评体系和业绩评价体系及其有效的考核机制，建立和实施完善的激励体系、激励机制和报酬系统；优化激励管理，确定未来时段内最有效的激励体系、激励机制，优选出与实现单位长期目标相关联的激励种类、方式、方位等。

2.医院职能管理层

重点是根据最高层的战略决策完善人力资源管理方针、方法、体系，制定人力资源管理规划或计划，并把人力资源管理计划细化为具体实施系统（如设计招聘选拔程序、奖励方案等）。

3.医院实务运作层

重点是把人力资源管理的各种政策、计划、制度、规章具体实施、落实。

（二）人力资源的结构层次

主要体现出人力资源管理与开发的层次。

①根据资源层次制定的战略包括：第一，人力资源管理战略一具体内容；第二，人才资源管理战略一重点内容。在此问题上，要注意纠正一种"泛化"战略的误区，即把本属于具体操作的活动也随意放大为战略问题；第三，智力资源管理战略一主要是智力资源开发问题。

②按照类型层次制定的战略包括：第一，关于20%的人才管理战略；第二，关于60%的基本员工管理战略；第三，关于20%的低价值员工管理战略。

三、人力资源战略与医院发展战略的关系

医院发展战略包括战略形成和战略执行两个过程，如果将人力资源管理局限在战略执行这一阶段，那么，战略规划往往不可能得到成功执行。唯有将人力资源战略贯穿于战略的整个过程，即动态地、多方面地、持续地参与战略的形成与执行和评价、控制过程，才能获得医院发展战略与人力资源战略的双赢。

（一）参与战略的形成过程

人力资源对于战略管理过程的影响应通过两个方面来实现，一是对战略选择的限制；二是迫使高层管理者在战略形成过程中考虑这样一个问题：即医院应当怎样以及以何种代价去获取或者开发能成功地实现某种战略所必需的人力资源。比如，通过对医院内部和外部的优势、劣势、机会、威胁的分析（SWOT分析，分析的过程也就是一个对比他人找出自身不足的学习过程）来考虑与人有关的经营问题，如现有人员的优势和劣势、潜在的劳动力短缺、竞争对手的工资率、政府法律和规章等。

（二）参与战略的执行过程

通过工作分析与工作设计、招募与甄选、培训与开发、绩效管理、薪资结构、资金与福利等各个方面，人力资源战略以各种实践活动参与战略执行的整个过程。如果没有人力资源战略的支撑，医院整体战略的执行是不可能实现的。

四、医院人力资源战略管理的内容

（一）医院人力资源战略的总体框架

1.目标类战略

以未来几年的人力资源供需预测为基础，含医院未来3～10年需要的和可以提供的人力资源数量、质量、结构等。

2.制度类战略

以医院总体发展战略为指导而制定的一系列人力资源管理制度，含人才招聘、培

养、人才利用、人才激励等整套人才管理制度。

3.过程类战略

按照人力资源管理过程所设计的一系列战略，如人力资源的引进、调配、流动机制等方面的战略。其中，重要的战略有：招聘战略、选拔战略、任用战略、培训战略、薪酬战略、绩效评估战略、留才战略等。过程类战略是建立人才管理基本体系与机制的主导思想，而其流动机制则是在人才社会化、全球化的环境下，以人才的知识资本、核心能力的流动意识为基础，形成的人才自主决定主动离开医院和选择、进入新医院的行为机制。

4.开发类战略

以视员工是医院的最重要的战略资源为基本思想，应用各种先进的科学技术手段、方法，最大限度地开发员工的潜力，以实行医院最佳绩效目标。

（二）医院人力资源管理战略组成内容

人力资源战略是否具有竞争力将决定医院整体发展战略是否具备竞争力，也决定了医院的成功与否。一个成功的具备竞争力的医院人力资源战略主要应包括以下五个方面的内容：

1.以人为本及人力资本的核心理念

人力资源战略管理理念视人力资源是一切资源中最宝贵的资源。医院要鼓励员工不断地提高自身能力以增强医院的核心竞争力。医院必须重视人本身，要把人力提升到资本的高度，加大人力资源培训投入，最大限度地开发利用医院人员的潜能，并不断实现增值，以此提升医院的核心竞争力。同时，人力作为资本要素应参与医院价值体系的分配。

2.以变来应对变化的人力资源战略规划

人力资源战略管理规划一方面把传统意义上的聚焦于人员供给和需求的人力资源规划融入其中，同时更加强调人力资源规划和医院的发展战略相一致。在对医院当前所面临的政策、医疗市场以及内外环境理性分析的基础上，明确医院人力资源管理所面临的挑战以及现有人力资源管理体系的不足，清晰地勾勒出未来人力资源愿景目标以及与医院未来发展相匹配的人力资源管理机制，从增强医院与个人双重危机意识、提升员工素质层次、增强员工责任感上入手，在人力资源管理上应对变化及时调整战略，在人才招募、员工及核心人力资源培训、薪酬制度上都要及时做好规划，引入竞争机制、激励机制，使得才为我用、才尽其用，并形成良性的人员流动机制。并制定出能把目标转化为行动的可行措施以及对措施执行情况的评价和监控体系，从而形成一个完整的人力资源战略系统。

3.四大核心职能——打造战略所需的人力资源队伍

人力资源战略管理核心职能包括人力资源配置、人力资源开发、人力资源评价和人力资源激励四方面职能，从而构建科学有效的"招人、育人、用人和留人"的人力资源管理机制。

（1）人力资源配置的核心任务就是要基于医院的战略目标来配置所需的人力资源，引进满足战略目标要求的人力资源，对现有人员进行职位调整和职位优化，建立有效的人员流动机制，通过人力资源配置实现人力资源的合理流动。

（2）人力资源开发与培训的核心任务是对医院现有人力资源进行系统的开发和培养，从素质和质量上保证满足医院战略的需要。根据医院战略需要组织相应的培训，并通过制定员工职业发展规划来保证员工和医院保持同步成长。

（3）人力资源绩效评价的核心任务是对医院员工的素质、能力和绩效表现进行客观的评价，一方面保证医院的战略目标与员工个人绩效得到有效结合；另一方面为医院对员工激励和发展提供可靠的决策依据。

（4）人力资源激励的核心任务是依据医院战略需要和员工的绩效表现对员工进行激励，通过制定科学的薪酬福利制度和长期激励措施来激发员工充分发挥潜能，在为医院创造价值的基础上实现自己的价值。

4.四个基本要素

（1）人力资源队伍

人力资源战略管理要明确界定人力资源管理部门的职责和职权，明确对人力资源管理人员的能力和素质要求，从各个方面保证人力资源管理队伍成为构建人力资源战略管理的人力基础。

（2）合理的组织环境

要求从医院战略出发，设计出一套适合医院战略目标需要的科学合理的组织结构，并细化每个职位的设置，并根据医院外部环境进行优化。

（3）人力资源岗位管理

人力资源岗位管理内容包括：组织系统的岗位分析以明确每个岗位的工作职责、工作职权、工作条件和任职资格；根据医院服务和职位特征设定相应的定员标准、组织系统的岗位评价，作为制定薪酬和绩效评估的重要依据。

（4）人力资源基础建设

通过建立人力资源管理信息系统高效地为各项人力资源管理活动提供客观的信息，开展日常的事务性工作，保证人力资源管理体系的有效运行。

五、医院人力资源战略的价值

（一）有利于创建医院的品牌

学科建设是医院人才队伍建设的龙头，而人才建设又是学科建设的基石。对于医院而言，学科即是品牌，也是医院核心竞争力的核心，只要学科一旦成为品牌，就能产生巨大的扩散效应，从而创造巨大的效益。学科建设取决于人才培养，通过树立"吸引、留住、发展"的积极人才观念，用战略眼光来加强人力资源管理，更早、尽快地建设医院更多的品牌学科。

（二）能够积极应对人才流动

人力资源战略管理能够通过建立合理的人才梯队、富有激励的薪酬设计和个性化的培训规划，为学科带头人提供良好的发展平台，用事业、感情、待遇、服务留住更多的高层次人才，以减少人才的流失，减缓对医院人才需求的冲击。

（三）更好地调动人的主观能动性

良好的人力资源战略管理可以根据员工的不同需求、不同岗位进行能力开发，制订不同的绩效考核办法，建立合理的薪酬结构来正确引导员工主动接受培训，提高自身业务素质，增强适应工作的能力，而且更好地挖掘人的潜能，真正做到人尽其才，才尽其用。

（四）加快培育医院的核心竞争力

医院的核心竞争力其实质就是特色专科或重点学科建设，通过硬件投入、加强合作、技术引进来加快医院品牌科室的建设，这都离不开人这第一要素。人力资源战略管理能够形成合理的人才梯队，建立有效的激励机制，培育医院的核心竞争力，把医院之间的竞争带入良性轨道，是医院管理者对人力资源运用和管理的重要手段。

六、人力资源战略管理制定的方法

（一）目标分解法

目标分解法是根据医院发展战略对人力资源管理的要求，提出人力资源战略管理的总目标，然后将此目标层层分解到部门与个人，形成各部门与个人的目标与任务。事实上，人力资源战略管理的制定流程用的就是该法。其优点是，战略的系统性强，对重大事件与目标把握较为准确、全面，对未来的预测性较好，但缺点是战略易与实际相脱离，易忽视员工的期望且过程非常烦琐，不易被一般管理人员所掌握。

（二）目标汇总法

目标汇总是目标分解法的逆向过程。首先由部门领导与每个员工讨论、制定个人工作目标。在目标制定时充分考虑员工的期望与医院对员工的素质、技能、绩效要求，提出工作改进方案与方法，规定目标实施的方案与步骤，然后医院再由此形成部门的目标，由部门目标形成医院的人力资源战略目标。部门与个人目标的确定往往采用经验估计、趋势估计的方法。显然，这样的估计带有较多的主观臆断，缺少对未来的准确预测，但由于这样的估计非常简单，因而在现实中经常被使用。该法的优点是目标与行动方案非常具体，可操作性强，并充分考虑员工的个人期望，但这种方法全局性较差，对重大事件与目标、未来预见能力较弱。

（三）制订本单位的人力资源规划，使之与单位战略目标保持一致

医院可根据自己的医院定位、发展目标和现有的人力资源现状来确定未来的人力资源规划。规划的制订一定要符合医院实际，切实可行，可以按照不同的发展阶段有步骤、有层次地制订。制订规划可以自上而下，也可以自下而上，它包括人员的配置、如何获取高层次人才、员工培训、能力开发与评价、工作绩效考核、薪酬设计及人力资源职能部门管理等。

（四）让员工的期望与战略保持一致

不同的员工有着不同的期望，有着不同的需求，只有让员工的期望与战略保持一致时，才能形成合力，使战略得以顺利实施。医院管理者首先要塑造员工的期望，让医院员工自主地形成变革的渴望，让员工知道为什么要改变、计划是什么、它对员工会产生什么影响、要求员工做什么、战略改变将如何进行等，在指明战略方向的同时，将方向转变为具体的目标。无论医院还是员工都必须向传统挑战，用战略的眼光来制订战略，来塑造员工的期望，并保持与战略一致。

（五）确定人员配置需求，通过建立良好的医院管理结构来应对无法避免的人才流动

一支高素质的专业技术队伍是医院持续发展的根本，合理的人才梯队是医院创建品牌的保证。医院的人力资源管理要对一些重点科室适当倾斜，保持良好的人才结构。岗位设置要坚持按需设岗、精简高效的原则，充分考虑社会需求、单位发展、人才结构和人才培养等多种因素，根据学科发展和社会对医疗服务的需求来确定一部分关键岗位。

（六）加强人力资源职能部门管理，提高部门管理能力和水平

医院人事管理部门，其传统的管理职责多局限于工资调整、员工培训、年度考核、职称晋升及其他日常事务性工作，这与当前瞬息万变的医疗市场对人力资源管理的要求相比差距较大。作为一名医院管理者，一定要用战略眼光来认识人力资源管理，首先要加强人事管理部门力量，确保足够人员，有计划地参加培训，通过提高职能部门管理者的自身素质来提高整个医院人力资源管理水平；其次，要加强对部门的考核，尤其是检查人力资源战略制定和计划实施，使得管理者较好地胜任新的人力资源管理工作。

第五节　人力资源部门建设

医院作为一个完整的系统，在运行过程中会出现各种各样的问题，要想实现良好运行就必须促使各部门之间的协调配合。医院的人事部门作为具有重要管理职能的部门，对医院的各项组织活动和人员管理都起到重要作用。随着医院管理制度的改革，

院长负责制的管理模式对医院的人事管理水平提出了更高的要求。为保证医院的有序运转，人事管理部门要重点研究管理工作效率的提升，提出有针对性的措施，促进医院的现代化管理工作的发展。

一、当前医院人事管理工作中存在的问题

（一）人事管理观念落后

随着医疗改革政策的实施，人们就医观念的转变，医院的工作量在不断增加，常常面临着人满为患的状况，这就给医院的管理工作造成了一定困难。以往的人事管理工作一般是将各项任务逐级分配，导致基层医务工作人员的工作难度增加，不能及时有效地处理每一项任务，致使患者抱怨，医患关系紧张程度加剧。对逐渐增多的工作量如果不及时调整人事安排，还会挫伤基层医护人员的工作积极性，从而降低人事管理效率，甚至会影响医院的平稳运行。

（二）人事档案管理混乱

在医院的人事管理工作中，人事档案管理是其中主要的工作内容之一。人事档案是医院进行人事管理和人员安排的最重要的依据，没有准确的档案信息作参考，医院很难开展人事管理工作。但是由于当前医院医护人员众多，系统复杂，再加上现代化信息技术运用不成熟，导致医院的人事档案管理较为混乱，常常出现人事信息库的信息跟人事档案的信息不匹配的现象，致使医院的人事管理工作很难获取准确的人事信息，进而影响医院领导对人事调整等的决策，影响医院的整体运行效率。

（三）医院各科室之间缺乏配合

医院人事管理工作的对象是医院全体医护工作人员，作为上传下达人事等信息的职能部门，加强与各科室及员工之间的沟通交流是做好人事工作的群众基础。但当前人事部门的工作还不够深入，与部门及员工沟通交流还不够充分，政策信息传递及时性、有效性差，影响着人事工作效率。因此，人事部门应当加强与各科室及员工之间的沟通交流，耐心细心地在做好人事政策信息传递工作，使其深入人心，以此提高人事工作效率。

（四）人事管理人员素质不高

医院人事管理部门的工作人员一般工作年限较长，对现代人事管理工作的相关知识不甚了解，业务水平不高，缺乏现代人事管理工作经验。首先表现在对现代信息技术使用不熟练，现代人事管理工作要提升管理效率，应掌握计算机信息技术，利用计算机处理大量的数据和表单，就能有效提升人事管理效率。但当前仍有不少医院人事管理部门的人事统计未实现计算机化，个别人事管理部门仍以人工统计办法进行人事统计，不能与现代医院的运行效率相适应。

二、人力资源部门建设具体策略

（一）提升医院人事管理效率

1.转变人事管理理念

医院要从根本上提升人事管理效率和水平，就要转变人事管理理念，使人事管理工作真正起到提高工作人员工作效率的作用。首先，医院要自上而下转变人事管理理念，摒弃传统的人事管理观念。领导要以身作则，为人事管理部门灌输现代人事管理理念，将传统的管理式人事管理转变为服务式人事管理，应当关注医院每一位工作人员的需求，重视人力资源的开发；其次，人事管理工作要明确医护人员的职责，使每一级医护工作者都能各司其职，而且要保障基层医务工作者的权利，不能将繁琐的工作任务分摊给基层人员。只有这样才能从根本上调动医护人员的积极性，为医院的良好运行提供基础保障，提高医院的整体运行效率。

2.提高档案管理的专业化程度

人事档案管理是人事管理工作顺利开展的重要依据，要重视人事档案管理工作，应当做到及时准确地收集每一位医护工作人员的人事信息。首先，要提升档案管理人员的专业水平，培养档案管理人员的责任心，增强档案管理人员的责任感，及时准确地做好人事档案信息的录入工作。医院要建立监督审查机制，定期检查人事档案的录入情况，并督促人事档案管理人员的工作；其次，人事档案与其他档案一样需遵循国家的档案管理标准，对涉及医院有关人事任免、奖惩等的重要决策人事信息要按照相关规定进行规范处理，并按照规定流程操作、存档，做到既方便相关部门查询，又要做好人事信息的保密工作。做好人事档案管理工作，能够提高医院人事调整的准确性，有效提升医院人事管理的效率，从而保证医院高效率运转。

3.加强人事部门与其他部门之间的协调配合

人事部门是联系各科室、各部门的重要部门，要使医院的人事管理信息能够及时准确的传递到各个部门，就得通过构建人事信息交流平台，加强部门之间的沟通与协调。通过构建人事信息交流平台，建立部门间沟通、协调机制，一方面熟悉各部门业务，了解各部门工作开展情况，积极开展调查研究工作，及时解决人事工作中存在的问题；另一方面，人事政策信息传递应当简单明了，要做到及时准确的传递，及时进行沟通、交流，及时进行反馈、协调。人事部门与各部门之间的协调与配合，提升人事工作效率，提升医院的管理水平。

4.培养优秀的人事管理人才

要想提升医院人事管理效率，关键在于人事管理人才。现代人事管理是一门科学，医院人事管理人员应当及时进行充电，学习和掌握现代人事管理知识、方法和手段，提高自身人事管理能力，提升人事管理效率。医院的人事管理人员要学习和掌握现代人事管理技术，转变传统的人事管理方式，提高人事信息数据统计分析能力，提升人事管理的工作效率。

（二）提升人力资源部门的信息化工作

1.构建完善的管理系统

现代社会是知识性经济发展的社会，信息已经成为重要的发展要素，在各行各业中发挥着重要的作用。所以未来医院的人事管理信息化工作应该认识到这一点，应当积极构建完善的人事信息管理系统，提升人事管理水平。目前的人事管理无论其信息技术水平还是数据统计管理都存在着一些缺陷，数据更新和管理工作都需要耗费大量的人力资源。因此，人事信息管理化建设可以从这一方面进行着手。医院的医疗队伍建设目标是通过优化结构建设高素质的医疗队伍，其途径是以人事信息管理系统为支撑，通过考核评价机制予以推进。因此，构建人事信息管理系统、完善人事信息、提升人事信息管理水平是科学考核评价、有效推进结构优化的人事技术基础。

2.人事档案的立体化建设

"互联网+"的背景下，医院日常管理工作的节奏也不断加快。基于医院本身的性质特殊，需要面对的病患数量众多，如何对各项数据进行采集和整理就显得至关重要。同理，在人事档案方面，也应该通过立体化建设的方式来保障数据的准确性。医院的人事管理工作实际上也是一个从平面到立体的改革。传统的人事档案管理更多是依靠人力资源来进行管理，而新时期下的人事档案管理工作是依靠信息技术的智能化优势来对医院整体队伍建设进行管控的。医院的发展规划应该结合人才队伍的建设要求，寻找现阶段医务人员的业务缺陷，以此为基础来展开相关的培训工作，通过数据库的支持和辅助来提升医务人员的业务水平。值得一提的是，档案数据分析的准确性还会直接影响到医院人事决策工作的水平。

3.提升数据安全

人事档案信息安全的重要性对于医院的发展是显而易见的，而通过有效的保障措施来实现信息的安全性和可利用性，是医院人事管理的核心内容。人事档案信息需具备安全性和实效性，在确保数据安全的基础上，应当及时准确地更新维护人事档案信息，持续保持其有效功能，为人事决策提供服务，因此应加强人事档案管理人员的信息技术培训，使其既能利用技术手段整合信息资源，实现集中统一管理，又能维护信息及网络数据安全，为人事信息化管理提供安全保障。

（三）尝试走动式管理

1.建立科室定期走访制度

在医院的实际管理过程中，如果要应用走动式的人事管理方式的话，首先就应建立定期的走访制度，保证医院各个科室之间的及时有效沟通。协助各科室制订综合素质高、业务能力强、符合部门实际的队伍建设规划和计划。同时还应协助各部门制订人才培养、引进计划，并在走访交流中及时解决工作中存在的问题，解部门后顾之忧，为加快推进部门队伍结构优化提供人事支撑。

2.实施动态的编制管理

根据各科室的工作任务变动情况设岗定编。首先，根据各科室的基本工作任务核定各科室的基本编制，在此基础上依据科室的床位周转率、门诊数及医疗任务轻重情况，设定机动编制，即任务变重时附加编制，任务变轻时缩减编制。其次，根据医院及各科室学科建设及人才引进计划，设定机动编制，即依据学科建设及引进人才情况，附加学科建设或引进人才编制。以此规范编制管理行为，实现人力资源的科学管理、优化配置。

3.引进先进的网络技术促进管理工作

为了让医院的服务更能满足患者，医院的人事管理部门可以通过引进先进的网络技术，将人事信息管理系统与医院的信息管理系统连接起来，以网络为平台支撑医院的各项工作。规范各科室及员工登入访问权限，科学编排工号，缩短进站时间，方便各科室及员工上网，开展业务工作，提供信息技术服务，提高人事工作效率。另外，运用走动式的管理方式，还可以通过划分小组的方式来开展工作，这样一来既可以强化医院人员的团队精神，有可以让成员之间的交流更加密切，在此基础上，利用各种各样的形式来公布医院大小决策和信息，以先进的网络技术为载体，更好的促进各个部门之间的人事联络。

（四） 实行流程再造和优化的探索

1.流程和流程再造

流程也称过程与程序，是完成一项或多项工作任务的一系列逻辑有序的活动。医院服务流程是医院实现其基本功能的过程，可分为行政管理流程、医疗服务流程和后勤保障流程。人事管理流程属于行政管理流程的范畴，它把人事管理中的各项事务性工作通过一个个环节予以理顺、规范，保障人事日常管理工作顺利开展，保障人事政策法规顺利贯彻实施，有效地服务于临床医疗工作。流程再造是美国哈佛大学哈默教授等学者提出的业务流程再造（business process reengineering，BPR），它强调以业务流程为改造对象和中心，对现有的业务流程进行根本性的再思考和彻底的再设计，使企业能适应信息社会的高效率和快节奏，适合企业员工参与企业管理，实现企业内部上下左右的有效沟通，具有较强的应变能力和较大的灵活性。BPR理念对实现医院人事管理规范、科学、高效运行具有很强的借鉴意义。

2.原有流程存在的不足

①流程格式不规范，以用文件、规章制度代替流程为主；流程环节描述简单，不具体，实际操作时许多细节容易遗漏或疏忽。

②流程涉及面窄、没有形成体系。

③流程使用受分工局限，工作人员知晓率、使用率不高。人事科每个工作人员均有具体分工，相互间虽有协作和关联，但对彼此工作的具体要求和做法并不清晰，一旦某个员工不在岗或离岗，其他员工无法有效接替，工作不能顺利衔接。

④流程运用缺乏监管和优化。人事部门负责人因主要精力用于思考本科室发展规划和完成本单位的参谋工作，对工作结果跟踪不给力，流程实施缺乏监管；负责人没有一线的实操，通常不能深切体会一线工作完成过程中存在的问题，对流程的优化也无人主持并予以落实。

⑤流程交接被忽视。人事科是医院重点部门，部门负责人须定期轮岗；人事科是医院培养干部的摇篮，工作人员会调任其他重要岗位。因交接时间有限，不可能手把手地带教新人一段时间进行工作交接，往往是凭口口相传，遇到问题再临时去询问，流程交接会被忽视或被遗漏，接任者不清楚具体做法、细节和注意事项，造成各类数据、信息资料的动态更新被中断，数据信息不准，档案资料凌乱不全等问题。

3.如何再造和优化

全科统一思想，明确做好人事工作的基本要求和规范；基本做法是全员参与，边工作边实施，建流程，立规矩，提高工作效率。具体做法如下：

①流程再造和优化。流程是文件政策的具体化，文件政策是流程的依据和支撑。科室人人动手，结合文件规定和实际操作，再造和优化各自经办工作的流程，注重细节描述。期间多次借鉴PDCA循环管理的理念，进行实践—拟定—实践—讨论修改—实践—复习强化—实践，多次循环，不断改进、优化。例如新聘员工获取工号时间较长，影响他们进站工作。我们首

②规范和完善各种表格和文本模版。人事工作需要大量使用各种表格、文书文本。规范的表格、文本是流程的另一种形式和补充。对分散保存在各个电脑中的表格、文本逐一进行修改。同样再次借鉴PDCA循环管理理念，对文书进行完善。例如规范辞职证明的格式，增加了辞职员工签收栏；在法律顾问的指导下，制定"新员工告知书"，细化告知内容，便于留下培训新员工的书面记录。

③所有流程、表格、文本模版的电子版本由科室负责人集中管理，统一了标准和格式；根据工作类别将流程、表格和文本汇编成册，初步形成人事工作流程管理体系。

④强化训练，熟悉流程，统一使用。一是科务会时反复强调流程再造和优化的重要性；二是通过QQ群有针对性的、不定期的复习，不断提醒和强化工作人员熟悉工作流程；三是科室负责人不定期抽查流程执行情况；四是科内实行轮岗制。

4.效果再造

优化了多个方面的工作流程、常用表格和文本，包括招聘及人才引进、入职管理、合同管理、辞离职管理、员工日常管理、进修培训、工资社保福利、档案管理、职称评聘、退休返聘等。具体成效如下：

①汇编成册的流程、表格、文本模版，方便查找，成为像词典一样的"工具书"，即使某工作人员不在，其他人也可有效接替，提高了工作效率，提高了员工对人事科工作的满意度。

②流程、表格和文本模版相互提示，降低了出错率，大大减少了传、帮、教的工作量，新人能借此迅速进入工作状态。

③工作人员逐渐养成按流程办事、没有流程建流程、发现问题讨论优化流程的习惯，工作规范程度明显提高。人人都能参与科室内部管理，人人都有责任和权利，主人翁意识、管理水平得到提升。

④工作人员开始关注 PDCA 循环管理工具，逐渐养成了持续改进工作的良好习惯。

第六节　提升管理者管理能力

在现代组织中，人事管理者的地位和作用已经发生了很大变化。高素质的新型人事管理者，首先必须具备两方面的能力，即：能正确预测组织的人力资源需求，作出合理的人力资源计划，能了解员工的心理需求，掌握激励艺术；其次必须掌握一些专业性较强的技术手段，如职务分析技术、人才测评技术、调查技术等。

一、传统人事管理者向新型人事管理者的转变

随着目前我国经济、政治生活的重大变革及技术的突飞猛进，各级各类组织也经历着不同程度的调整与变革。在这种新形势下，传统组织中的人事管理工作受到了很大的挑战。在现代组织中，人事管理仅限于管理人事档案、计发薪金、安排福利分配等事务性的工作已经远远不能适应组织发展的需要了。而一种对我们来说崭新的"人力资源开发"的概念已逐渐渗透到人事管理工作当中。在现代组织的人事管理部门中，现代化的办公设备和技术已经逐渐替代了大部分事务性的工作，部门中将不会再有太多的保管、分发、出纳的角色，而代之已跨入高层管理者行列的、能为完成组织目标提供人力资源计划和开发措施的新型人事管理者。这是从计划体制下走出来的现代组织降低管理成本、提高组织竞争力的必然要求，也是"组织中人是最宝贵的"，"人力资源是组织最大的资源"，"人才开发是组织最有效的投资"等观念深入人心的结果。因此，为适应现代组织发展的需要，社会对人事管理者的素质要求也随之提升，因为他们的工作内容已逐渐变为以开发人力资源为核心的"吸引人才，利用人才，发展人才"的一系列活动，没有全方位的知识、能力、技能是无法适应工作需要的。

二、新型人事管理者面对的社会现状

人才的市场化是有目共睹的。人才流动的加速，人才竞争（包括买方与卖方）的加剧，职业选择自主性的加强，都使得人才市场变得活跃异常。过去种种限制人才流动的措施纷纷解禁，而代之为把人才推向市场、鼓励流动的新规定、新办法。尤其是国有企业改革造成下岗人员向市场大量涌入，使得人才市场"盛况"空前。各种人才

中介机构不断出现，有专门针对"高职位，高报酬"的高级人才的猎头公司，也有针对下岗员工的职介所；有政府筹办的，也有私营的。最近的"网上招聘"又引起了不少人的兴趣。面对如此复杂的社会大环境，人事管理者需要考虑许多新问题，比如："如何为组织招聘合适的人才"，"如何将组织内部的人力资源发展规划与社会现实状况结合起来"，"如何防止组织的人才流失"等。现代人事管理者有了更大的决策空间，而且他们的决策已经更直接地关系到了整个组织的切实利益。现状复杂，责任重大，现代人事管理者必须是高素质的。他们要有掌握各种信息的渠道，有筛选信息、分析并解决问题的能力。现代组织中的人事管理者到底应该具备什么素质、发挥哪些作用是由组织外部社会环境和组织内部特点共同决定的。

三、现代人事管理者的作用

现代组织的人事管理者应该跨入高层管理者的行列。他们的作用不外乎对组织负责（或者说对组织最高领导负责，如投资者或组织上层主管）和对员工个人负责两方面。对组织应承担的责任是了解社会人力资源基本状况，预测组织的人力需求，并且合理配置人力资源；对员工个人负责是指，对每一名组织的员工，人事管理者要使他们对工作有高度满意感并能产生高绩效。每一名员工可以说都是人事管理者的"客户"，使每名员工在自己的岗位上安心、高效地工作是一门艺术，是高素质的员工设计其职业生涯规划，切实为员工的发展着想，了解他们的心理需求，合理运用各种激励手段，这样才能吸引人才，留住人才，发展人才。尤其是面对现在人才"跳槽"的难题，做好这方面的工作才是釜底抽薪的解决办法。从某种意义上讲，人事管理者又类似于传统的"思想政治工作者"。

四、提升管理者管理能力

对人事管理者的能力要求与他们在组织中的作用是分不开的。更进一步说，"能力要求"是围绕着"发挥作用"产生的，它主要包括两个方面：一方面是与预测组织的人力资源需要、制订人力资源计划有关的能力；一方面是与员工激励有关的能力。

在传统组织中，第一方面属于组织首脑们的责任。而现代组织中，人事管理者应该属于组织高级管理层的成员，与组织首脑共同完成此项工作。要做到正确预测组织人力需求，作出合理的人力资源计划，需要很强的综合能力。对于规模较大的组织来讲，人力资源计划是需要综合人事管理、经济理论、数学、行为科学、计算机科学等各方面的知识才能完成的。这项工作需要统计人员基本情况、计算和控制人力成本、规划人才利用的前景、制订具体的人力发展方案等，每一步都需要综合多方面信息，比如行业发展前景，社会经济状况，领导层对组织的发展意图，现有员工的能力构成、心理状态等。这对人事管理者提出了很高的要求。只懂过去狭义的"人事"与"管理"并不一定能做好现在的人事管理工作，高素质的人事管理者应该是"通才"。

比如对于一个生产企业来说，要想预测组织人力资源需求，首先要选择适当的预测因子，通过考察预测因子在组织发展过程中的历史，找出预测因子与人员配备之间的关系，并用数学模型将其表示出来，然后综合目前生产率等因素预测近期的人力资源需求。而对于政府组织、事业性组织，这种预测恐怕还要复杂得多，需要考虑的因素也往往难以通过数量表示出来。第二方面主要是了解员工的心理需求，掌握激励艺术。激励主要涉及行为科学的相关理论和方法。人事管理者是这些理论和方法的直接应用者。从国外有关激励的理论与实践来看，不同的历史时期人们的心理需求是有变化的，需要有与之相适应的激励手段才能达到理想的激励效果。表面看来，报酬与福利、良好的工作环境、自我发展的空间都可以作为激励手段，但一定要用得恰到好处才能发挥它们的激励作用。不同年龄、性别、学历、职务，不同行业、地域的员工可能有差别很大的心理需求，人事管理者应从员工一进入组织就开始了解其心理需求，为每一位员工建立心理档案，通过行为科学的调查手段，时刻掌握员工工作态度的变化，并且从员工的利益角度考虑，为他们的职业生涯出谋划策。当然要把握好管理的"度"，与员工接触太深，可能使员工感到受"监控"的心理压力。高素质的人事管理者不是员工工作的监督者，而是他们的朋友、知心人和帮手。现代组织中提倡的"组织文化"，实际上可以帮助人事管理者做到这一点。一个组织的积极的经营理念，整体向上的精神面貌以及团队精神都可以增强员工的主人翁感。因此，作者认为，建设和维持良好的组织文化也应该纳入高素质人事管理者的工作日程中来。

上述能力是体现在人事管理工作的各个环节当中的。在人事管理者作具体的人事决策时，还需要一些专业性较强的技术手段，如应用范围较广的职务分析技术，招聘时的人才测评技术，获取人事信息的调查技术等。虽然这些技术性工作目前可以通过专业的技术服务公司来完成，但一名高素质的人事管理者至少应该全面了解其原理、作用、弊端等，能够使各种技术使用得当。因为错误使用这些技术可能造成不必要的损失，而正确使用则能使人事决策科学化，减少决策失误。

（一）职务分析技术

作为各项人事决策的基础性工作，职务分析比较适合由人事管理者自己来完成。因为他们比服务公司更了解自己组织的内部情况。高素质的人事管理者对组织目标、组织内部结构、岗位设置等应该了如指掌。熟悉甚至精通业务部门的工作，对于人事管理者也是必须的。试想，一个对本组织的业务部门工作一窍不通的人事管理者，如何能做到正确选拔、任用人才呢？因此，由人事管理部门为每一个职位制订详细的工作说明书和任职资格书是人事决策的基础。职务分析可以为人员选拔、安置、培训、绩效考核、岗位工资分配提供最直接的标准。虽然过去国内在这方面的理论与实践还很不够，但随着现代组织管理的科学化逐步加强，职务分析得到了越来越多的重视，相关的培训服务也在增多。高素质的人事管理者甚至应胜任其他业务部门的管理职务。以英国著名的零售连锁经营企业 Mark sand Spencer 集团为例，人事经理也要接受训练，使其能熟悉商业上的业务管理，一些门市部如不设门市部助理经理，人事经理便出任门市部经理的副手，在其外出期间代行其职务。

（二）人才测评技术

对人才的工作能力、人格特点、职业倾向进行科学合理的测量和评价是正确选拔和任用人才的前提。在人员选拔过程中，改变过去凭直觉测查的方式可以有效地提高正确选拔率，降低错误淘汰率。这样也可以大大降低选拔成本，减少组织的潜在损失。由于人才测评需要更多的专业知识，尤其是心理测量与心理统计知识，因此完全掌握它对一般的人事管理者有些难。但是如果对这些完全陌生，或者只停留在会使用一些心理测评工具的层次上是不够的。了解测评原理能帮助人事管理者在适当的场合正确使用测评手段，合理解释和看待测评结果，不会滥用、迷信或全盘否定心理测评。用于人力资源开发的心理测评技术在我国也是近些年才兴起的，以前只是在心理学研究领域和临床医学领域应用。虽然已经有较成熟的心理测评工具，但使用范围和效果有限。高素质的人事管理者应与测评工具研究者们一道开发针对本组织员工的有效的测评方法。

（三）调查技术

调查技术是在收集辅助人事管理决策的信息时采用的。当然，这方面的技术一般人事管理者很少使用，而且一般社会信息可以通过专业的信息服务公司获得，但是对于规模较大的组织来说，收集组织内部有关员工的信息时会用到调查技术，比如上文提到的员工心理需求、工作理念等。掌握调查技术，可以使人事管理者收集到针对性、实用性更强的信息，为作出正确决策服务。另外，一些信息服务公司不一定能提供，但对人事管理又很重要的组织外部信息，如竞争对手的报酬水平等，也需要人事管理者亲自调查。总之，现代组织的人事管理者在复杂的社会环境和组织环境中，已渐渐地走上了组织高层管理的舞台。他们对整个组织的人力资源开发和每一位员工的自身发展负责。能够具备与责任相应的上述能力，掌握相关的人事管理技术，就是一名高素质的现代人事管理者。

总之，在一个企业或医院中人力资源是最重要的资源，只有有效地开发人力资源并科学合理地管理人力资源，这个企业或者医院才能蓬勃发展，蒸蒸日上。可见人力资源管理是医院管理的重要组成部分，是医院运作中支持性的价值活动。在新的经营理念和管理模式的冲击下，人力资源部门的定位也正在悄然地发生变化，医院人力资源部门也已经从过去的人事管理阶段发展到现在的人力资源管理阶段。另外，我国的医疗机构、人才以及其他相关产业开始以各种方式进入我国市场，打破了医疗领域原先的宁静，人才的竞争日趋白热化，医院从以物为中心的管理逐渐转向以人为中心的管理，强调"以人为本"的管理观念已经成为共识，医院战略资源的重点也相应地开始转向人力资本。在这种人本管理模式下，人力资源部门在对员工管理时，更多地实行了"人性化"管理，不仅要注重员工的工作满意度和工作生活质量的提高，尽可能地减少对员工的控制与约束，而且需要更多地为员工提供帮助与咨询，这就更需要人力资源部门从繁琐的日常事务中解脱出来，从而得以帮助员工建立自己的职业规划。

近几年，医院开始逐渐成为一个投资热点。一方面，由于人口因素及经济的快速发展，中国的医疗产业在理论上成为全经营的外部环境发生变化，民营医院、外资医院挺进的脚步也逐渐加速，因此一个充分竞争的环境已经形成。那么如何创造或保持医院竞争优势已经成为人力资源部门必须引起重视的问题。医院可以借助人力资源管理系统更好地实现人力资源计划和规划，合理配置资源，同时制定相应的政策更好地留住人才。

第七章 "互联网+"时代下人性化与扁平化人力资源管理

第一节 互联网时代企业人性化人力资源管理

人性化理念在企业人力资源管理中的渗透、确立，强化了其在人力资源管理中的重要性，也明确要求企业优化人力资源管理模式的必要性。现代企业人力资源管理践行"人性化"理念，关键在于明确人性化理念在企业发展中的重要性，理清人力资源管理的规范化与人性化的关系，明确人力资源管理如何采取规范化与人性化相结合的策略，切实做到关注员工切实需求，构建企业与员工"命运共同体"，优化与调整员工管理方式，选择适合自己企业的人力资源管理模式并运用员工管理技巧。

一、从识人性化理念在企业发展中的重要性

进入21世纪以来，经济全球化的发展，使企业竞争空前激烈。而现代企业的竞争已从单纯的产品竞争转变成为企业人才的竞争，如何成功地培养人才、吸引人才、留住人才，已成为摆在企业管理者面前的一个重要课题。人性化管理以其对企业员工的人文关怀等特点迅速成为众企业的管理选择。

（一）人性化管理的概念与内涵

人性化管理就是科学的人性观基础上的"以人为中心"的管理，即在管理的过程中，把人看作企业最为重要的资源，重视人的地位，充分发挥人的作用。它反映了现代管理的新趋势，显示了企业管理文化发展的新态势，揭开了企业管理理论和实践的新纪元。

人性化管理的核心是以人为本，即尊重员工，给他们发挥才智的舞台。具体来说，人性管理的内涵主要有以下几点，如表7-1所示。

（二）实施人性化管理的必要性和重要性

企业之所以要实施人性化管理，主要是为了加强对个体的重视。《中国青年报》

社会调查中心曾做过一项调查——"青年人为什么想换工作"，结果表明：青年人选择企业时最重视的不是收入、房子、福利，而是自己能否在企业得到充分发展；青年人之所以要跳槽，27%是因为"得不到重用"，不想换工作主要是因为"受重视，有发展机会"，他们很重视人格尊严，想确认自己在社会中的地位。由此可见，如果一份工作收入很高，但伤害人格，人们也不愿做；有些工作虽然收入低，但能得到信任、重视，有机会施展才华，他们往往更愿意做，员工都希望管理者能将他们当作个体来进行管理，承认并尊重他们的价值和尊严，使他们觉得自己在企业中或领导心目中都是重要的；希望管理者关注他们的物质和精神需要，关心他们的处境和困难。因此，只有让员工体会到管理者的人情味儿，才能将他们的个人潜能激发出来，企业才能多一些生机和活力。

表7-1 人性化管理的内涵

事项	含义
把人的因素当作管理中的首要因素、本质因素和核心因素	人性化管理的着眼点是人，它将资源中的人回归到了真正的"人"这个实实在在、有血有肉、有情绪、有思想的生物有机体、而不单纯是劳作的机器、盈利的工具"引用人际关系的一句老话："你雇佣的不是一个人的'人'，而是整个人"，人性化管理见人又见物，以人为中心；而其他类型的管理方式是以物为中心，见物少见人，甚至是见物不见人
确定了人在管理过程中的主导地位	企业是人的集合，不是物的堆积，是由人以盈利为目的而构筑的经济组织。企业的盈利目的要通过对人的管理发挥其积极性，进而优化物资源的配置才能到。企业管理必须调动"企业人"在物质资源的配置和盈利过程中的主动性、积极性和创造性去开展企业的一切管理活动
体现了员工是企业管理主客体的统一	员工既是被管理的客体，也是应当受尊敬的主体，企业所要实现的目标，既是企业的也是员工个人的目标。员工在追求组织目标的同时也充分发展了自己，组织目标达成之日就是个人目标实现之时
突破了"使用"层面上重视人的局限	社会赖以持续发展的基础是人类的进化，而人类的进化包括人的智力的进化和运用资源的能力等素质的提高。通过人性化管理完善人的意志和品格，提高人的智力，增强人的体力，使人获得超越生存需要的更为全面的自由发展这种"以人为目的"的管理才是人性化管理应有的哲学境界。这种至高境界在于创造一种促进人不断学习、积极发展的组织氛围和共同愿景，从而有利于人的全面发展

从管理角度来看，"个人"利益确实是一切利益的根本。可是，"集体主义"是一个相对概念，必须放到具体条件下才能具备实际意义。

承认员工的需求、尊重员工的价值和尊严，并不违背集体精神，反而是集体主义精神形成的前提。

那么，在企业发展中如何运用和贯彻人性化理念呢？

首先，要以人性化管理理念为导向，深化企业人力资源开发管理。如今的市场环境是多元化的，企业要立足人力资源的科学开发，创造可持续发展的动力。企业人力资源开发的基点在于，确立人性化管理理念，提高员工综合素质；要突出"人"的主体地位，员工是企业发展的主体，是企业价值创造的推动者；尊重"人本位"的基本原则，以员工的切实利益为出发点和落脚点，创造多样化的发展渠道；开辟员工职业教育途径，建立员工岗位竞争机制，让员工与企业建立命运共同体，互利共赢。

其次，要以人性化理念为发展契机，优化企业内控管理的内部环境。人力资源管理是企业内控管理的重要内容，企业要牢牢抓住"人"在企业发展中的重要作用。要在企业文化内涵、内部环境中渗透人性化理念，引导员工的思想行为；要关心员工、爱护员工和尊重员工，为企业文化注入新鲜血液；优化和调整企业内部环境，扎实企业发展基础。

相信，在人性化理念的确定下，企业人力资源管理的思想导向必然会更明确，更注重人才培养、人力资源开发。

（三）人性化管理的作用和意义

实施人性化管理具有以下几个方面的作用和意义，如表7-2所示。

表7-2 人性化管理的作用和意义

作用	意义
推动企业创新	经济社会的快速发展和市场竞争的日益激烈，对企业的创新能力提出了更高的要求，没有创新的企业将很难在激烈的市场竞争中生存下来实行人性化管理，为员工营造宽松的工作和生活环境，为每个员工发挥自己的聪明才智提供舞台，必将更为有效地调动员工的工作积极性，从而使企业的制度创新与技术创新成为可能
提高企业管理水平	与传统的把人当机器管理的理念不同，人性化管理强调的是员工的自我管理在传统的管理方式下，员工只是把工作当任务，一切都是源于行政命令，员工总是想方设法地钻管理空子，而在人性化管理方式下，员工成为自己工作的主人，出于个人成就感的追求，员工的自我管理能力将大大提升，不仅工作目标的达成更容易，而且有助于提高企业的管理水平
提升企业核心竞争力	现代企业的竞争归根结底是人才的竞争，优秀的人才正是企业最核心的竞争力；人性化管理所营造的尊重人、关心人、信任人的企业用人制度，为员工提供了发挥才能的空间。一方面，这种宽松的人才环境有利于人才的成长；另一方面，人性化的管理对人才的吸引力将进一步增强，有利于企业引进优秀人才。同时，宽松的人性管理氛围为员工提供了公司如家的温馨感觉，对于留住人才无疑非常有利
实现企业可持续发展	人性化管理符合当今时代"以人为本"的理念，并与建设社会主义和谐社会高度统一。其对人才的尊重与关怀，不但提升了员工的工作积极性与创造性，从而提升了企业的竞争能力，而且向外宣传了一个负责的现代化企业形象，为企业赢得了广阔的发展空间，结合员工对企业的真心拥护和爱戴，使企业的凝聚力与创造力大大增强，为实现企业可持续发展奠定了良好的基础

（四）企业如何实现人性化管理

企业实现人性化管理有以下途径，如表7-3所示。

表7-3 企业实现人性化管理的途径

途径	含义
建设人性化的企业文化	在企业文化中融入人性化的内涵，建设人性化的企业文化，是实现企业人性管理的必要手段，一人性化的企业文化，体现了员工家人般的和谐氛围，有助于培养积极向上的企业精神，从而形成持续长久的凝聚力。要从培育激发员工积极的人性特质出发，并以此提炼企业精神，最终建设人性化的企业文化
人性化与制度化相结合	企业制度是企业生产经营活动的准则，离开制度单论人性化并不是真正的人性化一方面，要重视员工自主管理能力，以人性化的理念进行制度建设，多些激励，少些管制；另一方面，要强调人性化管理的制度原则，人性化管理不等于放任式管理，要在实现企业目标的前提下，坚持制度范围内的人性化管理，从而实现工作目标的驱动与员工自我的主动相结合，使员工既有压力更有动力做好自己的岗位工作
有效授权，自我管理	人性化管理要求管理者充分尊重组织内的每一位员工，给他们自主的权力，从而让员工真正感觉到自己是企业的主人，使他们将企业的发展目标与自己的个人发展联系起来，变员工"撞钟"式的工作为主动参与式的工作，最大限度地释放员工的能力，管理者要相信员工能够管理好自己，进而管理好自己的工作任务，从而使员工主动地根据企业的发展战略和目标制订自己的工作计划，实现个人成长与企业成长的有效统一
提供员工成长空间，提升员工素质	人性化管理，经济利益不是唯一，为员工提供可超越的空间，不断满足员工渴望得到社会认可的精神需求，才是更为重要的任务，要从制度上入手，制定科学的激励机制与员工晋升机制，使每一位员工明白，他们的努力付出是他们成功的铺路石，从而在员工中营造人人争先的局面。在员工努力的同时，企业要结合工作目标的要求与员工个人发展的要求，提供各种有利于员工成长的职业培训，从而不断提升员工素质，为企业的发展储备更为强大的人力资源

综上所述，人性化管理是现代企业管理的趋势，企业要清醒认识到人性化管理在管理发展中的重要意义企业是人的集聚体，企业是由全体人员共同经营的，如果企业经营管理者能积极实施人性化管理，视员工为同舟共济的"伙伴"，那么员工就会形成把个人生命价值与企业经济价值融为一体的团队，在团队中发挥个人潜力，充分施展才能，汇聚强大合力。在新时代的经济浪潮中，企业管理要赢得卓越，必须深刻理解和认识人性化管理的价值意蕴，重视人性化管理，树立人性理念，创造人性氛围，培植人性土壤，只有这样才能大力提高管理绩效，实现健康持续的发展。

二、理清人力资源管理的规范化与人性化的关系

管理学科从本质意义上来说，是在科学理性、制度理性和道德理性三者之间寻求一种"最优解"，其实质上是在规范化和人性化管理中寻求最佳融合方式管理就是追求规范化和人性化的有机融合，建立人性化的规范管理机制，管理理论百年的历程也证明了这一点。因此，要理清人力资源管理的规范化与人性化的关系，首先必须明确规范化与人性化是不同的管理方式；其次要在人力资源管理范畴内理清二者的关系，建立二者有机融合的管理制度。

（一）规范化和人性化是不同的管理方式

规范化管理追求精细化、规划化、标准化、制度的完善化，人性化管理注重人性和情感因素，构建和谐的干群关系，两者有不同的侧重点，

第一，人性化管理是道，强调构建和谐的团队文化，突出以人为本。

人们并不是理性的，而是由本性支配的，因而通过理解这些本性，就可以揭开迄今未探索过的心灵的秘密。因此，仅有完善的制度和标准化的管理流程是不够的，人不是机器，不能完全受制于组织。任何好的企业理念与竞争战略，都需要员工来实现–而员工的态度与士气，决定了理念与战略的实现程度，决定了企业的执行力与竞争力。为此，要以人为本，营造和谐的人际关系氛围的精神境界。

第二，规范化管理是术，强调标准化的工作流程。

规范是管理的原则和基本，完善的人性化管理要有完善的制度和标准化管理流程为保障。规范化管理要求制度标准化、措施具体化、决策程序化、执行规范化、业务流程化、控制过程化，绩效考核定量化、权责明确化。

（二）人力资源管理范畴内的规范化管理与人性化管理的关系

第一，规范化体现了对人力资源社会价值的认识与控制，人性化则是对人力资源自我价值的理解与尊重。从某种意义上讲，企业是在社会分工和相互协作基础上发展起来的。企业内部的分工使得两个及以上的人为了实现企业的共同目标产生了协作的必要，而为了保证这种分工和建立在分工基础上的协作得以有效运行，就必须制定相应的制度对员工的行为加以约束和规范，使个体的价值观、行为观统一到企业的发展目标上来，形成最佳合力。而为了激励个体充分发挥其潜力，就必须考虑人的主观想法和需求，在组织结构设计、岗位职责权限划分、工作设计与安排、员工培训与开发、绩效与薪酬管理、员工职业生涯设计与管理等方面考虑员工的需要，将员工的目标与企业的目标有机结合起来。

第二，规范化管理是人性化管理的基础与依据。从企业角度来说，为了保证企业正常运转和不断发展，必须制定严格完善的管理制度，对员工的行为进行约束和规范，形成决策科学化、监督制度化、工作标准化、考核系统化的管理模式；从个人角度来说，人都是有惰性的，管理松弛、职责不清、分工不明，员工就会生出惰性，虽

然要尊重人性，但也要看到人性的弱点和消极面，要用健全的制度来约束和管控人性的弱点。因此，人性化管理必须以严格的管理制度为依据，基于人性特征来实施。

第三，人性化管理是实施规范化管理的前提和条件人力资源管理的对象不是没有生命的物体，而是有理想、有追求、会思考、具有主观能动性的员工队伍。因此，研究制定人力资源管理的规章制度，实施规范化的人力资源管理，必须建立在对员工的基本状况和主导需求等因素进行充分调查论证的基础之上，充分考虑员工对各项制度的想法和建议。

（三）企业不同阶段的最优管理策略

企业在不同阶段，在管理上对人性化和规范化的要求的程度也有着很大的不同。一般来讲，企业发展阶段可分为创业期、成长期、成熟期、持续发展期。要建立人性化的企业规范管理体系，实现二者的协同和融合，就要在不同阶段把员工自我价值的实现与企业的发展目标相融合，依靠无缝隙的沟通协同制度，实现集体契约的最大共识，使管理更加高效、灵活、人性、规范和可持续，具体如表7-4所示：

表7-4　企业不同阶段所制定的融合规范化管理和人性化管理的最优管理策略

时期	最优管理策略	操作指导
创业期	该是沟通全方位、关注核心业务规范化的管理	企业创业之初，企业组织和流程不正规，但由于目标一致和创业的激情，大家能高度团结，创业的核心人物能够对每个人施加影响，在管理制度中，要调动员工最大限度地参与，收集员工的想法和意见，通过全方位沟通实现最大限度的集体共识在此基础上，制定的规章制度没有必要面面俱到，能够保证企业核心业务流程的规范即可，从而使得组织成员的活力和创造力转化为完成组织使命的活力和动力，使组织成员的事业成功汇集成组织事业的更大成功为此，要搭建多样化的交流平台，拓展情感沟通渠道，听其言、知其行，对员工的工作给予肯定赞扬，让员工认识到自己的价值所在，从而在工作中充分施展自身才干，促进企业兴旺发达
成长期	最优的管理是导人全面规范管理并考虑个人目标和组织目标最大限度的整合管理	在成长期，企业业务快速发展，人员大量增加，跨部门的协调越来越多，并越来越复杂和困难，企业面临的主要问题是组织均衡成长和跨部门协同，仅靠人与人的信任和激情已经不够了，企业必须在关心员工目标发展和公司目标的契合的同时，着手企业全面规范化建设全面规范化是保证成果、夯实基础，保证下一步持续发展的最有效途径在成长阶段，满足员工身心多方面发展需求的制度体系，会激发员工热爱自己的企业，激发员工为企业的前途和生存献计献策，由此企业的各项管理措施、任务目标就会得到落实；同时，最大限度地把组织的目标和成员目标共同凝聚在一起，并把这种契合的目标变成组织的规章制度，体现组织全体成员的共同意愿和组织目标、任务要求。通过做好员工的职业生涯发展规划，使员工的职业发展与企业战略发展的方向和目标相一致企业要根据自身的发展需要和组织内外部环境的变化，为员工提供及时的、更多的培训机会，实现企业现有人力资源存量的增长和人力资源结构的调整和合理化

时期	最优管理策略	操作指导
成熟期	最优的管理应该是制度完善、流程优化、符合人性且考核量化、奖惩有据、鼓励创新的民主管理	由于创新和创业精神的渐渐淡薄，企业组织和流程已经逐渐固化，流程运作规范，效率低下；部分企业因为不能持续进行管理创新由封闭逐渐走向衰退、灭亡，也有部分企业经过剧烈的业务变革和管理的优化走向可持续发展阶段这个时期必须要有完善的制度和标准化的流程作为基础，实现绩效考核的量化，决策符合程序，权责必须明确，管理行为要标准，达到愿景设计、沟通交流、授权支持、跟踪考核和酬赏兑现五个方面有章可依、有法可循要控制整个管理的动态过程，管理者与被管理者要共同将工作分解得规范化、标准化，并通过双方的监督，评估考绩及适时反馈，不断地规范管理，全面提高一个组织的整体高效执行力成熟期随着企业管理制度的标准化、流程化，企业成员更渴望公正，组织只有遵循公正的原则，才能取得组织内员工的共识和认同，使出台的各项措施获得最广泛的支持，进而顺利实施，特别是在关系到员工个人的绩效结果时，公正的考核制度使更大范围的员工受益，这种规范才能取得各利益集团的广泛支持和配合，这个时候就要求绩效考核的公正、公开、公平一要通过建立科学的绩效考核体系，切实从根本上、制度上保障企业绩效考评的客观性、科学性和考评结果的可靠性，考核指标尽量可量化、可实现、可观察、有时间限制，在确定考核指标时，要体现员工对组织的贡献，便于横向比较，须按照流程来制定奖惩激励措施，针对流程的最终效果来实施奖惩，而不是针对具体岗位个人来实施奖惩
持续发展期	最优的管理是实现文化的管理且考核量化、奖惩有据、鼓励创新	持续发展期是一个企业各种管理制度成熟、运营规范而又有一定底蕴的时期，这个时期的管理制度具体、规范、成熟且已经传承为员工的一种习惯、内化为员工的一种准则，企业实现了辩证吸收并优化外来的管理制度以符合自己企业实际情况的完美效果，这个时期的最优的管理是实现文化的管理首先应该将优秀的企业文化作为内部管理的灵魂，文化可以塑造员工良好的行为习惯，可以营造员工集体认同的氛围，可以形成无形的规范行为这个时期更侧重于关爱每一个员工，努力营造出宽松、舒适、张弛有度的和谐工作氛围和良好的干群关系；要通过丰富的文体活动丰富员工的业务生活，满足员工的精神需求；通过文化的规范和导向能力使员工形成共同的价值观和行为规范

三、人力资源管理采取规范化与人性化结合的策略

　　规范化和人性化是贯穿企业管理全过程的一对矛盾综合体，正确处理好二者的辩证关系是企业人力资源管理的发展方向。从实践的角度来说，应该注意把握以下三项原则：

（一）人力资源管理的规范化与人性化水平在企业不同阶段应有所差异

企业生命周期的概念是在1972年由美国哈佛大学的格瑞纳教授首次提出来的。在企业的成长过程中，如同人的成长要经历幼年、青年、中年和老年等阶段一样，企业的成长也要经历创业期、成长期、成熟期、持续发展期等阶段。在企业不同发展阶段，人力资源管理如何进行规范化与人性化操作呢？

在创业期，企业往往还没有正式的、稳定的组织结构，分工粗，雇员少，员工间多采用非正式的沟通与交流方式。此时，组织的管理主要表现为创建者的亲自监督，属于人性化的一种形式。

成长期是创业期的进一步发展。随着企业的发展、规模的扩大，企业内部开始建立按职能划分的组织结构，员工有了较明确的职责和分工，企业的管理制度初步建立起来，针对员工的激励制度与工作标准等措施开始部分代替管理人员的亲自监督方式。此时企业管理开始向规范化方向探索。

到了成熟期、组织内部已经建立了分工明确的组织结构，各级部门和人员主要按规范的规章制度和准则展开工作，管理效率会达到顶峰，过度标准化和规范化会在一定程度上制约员工工作的自主性和创造性，这是企业管理规范化水平的最高时期。

经过了成熟期的组织，意识到过度规范化的危害，开始从企业内部各个层面做出调整与改进，管理的人性化水平会慢慢提高，部分削弱制度管理的权限和范围。企业由此进入持续发展期。

（二）考虑企业的规模对规范化管理与人性化管理的影响

当企业规模比较小、员工比较少时（相当于创业期和成长期），员工日常工作一般都紧密而频繁，彼此之间比较熟悉，成员需要通过团体的情感互动来实现心理需求的满足，因此容易产生情感共鸣采用人性化的管理手段，有利于增强企业凝聚力，还能提高员工的协作意识和合作精神。

反之，企业规模大、员工人数比较多时（相当于成熟期和持续发展期），生产规模的扩大使企业正常经营活动变得越来越多样化和差异化，此时，企业一般会使活动差别化以便获得专业化优势。为了有效指导员工的工作，各种政策、规章、规则和程序会越来越多，企业管理的规范化水平也会越来越明显。

（三）根据具体工作的性质与特点确定微观层次的规范化与人性化水平

比较而言，技术性、生产性岗位，比如财务、资产管理、生产管理等岗位，其工作内容往往比较稳定、岗位职责也非常明确、工作结果可预测性高，在这类岗位上个性的发挥往往容易导致企业的损失，所以必须实行严格的制度管理，用非人性化的规范规章来明确界定他们的职责、任务与目标。而管理、研发、营销等岗位的工作内容一般都不太稳定、工作过程难以标准化、工作结果受人力和很多非人力因素影响，只有人性化的管理才能更好地发挥在这些岗位上工作的员工的积极性和创造性。

（四）区分任职者的素质和层次，调整管理的人性化与规范化水平

根据人力资源管理的人性假设理论，企业员工的人性特征一般可以分为"经济人""社会人""自我实现人"和"复杂人"四种形式。

"经济人"是一种懒惰、被动、消极的人性特征，"自我实现人"正好与"经济人"相反，"社会人"追求更多的社会和心理需求的满足，"复杂人"则兼有以上三种人性的特征在企业里，一般综合素质和工作层次低的员工"经济人"特征表现明显，而素质高、工作层次高的员工则"社会人""自我实现人"的特征表现突出一些。显然，为了保证"经济人"能踏实工作，规范化的规章和奖惩制度是必需的；而为了激发"社会人"和"自我实现人"的工作热情和积极性，必须充分关注他们自身的各种需求，人性化管理才是有效的选择。

总之，人力资源管理的规范化与人性化，就像物理的两极一样，具有对立的特点，但是，在企业管理过程中，二者又不能截然对立与分离。有效的人力资源管理，必然是规范化与人性化的有机结合，用规范化的制度来提高管理效率，用人性化的手段来提高员工的满意度水平，二者的协调统一，才能实现企业目标与员工目标的共同实现与双赢

四、关注员工切实需求，构建企业与员工"命运共同体"

员工是企业可持续发展的核心，也是人力资源人性化管理的受益方。如何更好地践行人性化理念，关键在于关注员工切实需求，两者构建"命运共同体"。

（一）经济待遇要"稳中有升"

员工生活好，是员工价值创造的重要基础。企业应建立完备的员工薪酬体系，并基于岗位设置需求，形成"梯度"薪酬制度，在激励员工价值创造的同时，也确保员工的经济待遇"稳中有升"，并进一步提升"政治待遇"。

（二）建立完善的沟通机制

员工是企业发展的推动力，提高员工参与企业经营管理的主动性，是让员工更好地发挥主人翁作用的重要保障：因此，企业要建立完善的沟通机制，能够让基层一线员工的心声传达到企业管理层，让员工拥有参与权、知情权和决策权，让员工在工作中产生"归属感"

很多管理者都忽视了沟通的重要性，而是一味地强调工作效率。实际上，面对面沟通所花的些许时间成本，绝对能让沟通大为增进，沟通看似小事情，实则意义重大！沟通通畅，工作效率自然就会提高，忽视沟通，工作效率势必下降。

（三）帮员工做好职业生涯规划

职业生涯规划指的是，个人和组织结合在一起，对个人职业生涯的主客观条件进行分析、总结、研究，之后对自己的兴趣爱好、能力、特长、经历和不足等进行综合

分析与权衡，根据自己的职业倾向，确定最佳的职业奋斗目标，并为实现这一目标做出行之有效的安排。

为了确保企业发展的持续性，为了员工更好地发挥职业创造力，企业应制定详细的文件，罗列出员工晋升渠道、所需具备的能力和职业发展前景，让员工在工作中以此为发展导向，提高员工价值创造的主动性。

五、优化与调整员工管理方式，积极营造民主、和谐的企业氛围

优化与调整管理方式，积极营造民主、和谐的企业氛围，是践行"人性化"理念的着力点。为此，需要强化"情感管理"、抓好"信任管理"、培育员工责任感与创造力。

（一）要强化"情感管理"

情感管理在管理中具有重要作用。情感管理强调的是以员工为主体、为利益中心，为员工创造一种温馨、充满人情味的人力资源管理模式。管理强调柔性因素的渗透，注重情感投资在人性化理念中的落实。

（二）抓好"信任管理"

信任管理强调的是为员工的价值创造、自我发展，创造更加多元化的自主空间。企业与员工之间要相互信任，在相互发展中，创造各自的价值。

爱尔兰是世界上最大的软件生产出口国家，这个国家十分重视人与人之间的信任，各软件公司都是变控制管理为信任管理。

无独有偶，在美国沃马特公司，每一位经理人员都用上了刻有"我们信任我们的员工"字样的纽扣。在这个公司，员工包括最基层的店员都被称为合伙人，企业的发展蒸蒸日上。

信任是最好的管理，可是国内的一些企业却对员工不信任，喜欢拿放大镜来审视员工，将员工的缺点无限放大，对员工持有怀疑戒备之心，员工稍有差错，就严加训斥，全然不顾员工的内心感受，使员工心怀不满，与企业离心离德

有些企业在创业之初能很好地信任管理，管理者与员工同苦共难、员工也能充分发挥主观能动性，为企业发展尽心尽力。但是企业发展到一定规模后，利益分配差距越来越大，管理者就会开始提防员工。随着信任的不断流失，公司就会弥漫一种怀疑的气氛，员工管理变成了防卫式管理、监控式管理，疏远了人心，丧失了凝聚力，企业慢慢走上下坡路。

如今，很多企业都在倡导"以人为本"的企业文化和管理理念，而要真正将"以人为本"落到实处，就要以信任为基础，尊重员工、相信员工、理解员工，充分释放员工的潜力和激情，使员工真正将企业当作"家"来挚爱；对员工感情上融合、工作上放手、生活上关心，营造一种信任氛围，使信任成为企业和员工的黏合剂、连心锁，让员工管理自己、提高自己，最大限度地减少管理成本，使企业和员工共同

发展。

（三）培育员工责任感与创造力

企业要培育员工责任感，在员工履行岗位职责的同时，激发其潜在的创造力。员工一方面要履行好自身岗位的职责，同时也要在不断创新的思维方式之下，更好地激发创造力，满足企业发展的内在需求。企业在员工开发的过程中，既要确保岗位基本职能有效落实，也要大胆任用，对优秀的员工可以破格任用，创造更好的发展平台，为企业创造更多的价值。

美国宝洁公司已有160年的历史，进入新经济时代，宝洁公司运用新经济和新科技思想，激发员工的责任感与创造力，突出企业"人本资源"基本动力的再造与重塑，从而大大加快了企业科技创新与品牌创新进程。宝洁公司平均每年申请创新产品与技术专利近2万项，成为全世界日用消费品生产中产品开发创新最多的公司。宝洁公司进入中国市场后，组成庞大的消费市场调查队伍，深入全国各大中城市家庭进行广泛调研，已创出海飞丝、玉兰油、飘柔等具有中国特色的知名品牌，这些产品与品牌一直领导着中国洗涤产品市场，在中国消费者中的信誉度和知晓度极高。

其实，宝洁公司的做法就是：将知识资源开发利用战略目标锁定在创新人才及其创新能力、创新热情等无形资产拥有上，最大限度地获取知识创新及开拓市场，加速技术创新与资本增值；全面顾客关系协调，充分尊重员工的自主性与创造性，营造出一种"员工充电，老板出钱"的浪潮，为企业技术创新不断注入新的活力。

六、人力资源管理的六种模式与员工管理的人性化技巧

在现代社会管理中，人力资源管理已经突破了传统的模式，把人力上升到资源的角度进行配置和管理。在人力资源的管理和配置中，人性化管理是一个十分重要的研究课题，也是一个企业人力资源管理工作的重点这里介绍的人力资源管理的六种模式与员工管理的人性化技巧值得企业管理者学习

（一）人力资源管理的六种模式

对于公司治理，国外经济学家认为，西方工业化是"三分靠技术，七分靠管理"，人力资源管理更是企业发展的巨大动力。企业管理者可以结合我国国情和自身特点，借鉴以下六种模式：

1. "抽屉式"管理

在现代管理中，它也叫作"职务分析"。"抽屉式"管理是一种通俗、形象的管理术语，它形容在每个管理人员办公室的抽屉里，都有一个明确的职务工作规范，在管理工作中，既不能有职无权，更不能有权无责，必须职、责、权、利相互结合。

"抽屉式"管理用于明确部门和个人岗位责、权、利关系，其成果是人力资源管理中非常重要的基础之一。进行"抽屉式"管理的步骤如下：第一步，建立一个由各部门组成的职务分析小组；第二步，正确处理企业内部集权与分权关系；第三步，围

绕企业的总体目标,层层分解,逐级落实职责权限范围;第四步,编写职务说明、职务规格,制定出对各职务工作的要求准则;第五步,将考核制度与奖罚制度结合起来,

2. "危机式"管理

经营者不能很好地与员工沟通、不能向员工表明危机确实存在,就会很快失去信誉、失去效率和效益。

世界已变成一个竞争战场,全球电信业正在变革中发挥重要作用,于是启用两名大胆改革的高级管理人员为副董事长,免去五名循序渐进改革的高级人员职务;在员工中广泛宣传某些企业由于忽视产品质量、成本上升、失去用户的危机,让员工知道,技术公司如果不重视产品质量、生产成本及用户,末日就会来临。

3. "破格式"管理

所谓破格式管理,就是根据能力、效绩决定员工升降去留,在企业诸多管理中,最终都通过对人事的管理达到变革创新的目的因此,世界发达企业都根据企业内部竞争形势的变化,积极实行人事管理制度的变革,以激发员工的创造性。

在日本和韩国企业,过去采用的都是"年功制度"——以工作年限作为晋升职员级别和提高工资的标准。这种制度适应了企业快速膨胀时期对用工用人的要求,为劳动力提供了就业与发展的机会。进入20世纪80年代后,发达企业进入低增长和相对稳定阶段,这一制度已不能满足职员的晋升欲望,组织人事的活力下降。从90年代初,日本、韩国等优秀企业着手改革人事制度,大力推行"破格式"的新人事制度——根据工作能力和成果决定员工职务的升降,成效明显。

世界大企业人事制度的变革,集中反映出对人的潜力的充分挖掘,因此企业要通过搞活人事制度来搞活企业组织结构,重视培养和形成企业内部的"强人"机制,努力营造一种竞争、奋发、进取、开拓的新气象。

4. "一分钟"管理

目前,西方许多企业纷纷采用"一分钟"管理法则,并取得了显著的成效,具体内容包括:一分钟目标、一分钟赞美及一分钟惩罚。

所谓"一分钟目标",就是企业中的每个人都将自己的主要目标和职责明确地记在一张纸上。每个目标及其检验标准,都要在250个字内表达清楚,保证一个人在一分钟内能读完。如此,每个人就能明确认识自己为何而干、如何去干,并据此定期检查自己的工作。

"一分钟赞美"指的是人力资源激励,具体做法是:管理者花费一定的时间,在职员所做的事情中,选出正确的部分加以赞美,促使员工明确自己所做的事情,更加努力地工作,使他们的行为不断向完美的方向发展

"一分钟惩罚"是指某件事应该做好,却没有做好,管理者对有关人员进行批评,指出错误,然后告诉他,自己非常器重他,不满的是他此时此地的工作。如此,就能

让做错事的人乐于接受批评，让他们感到愧疚，并避免同样错误的发生。

一分钟目标、一分钟赞美和一分钟惩罚，形成了经理人管理的一个闭合循环。目标引发行为，结果巩固行为，行为达成目标，这就是管理，这就是管理的真义但是，这种管理境界也是有使用条件的、一分钟经理人的舞台和平台是建立在有效的公司治理结构和完善的组织架构的前提和基础上的，缺少了这些条件，经理人做事就会束手束脚。

5."走动式"管理

它主要指企业主管体察民意，了解实情，与部属打成一片，共创业绩。其优势在于：第一，主管动部属也跟着动。第二，投资小，收益大走动管理并不需要太多的资金和技术，就可能提高企业的生产力。第三，看得见的管理。就是说最高主管能够到达生产第一线，与工人见面、交谈，希望员工能够对他提意见，能够认识他，甚至与他争辩是非。第四，现场管理，现场办公，现场解决问题。

6."和拢式"管理

"和拢"是希腊语"整体"和"个体合成"的意思、表示管理必须强调个人和整体的配合，创造整体和个体的高度和谐。不同于传统上的泾渭分明的分工管理，"和拢"管理更强调个人奋斗，从而促使不同的管理相互融合、相互借鉴。

实行"和拢式"管理的要点是，对员工期望进行有效管理。所谓员工期望，指的是员工在对自身掌握的信息和外部信息进行综合分析、评估的基础上，在心中形成的对企业提供给自己的"产品"（包括工作、薪酬、福利等）的一种基本要求，并据此对企业的行为形成的一种期望。

对员工期望进行管理，就是对其不合理的期望予以说明和剔除，尽可能地满足其合理的期望；同时，引导员工建立正确、有效的期望，最终让员工满意。

管理员工期望，不仅要在企业内部形成良好的正式沟通机制，还要重视内部非正式组织的作用，注重与员工意见领袖的沟通，同时要有意识地培养有利于管理方的员工意见领袖。在一流的"内线"帮助下，领导者就能掌握这部分信息，大大提高员工期望管理的有效性，有助于领导者做出规避、应对和化解罢工的正确决策。

实行"和拢式"管理还应赋予员工尤其是高级管理人员行事权"授权"是当前商界出现最多的无聊词汇，却是领导者和管理者了解最不透彻的概念。授权，就要将程序性管理转型为原则性管理，允许员工以他们的方式和具体的情况来应用这些原则。

（二）员工管理的人性化技巧

人性化的管理就要有人性化的观念，就要有人性化的表现，最为简单和最为根本的就是尊重员工的私人身份，把员工当作一个社会人来看待和管理，具体做法如表7-5所示。

表7-5 员工人性化管理技巧

技巧	操作指导
令员工愉悦地谈话	把一名员工叫进你的办公室,仅仅为了对他表示感谢,在此期间不要谈论其他的事情。在收到的员工写的信上和递交报告的员工的薪水支票或是分红支票上加一张便条,或者直接写在上面,你欣赏他工作的哪些地方和为什么
帮助员工	当员工在进行一件有压力的工作时,去帮助他们但别去当"老板",征询员工你怎样才能帮忙,然后按照他们说的方式去帮助他们。改变员工工作,用新的、令人兴奋的新项目来回报你最好的员工。如果这点做不到,就让他目前的工作多样化一点对于新员工,要给他们机会让他们去表现、去学习、去成长,这是承认他们的一种方式,切记赞美会让他们更加努力
以可见的形式表达出来	安排一块地方,放置记录某个重要项目进展情况的照片、备忘录或是其他,而不要等别人来设立这些,要让员工明确,他们可以自由地在布告栏上表达对别人的积极意见,签上自己的名字,并把这作为对公司的特殊贡献
公布他们的姓名	在电子布告栏上承认员工的成绩。想想看,很小的努力就足以使他们兴奋一整天。而且其他人也读到了布告,还会加上他们的赞扬

第二节 互联网时代企业扁平化人力资源管

在互联网时代,人力资源传统的组织会发生巨大变化,组织扁平化、自组织、创客组织等多种新兴组织形式层出不穷,人力资源管理者一定要顺应时代变化,及时调整组织结构要致力于打造经济新常态下的健康型组织,要为组织发展设计有效的人才管理解决方案并在方案实施过程中注重让员工与企业共赢,要积极应对组织结构扁平化下人力资源管理的各种挑战,解决好组织晋升发展机会有限与员工晋升发展诉求增加这两者之间的矛盾,构建人力资源管理的扁平化组织"五力"体系。

一、经济新常态下,组织发展新战略:打造健康型组织

世界卫生组织在1948年是这样定义"健康"的:健康是一种在躯体上、心理上和社会上的完美状态,不仅仅是没有疾病和虚弱的状态。这里提到的"健康"是一种大健康,相对于狭义的没有器质性病变的躯体健康而言。心理健康和社会关系的动态和谐日趋重要,身、心、灵的三环模型便成了健康的重要组成部分。

组织、社区和社会,就像是人体的健康,也有好坏之分。其衡量标准是,能正常运作,注重内部发展能力的提升,能有效、充分地应对环境变化,合理地变革与和谐发展。此外,在组织行为学界,还针对企业提出了一系列健康标准,比如关注目标、

权利平等、资源利用、独立性、创新能力、适应力、解决问题、士气、凝聚力、充分交流等。企业就像一个人，也应该有健康的肌体、胜任的能力和创新文化，只有打造好软实力，实施人本管理，上下级之间才能同心同德，才能共同面对市场竞争，获得更好的发展。

（一）健康组织的概念及要素

健康组织包括权利平等、资源利用、独立性、解决问题、适应力、创新能力、士气、凝聚力、充分交流和关注目标等要素，组织包括正常的心理状态、成功的胜任特征和创新的组织文化三方面。其中，胜任特征指能将某一工作（或组织、文化）中有卓越成就者与表现平平者区分开来，比如动机、特质、自我形象、态度或价值观、某领域知识、认知或行为技能……

从全人心理学的角度分析，健康型组织也应该包括的三大要素：一是身，即身心健康，也包括组织肌体的健康，包括健康型组织标准体系、劳资关系、组织绩效等多层面。二是心，即心理能力、素质。成功是健康发展的重要基础，要建立基于胜任特征模型的人力资源开发模式，这包括了变革型领导行为、职工疏导技能、员工心理感受和压力应对等要素；三是灵，即心理资本，理性的、积极的幸福观。建立和谐、胜任和促进创新的组织文化，以提高组织的核心竞争力，以满足市场竞争和不断变革的需求，这包括建设幸福企业所必须具备的社会责任、组织文化、团队氛围、员工的工作投入和组织公民行为等因素。据此，开展健康型组织建设要达到上述身、心、灵的组织建设要求。

组织是由人构成的，健康的组织也要具备跟健康的人一样的影响要素，包括躯体（机构设置和职能分工、部分协作——组织正常的运作）、心理激发（员工的内在动力、抗逆力——内部发展能力的提升）和灵魂成长（文化、组织与环境的和谐互动——合理的变革与和谐发展）。

要想打造"身""心""灵"结合在一起的健康组织，就要进行健康型组织建设，要点如下：①高层管理者带头改变观念，高度重视企业的人本管理，倡导健康型组织建设；②人本管理的核心在于借助心理学，做好员工的压力管理与情绪管理；③面对新生代的新特征，管理者要从组织发展战略的高度，全面提升自身的管理能力，将人本管理落到实处；④倡导建设健康型组织，在认识上抓住实质，建设创新融合的文化，增强组织的核心竞争力；⑤建立组织与员工促进计划，建立员工援助专业人员队伍，配合政府和行业协会加强职业资格认证和市场监管，在中层管理者和员工中普及健康型组织的管理理念和服务技术。

（二）经济新常态下的健康型组织

在当代的中国，经济秩序经过一段不正常状态后已经重新恢复正常状态，这就是"新常态"。经济新常态时期的企业组织面临的外界的环境包括经济的快速发展、国际化的竞争、多元文化的冲突，因此，组织必须在创新中实现转型。

表7-1 经济新常态下健康型组织建设措施

措施	实操指导	组织对策
加强人本主义管理，激发组织活力，提升组织效率	重视人力资本的开发与培养，实施健康型组织建设，是组织在愈演愈烈的市场竞争中立于不败之地的基石。谁能够在日常的管理活动中尽可能地创造有利的环境和条件帮助员工保持良好的精神状态，谁就能有效激发员工的工作激情和活力，有效提升组织效率，就能充分发挥人力资本的效能，在市场中赢得先机；因此，企业的高层管理者应该注重以人为本的管理理念，重视员工身心的同步发展	高层管理者带头改变观念，高度重视企业的人本管理，倡导健康型组织建设
做好员工的情绪管理与压力管理	在生活和工作节奏日益加快的今天，每个组织中的员工不仅面临着来自生活方面的压力，在工作中也会有很多压力源的存在。身为组织的管理者，必须对员工的情绪与压力管理对于组织建设的重要性有深刻的理解和认识，要善于使用心理学的相关知识，根据自身的实际情况，帮助员工做好情绪与压力的调节和管理，营造良好的企业文化氛围，充分发挥员工的工作积极性，激发潜力，提升绩效，最终实现组织和员工的共同健康成长与发展	现代社会是一本打开了的心理学，要倡导人本管理，其核心在于借助心理学来做好员工的压力管理与情绪管理
做好新生代员工的管理	随着时代的发展，越来越多的"85后""90后""95后"员工涌入职场，组织要根据新生代员工的特点，了解新生代员工内心世界的状况和变化趋势，及时地从工作和生活的各个方面给予关怀、帮助和支持，才能保证能够做好新生代员工的跨代管理，保证组织健康、稳定地长期发展	面对新生代的新特征，管理者要从组织发展或战略的高度，全面提升管理能力，使企业的组织与员工促进计划落到实处

二、解码组织DNA：组织发展与人才管理的新视角

每个企业都有属于自己的DNA（基因），就像生物DNA一样，各个不同，大到能对公司经营业绩造成影响，小到员工工作环境或流程细节也会受到它的支配，就像是一个无形的指挥棒。要想优化或改良企业组织DNA，就要为组织设计有效的人才管理解决方案，并在方案实施过程中让员工与企业共赢，提升企业的凝聚力和战斗力，这也是互联网时代组织发展与人才管理的新理念。

（一）为组织发展设计有效的人才管理解决方案

要想搭建基于组织发展的人才管理体系，不仅要以战略需求、组织发展为制高点和出发点，还依赖于公司制度和文化环境的支撑。世界杰出华人管理大师杨国安曾在《组织能力的杨三角》一书中提出过一个关于组织发展的公式：企业绩效=正确的战略×合适的组织能力。将这个公式运用到实践中，就是从业务发展需求分析，到解决方案的方法论设计与实施，再到效果评估与持续改善，形成一个闭环。

首先我们一起来解读这个公式。组织的发展必须要靠绩效说话，要想获得好的绩效首先一定要确保战略是正确的，雷军说过的"不要用战术的勤奋掩盖战略的懒惰"就是这个意思，那么，如何评价战略是否正确？用互联网思维看这个问题就很简单：能否提供极致的产品来尽可能地满足用户需求。

企业存在的价值就是创造顾客的新需求。企业开发的产品不是给自己用，而是给用户用，让用户满意才是最重要的。所以企业制定产品战略不能凭自己的喜好做产品或者是简单地模仿竞品，以用户为导向在模仿中创新产品设计、品质与用户体验，甚至商业模式，才是有效的正确战略。

合适的组织能力，包括合适的员工能力、员工思维模式、员工治理方式。通俗地说，就是打造一个高效的团队，一个高效的团队是由优秀的领导者、有效的组织模式以及具备组织发展所需核心能力的团队成员构成因此，组织发展所需的人才管理解决方案主要包括以下三部分：

（1）关键核心人才决策

确保领导业务团队的关键核心人才是胜任的。

（2）组织模式设计

组织模式一定要能支撑业务战略的实施，通常分为两种组织架构：产品项目制或大客户项目制。前者，主要是为目标用户的具体需求提供不同的产品；后者，则是向客户提供全面的解决方案。虽然主要内容不同，但不管是哪类组织模式，都要在公司层面做好横向的资源协同，成立协同部门；在激励方式上，各项目负责人的业绩都要与公司整体绩效挂钩，实现不同业务单元的发展平衡，加强团队合作。在组织模式设计领域，要具体业务具体分析，同时还要设计出新的、有效的组织模式，重视组织转型——组织变革或组织重建。进行组织转型，领导者要率先垂范、推动组织环境改变、重塑紧迫的组织氛围，逐渐完善和改变员工。

（3）核心能力的人才队伍建设

人才队伍建设流程分为人才能力盘点、人才能力差距发展、人才考核与激励。

第一，人才能力盘点。进行人才能力盘点并不需要太复杂的工具，只要能够让业务团队听得懂、看得明、学得会即可首先，解构出组织业务发展需要的关键岗位，比如，互联网教育公司的核心岗位是产品设计、产品开发、产品运营、课程内容、销售五大类。其次，将组织发展所需的关键岗位专业能力进行有效分级，如可以分为以下六级：助理、普通、资深、骨干、专家、首席。再次，各级管理者进行关键岗位的员工能力定性评级，定性评级以总经理的核定为准。最后，盘点各业务发展所需的每类关键岗位的目标层级人数与实际层级人数的差距，比如：A产品，产品设计目标人才数量为：助理2人、普通员工1人、资深员工1人、骨干2人、专家1人，没有首席；B产品，产品设计目标人才数量为助理2人、普通员工2人、资深员工2人、骨干1人、专家1人、首席1人……如果确实存在人才缺口或富余，就要根据实际需要，对同类岗位不同业务单元进行人才需求的内部调配与优化。

第二，人才能力差距发展。要想根据人才能力盘点结果，制定有效的人才能力差距发展计划，首先，要找到各关键岗位人才能力发展的牵引动力，设计与专业能力层级对应的宽带工资结构；其次，考核各部门人才能力的达标率，设置相应的奖惩措施，激励各类关键岗位的员工努力自学提升，或参加培训，或加强内部的学习，或激励骨干人员持续做内部分享；最后，明确人才能力差距发展计划的方法，比如外部引进、内部培训，不管怎么样，都要结合业务发展需要制订出有效的人才招聘计划与人才培训计划。

第三，人才考核与激励。通过设计有效的人才考核与激励方案，拉动人才实施公司业务战略与年度的绩效目标。激励方案的设定，一定要保证人才与岗位、团队甚至公司绩效挂钩，也就是说，要为人才测算出其与岗位、团队、公司业绩目标达成后的奖金分配方案：如果最终方案无法让人才直接看到其绩效表现与团队、公司业绩的关系，该方案也就失去了考核与激励的目随着薪酬福利的激励创新，还可以将福利与员工努力程度联系起来，比如设置全勤奖、工龄奖，晚上10点下班车票可报销，加班累计达到一定数量可在工作淡季享受旅游假期与旅游福利津贴等。

当然，为组织发展设计的方案一定要以业务为导向，要具备支撑组织的业务发展的核心能力，要能正向牵引、推动方案的实施。切记：不以业务为导向的人才管理解决方案都是毫无用处的。

（二）人才管理解决方案落地，重在让员工与企业共赢

为组织发展设计有效的人才管理解决方案是重要的一步，让方案落地则是更重要的一步，其关键在于实现员工与企业的共赢从许多成功企业的经验来看，让员工与企业共赢的根本在于打造企业文化。企业文化是企业DNA内核，打造企业自己的DNA，就必须塑造自身的文化内核。

借助微信庞大的用户基础、丰富的第三方应用，企业就可以在微信企业号上建立自己的文化家园，塑造自己的企业文化。微信企业号的做法如下：

一是通过知识管理，形成企业的组织智慧。通过微信企业号将公司的规章制度、产品信息、文化宣传材料放到手机当中，构建企业自己的移动智库，资料随时查阅、实时更新，无论新老员工都能随时随地掌握到最新信息，同时结合微信PC版，资料下载也变得更加方便。

二是通过企业报道，宣传企业的发展动态。如果企业人员分散，企业报道是无法在第一时间通知到所有员工的，借助微信企业号的新闻公告功能，不仅能够让信息及时传达，还能分享给外部客户、举办征稿活动，提高企业影响力。

三是在同事社区建立员工的交流圈子。员工通过同事社区应用可以分享工作经验、心得，表彰优秀员工事迹，建立互相学习、交流、互动的体系，如此不仅能让员工产生更强的归属感，更能因势利导产生相应的企业文化因子。

四是开展"有文化"的企业活动：在唱歌、跳舞、体育比赛、晚会等活动中可以把企业文化的价值观贯穿其中，用企业号组织活动可以方便报名、管理人数，还能借助微信企业号直接收款，活动组织更加方便。

五是通过投票评选，让鼓励和反对意见一目了然。通过互评可以将矛盾摆在明面上，消除分歧，优化工作，表彰先进，净化企业文化。企业号的账号体系是一人一票，问卷投票更公平、更客观。

三、组织结构扁平化下人力资源管理要面对的问题与对策

传统金字塔式的组织结构，一般都管理层次多、信息传达速度慢，阻碍了企业的前进步伐，已经无法适应企业发展的要求，正逐步退出企业管理的舞台。组织结构扁平化，很好地适应了现代市场化经济环境，可以有效推动企业人力资源管理体系的优化进程，让企业在严酷的市场竞争中产生较强的竞争力，保证企业稳步、快速发展。

（一）组织结构扁平化在人力资源管理体系中的应用

组织结构扁平化是根据其在组织结构图上的形状而命名的。组织结构扁平化也可称为扁平化管理，简称扁平化，它是一种通过减少中间管理层次、横向加宽管理幅度、减员增效的形式，突破了传统的分工制度和等级制度的扁平式的组织结构。在现代市场经济环境中，组织结构扁平化正在逐步取代纵向层次过长的金字塔式的组织结构。

由于组织结构扁平化具有管理层级少、管理横向幅度宽、权力分散等特点，所以它能够更加灵活地应对外部环境变化，加快信息传达速度，保证信息真实性，有助于管理决策层做出正确决策同时，因为组织结构扁平化下管理人员少，在一定程度上节约了管理成本，促进企业资金、资源合理化分配。

组织结构扁平化在人力资源管理体系中的意义体现在以下几个方面，如表7-2所示。

（二）组织结构扁平化下人力资源管理要面对的问题

组织结构扁平化，最早提出于20世纪80年代末，诞生时间短，经验少，发展还不成熟，管理精力分散，工作负荷重，协调难度大，管理层对基层员工的素质要求高等，所以，在应用期间还存在一些问题。人力资源管理要面对如下挑战，如表7-3所示。

表7-2 组织结构扁平化在人力资源管理体系中的意义

意 义	进一步解释
提高企业管理效率	组织结构扁平化缩短了企业纵向管理长度，使信息传递速度得到明显提高，并且，由于信息传递的介质减少，保证了信息使用者获取信息的及时性、准确性。信息在企业内部的高质量流通能够让高层管理者及时发现问题、解决问题，并为企业未来发展做出正确的预测、决策，有效地提高企业管理效率
加强企业内部的交流和沟通	在组织结构扁平化下，管理层减少，与传统的金字塔式相比，更便于领导与基层员工之间直接沟通，加强各部门之间的交流，及时获得所需信息，确保信息失真少，准确掌握市场动态和企业生产经营状况
提高企业人力资源的使用效率	在组织结构扁平化下，由于企业中间层被大幅度精简，人力资源得到更加合理、科学的配置，最终实现人在其岗、人尽其才、才尽其需，既减轻了企业管理费用负担，又充实了一线业务人员岗位，使企业人力资源使用效率得到大幅度提升
激发企业基层员工的创造力	在组织结构扁平化下，宽大的管理幅度使上级不能够对下属基层员工实行密度和力度过高的控制，这就为员工提供了最大限度的自由的工作空间，宽松的工作环境有助于提高员工的主观能动性，最大限度地激发员工的创新精神，从而大幅度提高企业整体气势和生产率水平
提升企业形象，增强企业竞争力	组织结构扁平化突破了传统的等级制度森严的组织结构，使人员配置更为合理化，信息流通速度更快、质量更高，进而推动企业更为快速、灵活地应对变化，解决客户提出的问题，及时做出正确的预测和决策，从而增强企业在市场经济中的整体竞争

表7-3 组织结构扁平化下人力资源管理要面对的问题

问题	进一步说明
挑战传统管理模式，改变组织结构	与传统的金字塔式的组织结构模式不同，组织结构扁平化强调以团队为基础、以工作为目标而进行的组织构架，员工只会一种技能已经不能够满足工作的要求，而是既要精通本工作的技能，又要了解行业的相关知识，并且能够具有团队意识
企业需要更多高素质人才	由于组织结构扁平化管理层次少、管理幅度大，这就意味着领导者所领导的下属规模增加，工作量增大这就对企业中各级工作者的素质提出更高要求，要求员工具有较强的责任感和较高的工作能力。企业员工要通过不断的学习、拓展思维来提高自身素质，以便适应更多、更艰巨的工作
薪酬管理制度的变化	由于组织结构扁平化下企业对高素质人才的迫切需求，人才争夺战正在进行，先进、合理的薪酬制度是争夺战的致命武器，旧的薪酬制度是按照严格的等级层次来限定薪酬标准的。组织结构扁平化下企业层级减少，员工晋级机会少，薪金等级提高的机会也随之减少，严重损伤了员工工作积极性，并且造成人才外流状况。企业必须突破传统的薪酬模式，拉大同一层次员工薪酬差距，扩大同一层次员工薪酬提高空间，保证薪酬制度对员工工作积极性的激励作用，并提高员工对企业的满意度

问题	进一步说明
基层员工晋级机会少，人才流失	在组织结构扁平化下，企业管理层减少，中间管理层消失，员工晋级渠道变窄、空间变小，使得企业管理岗位变少，岗位竞争激烈。如果企业长期处于晋级岗位短缺的局面，将会极大程度地引起员工满意度下降和消极作态度另外，优秀的员工不能在企业内部得到足够重视，将会另谋发展，进而造成企业人才流失，企业将面临人才短缺的局面，直接影响人力资源的稳定性，不利于企业健康、高速、稳定地发展

（三）组织结构扁平化下人力资源管理体系发展的建议

在组织结构的改革进程中，机遇与挑战并存，为使组织结构扁平化的优势得到最大发挥，解决存在的风险，使改革到达预期效果，针对组织结构扁平化下的人力资源管理体系发展提出以下几点建议，如表7-4所示。

表7-4　组织结构扁平化下人力资源管理体系发展的建议

建议	进一步说明
招聘高素质人才以满足组织结构扁平化下人力资源管理体系发展的需要	人才是企业提高自身竞争力的核心力虽在组织结构扁平化下，企业迫切需要的是具有多项技能、责任心、较强抗压能力和团队意识的复合型人才，笔试、面试的自主招聘手段已经满足不了企业的用人需要，企业可以采取多元化的招聘手段企业可以通过心理测试、小组讨论、第三方联合招聘等手段，选出高素质的人才，安排在适合的工作岗位上
加强企业原有员工的培训工作	老员工对企业了解全面，技术上专注原工作岗位，能够更好地融于团队企业对固有员工的培养可以坚定员工对企业的信心
科学、合理地为员工职业生涯开辟道路	企业可以为员工开辟水平晋级、网状晋级、多阶梯晋级等晋级路径，水平晋级路径是指在组织结构扁平化下，对员工进行多区域、多部门的横向调动网状晋级路径是在水平晋级路径的基础上，对员工进行横向和纵向交叉调动，减少晋级职位的堵塞下降，一定程度上提高员工对企业的满意度，多阶梯晋级路径是指将员工按照管理型、技术型等不同类型进行分类，设计平行晋级制度。多元化的员工晋级方案拓宽了企业员工的职业道路
改变薪酬管理系统	建立与绩效制度相结合的薪酬制度，即按劳动量分配所得。在同一级别上，薪酬分配制度会依据员工的个人劳动贡献得到相应的报酬，另外，企业还应该实行宽带薪酬制度。为了与组织结构扁平化相结合，宽带薪酬取消了团队的薪酬等级，拓展了相同级别上横向薪酬的垂直空间，使员工有机会提高薪酬

组织结构扁平化，既是未来企业人力资源管理体系发展的必经之路，也是组织结构改革的必然趋势。这种组织形式虽然可以推动企业人力资源管理体系的优化发展，但是前进的道路上依然充满了挑战与困难为了保证组织结构变革达到预期效果，管理者必须提高警惕，采取积极、有效的措施。

四、扁平化组织中晋升机会与员工诉求的解决方案

组织的扁平化，会让企业以市场和客户为导向，消除官僚主义，但组织层级数量的减少还会带来员工职级层次数量的减少。职级，是员工晋升发展的里程碑，减少了层次数量，员工晋升发展机会就会相应减少。因此，组织扁平化会直接引发组织晋升发展机会的减少与员工晋升发展诉求的增加之间的矛盾，现实中，这种矛盾与冲突在一些扁平化高科技公司已经出现。

那么，问题来了——在组织扁平化过程中，如何解决组织晋升发展机会有限与员工晋升发展诉求增加这两者之间的矛盾呢？这两者的矛盾在本质上源于先进的组织架构与落后的人才发展体系之间的矛盾，在组织变革过程中，公司高层或组织发展从业者们往往专注于组织架构的调整，却忽略了对配套的人才发展体系做出相应调整许多人力资源管理专家指出，组织在进行扁平化架构调整的同时，需要针对不同员工群体的发展特点，适时对组织的人才发展体系做出相应调整。

（一）专业人才：划小职位层级，赢在小步快跑

进行扁平化组织设计后，被压缩后的职级体系会打破员工工作间的等级观念，减少管理成本，使员工和企业更加聚焦于市场与客户。可是，有限的晋升空间也会对人才保留与激励造成负面影响，对于知识型员工或薪酬达到一定水平的员工更是如此因此，企业要充分考虑专业型员工的管理特点，在被压缩后的职级体系基础上，将每职级细分并划小为不同等级，及时激励与认可专业人才能力的提升，让员工获得"小步快跑"式晋升的成就感：

当前，这一实践在国内一些互联网公司与高科技公司已经存在。下面来看看腾讯公司和华为公司是如何细分员工各任职级别等级的。

腾讯将专业人才的职位层级由低到高划分为六个等级，从一级到六级依次包括初做者、有经验者、骨干、专家、资深专家、权威。同时，根据管理需要，每个级别由低到高又分为三个子等，即基础等、普通等和职业等。

（二）管理人才：整合发展通道，创造发展机会

职业发展"双通道"，对国内企业来说，早已不是一个新概念。在"双通道"体系下，员工可以自由选择，既可以根据自己的兴趣和特长，走管理线，通过承担更多责任实现晋升；也可以走技术、产品或市场等专业线，提升岗位技能和经验，成长为某个领域的专家。

从本质上来说，企业设计"双通道"，就是为了给"不当官"的员工一个盼头，

消除"千军万马走管理独木桥"的弊端。如今，在"双通道"体系落地过程中，很多企业做法死板，让"已当官"的管理者无路可走——将"管理通道"与"专业通道"彼此分离，非此即彼，员工只能选择其中一条通道发展。

扁平化组织中的管理职位因层级削减而减少，如果组织正处于发展的成熟期或衰退期，业务增长缓慢而无法给下层级管理者提供更多的"位子"，这种做法就给当前的管理者设定了一层发展"天花板"因此，对于管理者，扁平化组织要将管理通道和专业通道有效整合到一起，在管理通道发展的同时，也要同时选择其中某一序列的专业通道发展，如此，才能解决当前管理者的发展瓶颈问题，并引导其在管理工作中不断提升专业水平，避免由非专业人员管理专业人员带来的管理风险与决策风险

（三）全体员工：更新发展理念，丰富职业经历

无论是划小职位层级，还是整合发展通道，这些做法都是在解决组织中不同类型员工的纵向晋升问题对于任何一个组织来说，其能够为员工提供的晋升资源不是无限的，终有一天将会枯竭，对于任何一位员工来说，无论在任何组织中成长和发展，其终将有一天会面临向上晋升空间受限的问题因此，无论是组织还是个人，如果仅依靠纵向晋升来解决职业发展问题，都将走向职业发展这一命题的"死胡同"。因此，为了走出困境，组织需要帮助员工更新发展理念，创造职业经历丰富化的各类机会。

在职业发展理念的更新上，组织需要帮助员工认识到职业发展不仅仅是职级晋升，职业发展在本质上是能力的发展。横向发展、职责扩大或完成延展性项目等都是一种可取的职业发展机会，这些机会不仅能够帮助员工拓宽工作经历，丰富工作经验，而且还将再次激发员工的工作热情与创造力。

值得强调的是，仅依靠理念的宣贯是无法促使员工行为发生改变的，要想让更新后的职业发展理念在企业生根落地，就要设计一系列配套制度。在晋升制度设计上，可以将轮岗经历及关键经验获取作为员工下一步晋升的加分项；在薪酬制度设计上，要更加"以人为本"，由"基于职位付薪"变为"基于绩效和能力付薪"，让员工在现有的岗位上不断提升绩效，让员工在相关职能领域的岗位轮换上不断提升能力，有机会获得更高的薪酬回报。

华为提倡干部"之"字形发展，不到三年就要进行岗位调整，比如研发的去市场、去供应链，再到采购，必须经过多个业务领域的历练。华为加强干部"之"字形成长制度建设，从成功实践中选拔优秀管理者，破除地方主义和部门利益，值得借鉴。

需要说明的是，以上三方面调整仅是组织对未来人才发展体系的调整路径，在实际操作中，组织需要首先识别出当前人才发展领域所面临的痛点，在综合考虑企业发展阶段、内部资源准备度等各方面因素和条件之后，再选择其中的一个或两三个方面做出调整，进而产生"四两拨千斤"的效果。

五、构建人力全源管理的扁平化组织"五力"体系

人力资源管理"五力"体系是以波特的五力竞争模型为基础建立的,是根据人力资源管理活动的各种功能,围绕获取、开发、保持、激励、整合五个方面形成的一波特认为,任何一种行业都存在着五种竞争作用力,企业的竞争环境源于企业在行业内同这五种竞争作用力之间的相互关系。我们在"五力模型"的基础上,结合企业扁平化组织结构给人力资源管理带来的困境和推动作用,对其模型进行改良,构建人力资源管理"五力"体系。

(一)获取:招到合适企业的人才

获取,即企业为了得到合适的人才进行的招聘活动。扁平化组织对人力资源素质各方面的要求都很高。团队是扁平化管理的组织基础,扁平化组织的运作核心就是通过团队式的管理,不断释放整体知识能量,进而实现企业价值创造空间的创新和拓展。

扁平化组织需要的人才应该具备以下几个素质:①知识面广泛,掌握多种工作技能;②具备团队协作能力和团队精神,能够很好地与他人沟通合作,以团队目标为导向;③具有决策能力,既能在上级的指挥下工作,也具备自主管理、自主决策的能力;④具备快速的自我学习能力,既能快速接受企业培训给予的知识,也能主动通过学习来弥补不足。

(二)开发:企业对员工的培训与开发

在扁平化组织中,人力资源是组织的第一资源,而人力资源的本质就是凝聚在企业决策层和员工身上的观念、知识、信息和技能等。扁平化组织的充分授权,让决策中心下移,扩大了下属自主权,对人力资源的素质要求也相应提高。因此,企业应将教育培训确定为企业长期发展的战略性任务,加强学习型组织建设,形成制度,通过各种有效的形式对员工进行全方位、持续性的教育,不断提升其素质能力,鼓励终身学习。通常,可以通过以下四方面来建立适合扁平化组织结构的创新型培训与开发体系,如表7-5所示。

(三)激励:调动员工积极性

激励对于调动员工的积极性有着极为重要的影响,受到充分激励的员工会更加努力地工作,发挥出巨大的热情,为企业创造更多效益,激励不仅仅直接作用于个人,而且还间接影响其周围的人,形成一种良好的气氛,增强企业的凝聚力。人力资源管理者应该充分认识到传统的激励方式明显不适应扁平化组织,应采取适合扁平化组织结构的激励方式。

表7-5 企业培训与开发的策略

策略	进一步说明
以员工的能力建设为核心	为适应组织结构扁平化和网络化的发展的势，企业必须拥有一支高素质的员工队伍灵活地应对市场环境的变化，这就要求企业开发员工潜能和职业能力，并作为员工培训与开发的核心，以员工能力建设为目的的培训与开发体系对企业的核心要求是：注重培养员工个体自我发展的能力和意识，尤其是知识和技能开发及其素质的提高，使员工形成自我指导式的学习；不断创新员工开发的组织机构与管理模式，提高员工开发的整体能力；将寻求学习机会的任务交给学习者本人，学习者自己分析需求、设定目标、确定资源，决定学习方法和进度，并最终评价结果
以全方位、持续性为要求	在组织结构扁平化下，简单的技能培训已经不能满足工作的要求，因此，企业的培训计划要具有持续性和全面性，培训要伴随着员工的成长和企业的发展。企业应该注重以下几个方面：一是丰富培训的内容，培训不仅要包括岗前培训、单一技能培训，还要包括自我学习能力的培训、团队协作能力的培训、管理与决策技能的培训和工作所需新技能的培训，这是一个持续性的过程，企业应该根据员工工作的变化进行适时培训。二是拓展培训的形式，不仅包括传统的课堂讲授、讲座形式，还可进行视频培训、情景模拟、角色扮演、案例研究等多种方式，在此过程中进一步鼓励员工参与的积极性，三是提高培训师的素质，培训不仅要讲数量更要讲质量，而培训师的好坏是影响培训效果的关键因素之一。企业可以从外部寻求好的培训师，也可以在内部培养
以E-Learning为模式	传统以知识和技能传授为主的培训已经无法满足企业培训的需求，企业员工培训与开发更要适应网络化、信息化的趋势企业需要逐步采取基于计算机和互联网技术、以人为中心的E-Learning新模式"E-Learning能为员工提供更好的服务：实现异地异步的培训与教学，有效地解决受训者和培训者时间和地点冲突的问题；充分利用现有的网络技术，从文字、声音、图片、动画、影像等多方位刺激受训者，提高学习效果，企业利用E-Learning的整合服务和解决方法，可帮助企业形成完整的员工培训、学习、服务、反馈、提高、再培训的密闭链，加速业务知识和信息在企业整个价值链中的传播和共享，以提升企业的竞争力
以"学习型组织"为目标	实践证明，建立了"学习型组织"的企业是最具竞争力的。建立"学习型组织"的途径如下：首先，要建立学习型企业文化，其主要途径是组织学习，包括四个方面：一是帮助员工自我超越，二是建立共同愿景，三是支持团体学习，四是训练系统思考其次，要做好知识管理知识管理是指组织为了获得持久的竞争力，对各种相关的知识资源进行开发、传递和利用的过程。企业的知识资源大体可以分为三类：第一类是组织内部员工个人的知识，包括他们的学习成果、见闻见解、关系网络、经验教训等，需要建立知识共享平台，企业要经常整理并鼓励员工间的交流；第二类是组织内部的各类文档资料，需要实行开放式管理，最大限度地实现组织内共享；第三类是组织外部的信息和服务，需收集、筛选、存档、利用，分析外部环境的机会和挑战，获取相关资料，相应调整企业战略，领导市场潮流。这三类资源在任何组织都是存在的，只不过有的得到了充分的开发利用，有的仅处在收集和重复的状态

（四）保持：企业用才和留才的艺术

"保持"主要表现为企业用才和留才的艺术，运用得好，能为组织培养出更多的优秀人才，有效避免优秀人才的流失，提高员工的工作满意度，实现员工对组织的强烈归属感和对工作的高度投入。

作为一种新型组织，扁平化组织是动态的，反应灵敏，决策迅速—在这种组织结构中，很多东西都发生了改变，充分认识员工心理契约的变化，有助于工作的开展。在这种组织里，员工的心理契约在很多方面都发生了显著变化，人力资源管理者必须针对员工心理契约的变化，制订出相应的人才培养计划。

在对员工的管理过程中，除了关注报酬、晋升、培训与发展这些层面外，还应做好以下两个方面的工作，如表7-6所示。

表7-6 企业培训与开发的策略进一步说明

策略	进一步说明
鼓励员工参与管理和自主决策	组织结构扁平化下，由于管理跨度的增大，管理者必须进行权力的下放，才能使工作更有效率地完成这时候管理者就要支持并鼓励下属员工自主管理、自主决策，员工可能在最开始需要上级的指导，但在适应之后对员工个人和组织的发展都极其有利，一方面，管理者可以将有限的时间和精力集中在更重要的事情上；另一方面，下属员工通过参与管理、自主决策不仅能充分运用其自身掌握的知识，还能感到被重视，被充分调动工作积极性，并可以快速成长
做好员工的职业生涯规划	通过企业员工职业生涯开发与管理，充分调动各级管理人员的积极性、创造性，创建一个高素质和高效率的企业团队，进而形成企业发展的巨大推动力，是组织留住人才的最佳措施帮助员工设计制订出既符合个人发展需要又符合企业发展需要的个人职业发展计划，同时帮助员工逐步实施这一计划，如提供培训机会、岗位晋升机会等这样，通过员工职业生涯规划管理，可以有效地引导员工的个人学习、工作热情，使员工的个人奋斗行动与企业总的目标和发展计划相结合，最终达到员工个人发展及自我实现与企业长远发展的互动双赢

（五）整合：整合资源，提高组织整体效益

在组织结构扁平化下，更多的工作以团队的形式出现，组织中的个体无法产生最大的效应，这就需要整合企业现有的人力资源；同样，单个的职能改善无法使整个人力资源管理体系优化，这就需要通过整合组织内的资源来达到组织整体效益最高。

整合包括以下两个方面：一是整合现有的人力资源，通过团队式的管理，鼓励团队学习、团队协作，不断释放整体知识能量，进而实现企业价值创造空间的创新和拓展；二是整合其他"四力"，使获取、开发、激励、保持同时优化，并保证执行到位，还要定期对整个人力资源管理"五力"体系进行评估反馈。只有有效的整合，才能使新的人力资源管理"五力"体系适应并支撑扁平化组织的发展。

需要强调的是，为了使优化后的"五力"更适应组织的发展，还要做到以下两点：首先，企业要转变等级观念。扁平化组织减少了纵向晋升途径，而这种途径却是传统企业中员工看重的，人力资源管理要促使员工树立起追求技能发展和绩效贡献的思想，淡化职位等级的概念。其次，以工作单元为基础来设计工作。扁平化组织的基础，并不是建立在工作岗位的固定化和工作职责的清晰界定上，需要沿着组织的运作流程，以自主结合与自我管理的团队或小组为运作基础，对工作进行重新整合，进行工作单元设计。

第八章 "互联网+"时代下人力资源管理发展策略与趋势

第一节 人力资源管理信息化探索与实践

一、人力资源管理信息化定义

人力资源管理信息化（electronic-Human Resource，e-HR），全称为"电子化人力资源管理"，是指将 IT 技术运用于人力资源管理，以先进的软件和高速、大容量的硬件为基础，通过集中式的信息库自动处理信息，员工参与服务，外联服务共享，是人力资源管理流程电子化，达到提高效率、降低成本、改进员工服务模式的目的的过程。

随着互联网和电子商务理念与实践的发展，e-HR 发展成为包含了"电子商务""互联网""人力资源管理业务流程优化""以客户为导向""全面人力资源管理"等核心思想在内的新型人力资源管理模式。e-HR 包括核心的人力资源业务功能，如招聘，薪酬管理、培训、绩效管理等，利用各种 IT 手段和技术，例如互联网、呼叫中心、考勤机、多媒体、各种终端设备等，人力资源职能部门，普通员工、直线经理、高层经理都可以在 e-HR 的平台上发生相应权限的互动关系。

一般来说，我们可以从四个方面来理解人力资源管理信息化：一是它能提供更好的服务。人力资源管理信息化系统可以迅速、有效地收集各种信息，加强内部的信息沟通。各种用户可以直接从系统中获得自己所需的各种信息，并根据相关的信息做出决策和相应的行动方案。二是它能降低成本。人力资源管理信息化通过减少 HR 工作的操作成本，降低员工流动率、减少通信费用等达到降低企业运作成本的目的。三是它能革新管理理念。人力资源管理信息化的最终目的是达到革新企业的管理理念而不仅仅是改进管理方式，达到 1:1 关系管理，优化人力资源管理。四是先进技术的运用。先进技术应用于人力资源管理不仅仅是为了将现有的人力资源工作做得更好，更重要的是，做些对于企业来讲更有效率的事情，成为管理层的决策支持者，为决策提供信息和解决方案。

二、企业人力资源管理信息化的现实价值

在经济市场变革过程中，现代企业间的竞争越来越激烈，很多企业逐步走向信息化发展的新型道路。人力资源作为企业参与激烈市场竞争的核心资本，是现代企业管理的重要科目，旨在实现人力资源利用价值最大化，包括教育培养、管理调度、资源配置、招聘引用、档案管控等诸多项目内容。大数据时代背景下，企业人力资源管理与信息化相耦合，能够依托"第一生产力"提升"第一资源"的利用率，同时提升工作效率及质量。所谓人力资源管理信息化，指运用现代互联网、大数据等信息技术，通过先进系统和高容量的硬件设施实行的高度自动化的新型人力资源管理模式。企业人力资源管理信息化的现实价值体现在多个方面：首先，作为一种先进的管理理念，与时代发展并行，推动了企业扁平化管理结构变革；其次，通过高度汇集分散信息，促进了整个工作业务流程优化，为领导决策提供了丰富的数据服务支持；最后，该业务相对便捷的操作方式，降低了相关成本消耗，且所搭建的公平、公正、公开平台，提高了员工的满意度和信任度，使员工更好地为企业做贡献，实现人力资源管理的本质价值追求。因此，在大数据时代背景下，企业加强人力资源管理信息化建设势在必行。

三、人力资源管理信息化的意义

（一）促进人力资源管理理念变革

人力资源管理信息化的实现不仅是一种高新技术的应用，更是一种全新的管理理念和管理思想的导入。

1.人力资源管理信息化转变了人力资源管理理念

人力资源管理信息化实现了开放式管理，实现了功能外包以及虚拟组织的设立，达到了革新企业的管理理念、优化人力资源管理的目的。人力资源管理向互动、多方位、全面，专业化的方向发展的过程中，管理理念逐步提升，人力资源部门逐渐成为企业的核心部门。

2.人力资源管理信息化转变了管理角色

人力资源管理信息化使人力资源管理从提供简单的人力资源信息管理转变为人力资源战略管理，并向管理层提供决策支持和解决方案，向人力资源管理专家提供分析工具和建议，建立支持人力资源管理部门积累知识和管理经验的体系。人力资源管理信息化转变了传统的人力资源部门作为成本部门的印象，通过成本分析，人力资源部门创造的价值可以量化出来。

（二）有效衔接了人力资源管理与主流管理系统

人力资源管理信息化是企业整体信息化建设的组成部分，相对于当前主流信息管理系统，如 ERP、MRP，MIS，它更多地是为管理提供信息支持，同时，也可以通过与系统的衔接，取得参考数据。企业在经营过程中发生的信息流，通过与经营有关的信息系统进行记录，与人力资源相关的工作信息通过人力资源管理的信息化与其衔接获得准确的记录，支持了人力资源管理工作；反过来人力资源管理信息化对现有数据的统计分析又可以为经营中工作的合理安排提出相关依据，指导生产安排和工作流程的设计。

（三）优化了管理结构与信息渠道

人力资源管理信息化作为一种基于网络结构的全员信息系统，使各级员工的反馈时间大大缩短，丰富了沟通的渠道，在跨部门，跨级别表达和传递各种思想时，员工可以不拘泥于公司传统的层级制度。

（四）使管理方式变得更加人性化

信息系统的投入，促进了员工与企业之间在根本利益方面的互动，充分地体现了实时管理的优越性。人力资源管理信息化完美地融合了管理技术与信息技术，在消化吸收先进的人力资源管理理念的基础上，使人力资源管理的全部内容与业务流程得到了体现，人力资源管理信息化作为企业人力资源部门信息化、职业化、个性化的管理平台，使得管理方式更加人性化。

二、人力资源管理信息化的实践原则

（一）实时性原则

由于视频会议、电话会议、OA 系统审批流程、指纹打卡考勤等管理方式的运用，让人力资源所需的信息反馈和事件的发生同步。例如，指纹打卡考勤制度，员工上下班需要打卡以证明自己的上下班时间是否符合公司制度。在员工指纹识别过程中，信息会自动通过打卡机记录下打卡的时间和人物，并在人力资源管理人员需要时随时调取相关信息，保证了信息的实时性。在这一过程中的一系列操作都是透明公开的，能够让基层员工和企业领导做到信息对称，方便领导及时准确地了解相关信息，做出正确决策。

（二）服务性原则

当今企业都重视人才的运用、培养和储备，但是每个企业对人才的需求是不同的，企业需要结合自身的发展需求来判断哪些是合适的人才。例如，中小型企业和大型的企业的人才评定标准是很难一致的，两个年利率差距甚远的公司可能对员工的素质要求也很难相同。所以企业在信息化管理系统中所输入的筛选条件也不会相同。另外，在同一家公司的不同职位可能都有不同的筛选条件。信息化的人力资源管理系统可以帮助企业筛选不同需求的人才，它是一种工具，可以为企业提供更好的服务。

（三）客观性原则

人力资源管理信息化系统是一个综合的管理系统，不能单一关注某一方面，信息数据处理为员工整体分析的客观性、全面性提供方便。考勤机与系统的直接对接，考评记录的实时更新使系统能根据原始的真实数据，对该员工的情况做出相客观的评判，减少人为因素的干扰。

三、人力资源管理信息化系统的构建

近年来，全球云计算基础设施建设速度不断加快，在中国，随着阿里云、腾讯云、沃云等诸多云平台投入运营，云端基础体系架构方面的发展已日趋成熟。Forrester最近调查发现，HER将成为最流行的SaaS云管理软件。2011年SAP收购HR云服务厂商Successfactors；2013年WorkDay纽交所上市；2015年专注员工福利保险的Zenefits异军突起成为投资界的宠儿。对于应用企业管理软件来优化运营、提升企业效率的需求持续上升。这种基于软件即服务理念SaaS模式的管理软件被更多中小企业所青睐。国际形势的火热，HR云服务成为一种趋势，陆续涌现出HR相关的远程培训、评测、身份证查询、视频等服务。因此，本文在"云"计算思想的基础上构建人力资源管理信息化系统，构建过程中应用SaaS软件，可有效降低企业人力资源管理的成本，提升人力资源管理的效果。

（一）系统结构模型

HR云服务平台分为四大模块，可根据企业需求灵活组合系统功能模块。

1.员工管理

工作台（事件提醒、资料查询、薪资发放等）、员工管理（新员工入职、在职员工管理、离职审核、离职员工管理等）、人事档案（合同管理、变动、奖惩、证照、离职等）、附加资料、员工报表。

2.薪酬管理

薪资管理（员工薪资管理、新增薪资、每月薪资发放、薪资发放审核、薪资发放查询等）、社保管理（员工社保管理、新增社保、社保补缴、社保缴费查询等）、员工调薪、薪资设置、社保设置、薪资报表。

3.考勤管理

请假加班（请假加班申请、审批、年度请假汇总、年度汇总）、考勤排班（排班管理、刷卡管理、同步刷卡记录、考勤机用户管理等）、考勤汇总（每日考勤、每月考勤汇总、每月考勤历史等）、考勤设置、考勤报表。

4.系统模块

系统管理（用户管理、角色管理、权限列表、登陆日志、操作日志等）、数据清理、系统参数设置、基础表格设置、报表设置（员工报表、薪资报表、考勤报表等）、组织结构（职位定义、部门管理、职位管理、组织结构图等）。

（二）云系统实现效果

①员工+薪酬。进一步完善员工管理、薪酬管理等功能模块，推动员工自助功能的应用，拓展移动端的应用场景。

②云考勤。完成考勤模块功能开发，实现与特定考勤机的 HTTP 接口，实时采集考勤机刷卡指纹数据，并能在云端展示。

③第三方接口。完善与其他第三方系统的接口功能。如社保、银行、财务系统等。

④减低企业实施所需要的投入以及后续的培训使用成本。

（三）不同用户不同体验

1.人事主管

员工 HR 数据能便捷的录入和查询；员工自助功能极大减轻了 HR 的工作量；完善的提醒、报表和接口服务，让 HR 能够轻松完成日常事务性工作。

2.企业员工

随时查询与本人相关的公司和个人人事信息；经理可以在线审批各类申请；贴心的任务提醒功能，让员工不必担心会错过任何重要事项。

3.HR 外包公司

协助公司人事主管录入员工档案，缴纳社保，协助处理工资、考勤等日常操作事宜，公司人事主管只需简单的核对，即能确保公司人事资料准确无误。

4.第三方机构

系统能够提供各类接口，让第三方应用很方便与 HR 云服务平台实现接口；通过大数据分析，云平台也可以提供各类行业分析报告，为第三方机构带来有价值的信息。

人力资源的信息化管理在企业经营中起到了重要作用，实行信息化管理，是加强人力资源管理的必要选择。在人力资源管理过程中，信息化的管理使管理目标变得更加明确，过程精简高效，结果客观明了。严格遵守信息化实践中的原则，用好信息化管理的诸多方法，针对问题找到方案。同时应严格对信息数据保密，确保安全。只有采用先进的管理技术、信息技术和全面的 HR 系统，将企业运营与人力资源信息统一管理起来，才有可能实现"公平、公正、合理"原则，以人为本，吸引和聚集人才，做到"人尽其才，才尽其用"，最终达到降低人力成本，提高企业的创新能力和竞争能力。

第二节　人力资源管理信息化未来展望

　　人力资源管理是一项复杂琐碎的工作，对于各种人力资源信息的分析和处理则是搞好人力资源管理的前提。当前许多事业单位在人力资源管理方面存在人才库管理效率不高，统一性和全面性不足，人员调配不合理等问题，其原因之一就是管理模式落后，信息管理混乱所致。随着近年来信息技术的广泛应用，信息化建设已成为当前人力资源管理发展的趋势，这也为事业单位人力资源管理水平的提升提供了重要契机。大力推进人力资源管理的信息化建设，可使管理人员更为游刃有余地应对庞大而琐碎的各类人事信息，提高人力资源工作效率和管理的科学性，从而优化组织结构和人员调配，解决事业单位人力资源管理的相关问题，更好地提高本单位业务水平和办事效率。

一、信息技术对人力资源管理的影响作用

　　当今社会是信息化的时代，信息技术已在各个领域中得到了广泛的应用，并对各行各业的发展发生了广泛而深刻的影响。对于事业单位人力资源管理来说，信息化的发展和应用不仅促进了人力资源管理效率和工作水平的提高，更是推动了整个单位组织结构、工作流程和服务质量的优化。

（一）促进了人力资源管理工作流程的优化

　　人力资源管理是包括人员招聘、培训、调配、绩效考核和薪酬管理等多方面内容的综合性管理体系，这些工作较为琐碎且相互交叉影响，在繁忙的工作下往往会顾此失彼，使人力资源管理缺乏整体性和系统性。人力资源信息化通过成套的系统实现了对各项管理事务的统筹安排和合理调配，使人力资源管理的流程更加优化，工作安排更加合理，促进了人力资源管理的统一、协调和相关业务流程的规范化。

（二）降低了管理成本

　　传统的人力资源管理模式下，人力资源管理的很多日常性事务，例如考勤登记，员工信息备案等都是依靠手工操作来完成，不仅效率低下，费用支出大，而且易出错。人力资源管理的信息化彻底改变了传统管理模式下的手工操作，信息化、自动化的办公方式极大地提高了人力资源管理工作的效率，降低了出错率，提升了工作质量。

（三）优化了人力资源信息的保存和传递

　　传统人力资源管理模式下，用人单位员工的各类信息基本都是以纸质档案的形式保存，不仅信息量非常有限，而且也易丢失和损坏。信息化建设则改变和优化了信息保存方式，人力资源信息由过去纸质档案变为了如今的电子档案，使得繁杂的人力资

源信息可以不再拘泥于纸面，极大地扩展了本单位人力资源管理的信息容量，从而为人力资源管理提供了充足的信息来源。传统人力资源管理中，信息的传输也是比较慢的，使得信息更新和上传下达较慢，时效性较差，对于管理会造成很多不必要的麻烦。人力资源管理信息化则改变了信息传播的方式，极大地提升了信息传播速度与更新的速度，可为人力资源管理提供最新的信息；上层的各类信息也可第一时间传递至基层，从而便于管理和政策的实施。

二、我国企业人力资源管理信息化发展对策

（一）电子化（E化）数据方面的对策

在由传统的人力资源管理系统向信息化人力资源管理系统过渡时，由于数据过于庞大，往往会产生E化数据问题。

因此人力资源管理信息化即e-HR数据整理中应做到以下几点：

1.针对E化数据特点采取有针对性的措施

e-HR建设有几个显著特点：用户层次多（涵盖HR部门、普通员工，部门经理、高层管理者），项目影响范围广，HR数据、业务流程松散且难以规范。同时，所有的HR业务都要做到让数据说话，如何保障HR业务数据的准确性、实时性和统一规范性是e-HR建设的关键所在。这就要求在项目规划阶段任用专人负责数据问题，对数据整理进行规划，包括对动态数据、静态数据的整理，现行数据和历史数据规划，集团与分公司统一数据规范等。在上线前必须事先完成当前业务组织最新数据的更新，保证上线过程中不会出现大的数据混乱。

2.充分评估数据整理的工作量与难度，做好相关人员培训

由于HR业务数据本身的复杂性与离散性，同时业务同事往往习惯于边做边想，而IT同事常常认为数据整理当然是业务部门的事情。但是海量而繁杂的人事数据整理必定要耗费大量的时间和资源。在项目启动前期，必然要充分考虑数据整理、数据规范的工作量与难度。从需求调研阶段开始，做好相关人员的培训，通过问卷、文档等手段，充分考虑各个层面对HR数据的要求与已有数据的情况，扎实做好数据规范整理工作。

3.高层参与，同时项目团队成员步调一致

项目的成功离不开领导的支持，项目组应该时时保持和公司高层的有效沟通，了解高层对项目的期望与看法，告知高层项目阶段目标与可能碰到的问题，有利于资源的协调与问题的解决。

同时，e-HR项目作为企业的信息化战略项目，项目周期长，项目难度大，面临一系列变更与创新，必然会将整体目标拆分成一个个阶段目标，以保证建设成果能逐步展现，项目组内部各个层面的关键成员，包括HR部门和IT部门，必须在各个阶段保持思想和步调的一致性，清楚了解项目的进展与面临的问题，形成合力，达成阶段

目标。

（二）对企业是否适合导入人力资源管理信息化进行认真分析

不少人认为 e-HR 是一剂良方，有病治病，无病强身，有经济实力支付购买和实施费用的企业都可以导入。这种看法是对国内企业现状不了解的表现。目前，国内企业形态的复杂程度远远超过发达国家——既有跨国大公司，也有家族大企业，还有数不清的中小企业，而这些企业可能分处于不同的企业发展阶段，而企业管理的方式也是千差万别。所有制、行业、发展阶段再加上管理模式的巨大差异形成的排列组合，形成了五花八门的企业特色。因此找到一个完全适合企业现状的 e-HR 解决方案简直与大海捞针无异。因此，完全有必要先评估一下企业是不是适合导入 e-HR。例如，前不久，一家省级的烟草公司进行 e-HR 项目招标，可到最后却不了了之，原因就在于通过招标他们发现企业根本不具备上 e-HR 的基础。

首先，e-HR 需要企业有稳定的人事基础管理体系，例如说考勤、薪资等。再灵活的 e-HR 产品也有一个基本的流程架构，如果企业人事管理朝令夕改，e-HR 的调整肯定跟不上实际情况，反而会成为变革的绊脚石。所以应先考虑把管理体系建立起来，再考虑更进一步的信息化。其次，e-HR 需要企业的人事管理权责明确。e-HR 的操作设定不同的权限，分配不同的用户来完成。因此，就必须要有明确的人事管理权责分工。否则系统数据的准确性和及时性就很难保证。最后，e-HR 需要企业人事管理人员具备相当的业务水平。e-HR 带来的变革是全方位的，尤其是对人工作习惯的改变。e-HR 要求每一个工作步骤和流程都留下记录，这就需要管理人员遵循相应的规范进行操作，并真实记录，否则再好的电脑也做不到用错误的信息分析出正确的结果。有了相应的管理基础，也并不意味着什么样的 e-HR 系统都适合，尤其不能听信 Super Sales 们针对行业的 e-HR 解决方案的说法，更不要迷信标杆。就像穿在模特身上很好看的衣服，穿在我们身上可能会很不好看，企业一定要独立分析和评估 e-HR 与自己企业的适合程度。如果可能，找与本企业发展水平、管理形态更类似的企业，如果它们成功实施导入 e-HR，则借鉴的意义可能会大些。最好到人事管理模式和水平较接近的公司，了解如下问题：它们有没有上 e-HR，为什么上 e-HR，上的效果如何，问题出在哪里，怎么解决的。这将更有益于作出准确的判断。

（三）正确处理好标准化与客制化的关系

现在绝大多数 e-HR 在招投标或实施前，都会做 GAP 分析，看系统的逻辑与企业的人力资源管理流程和方法是否能够符合或支持。如果遇到不符合的，要么用客制化来做到与企业需要相符，要么就放弃或让企业改流程。

无论是供应商，还是企业，在实施 e-HR 前，除了流程分析外，还要进行流程评估和优化，从而来决定对产品标准化和客制化的取舍是非常有必要的。首先，e-HR 绝对不能成为现有管理方式的奴隶。现有的管理方式本身可能存在很多不合理的流程和环节，如果用 e-HR 把这种不合理性规范固化下来，以后调整的难度就会加大，至少在事实上会影响管理的效果。其次，企业管理也不能照搬 e-HR 的逻辑。企业的个性或文化决定了有一些流程在企业无法实施，或至少在当前无法实施，需要做一个妥协和调整。因此，无论是 e-HR 供应商，还是企业，都应该明确如何正确处理好标准化与客制化的关系，让 e-HR 在企业管理过程中发挥良好的作用。

三、大数据时代背景下企业人力资源管理信息化建设的创新途径

大数据时代背景下，企业人力资源管理信息化建设势在必行，是企业应对激烈市场竞争的有效举措。企业人力资源管理信息化建设工作作为一项庞杂的系统化实施工程，对各环节构成要素提出了要求。本文结合实际情况，有针对性地提出以下企业人力资源管理信息化建设创新途径，以供参考。

（一）更新理念

思想观念作为行为实践的先导，理念层次的创新是企业人力资源管理信息化建设创新的首要发力点。在大数据时代背景下，人力资源管理信息化是企业信息化发展的关键一环，对提升相关工作效能作用显著。尤其是面对激烈的经济市场竞争挑战，企业应树立长远的战略目光，与时代发展亦步亦趋，深刻意识到人力资源管理信息化建设的重要性和必然性，结合自身实际情况，做好顶层设计规划指导工作，确保系列工作有序推进，提升相关工作的最终产出价值。在此过程中，企业领导层需充分发挥表率作用，树立大局意识，将人力资源管理信息化纳入整体信息化战略筹备中，提高重视程度，并善于从不同维度视角理解其建设内涵，及时更新与变革信息化管理理念，推导全体员工深入作业流程再造，实现相关资源配置最优化，确保系列工作稳步推进。同时，企业决策者还要认清时代的发展趋势，强化信息化管理建设意识，创新人力资源管理思维模式，将提升管理效率、管理精度以及管理质量等作为发展实质，做好准备工作。另外，值得着重指出的是，大数据时代，在高度开放、自由的互联网虚拟空间形态下，企业人力资源管理信息化还存在一些操作上的缺陷和弊端，始终伴随一定风险发生，因此，企业要强化相关建设的风险意识，切忌盲目投资，保证自身发展的平稳性、安全性，进而打开企业人力资源管理新局面。

（二）加大投入

企业人力资源管理信息化建设，应从基础设施入手，遵循由浅入深、循序渐进的演化过程，除了必要的人力、技术支持外，还需大量的资金投入，否则信息化的梦想只能化作泡影。因此，企业可在遵循国家法制规定的基础上，创新融资通道，通过多种途径或方法筹措资金，提升资源调配能力，逐步加大对人力资源管理信息化建设的投入，搭建好平台，实现预期目标。具体而言，企业可设立信息技术投资专项基金，结合自身经营情况，按照恰当的比例抽取投入资金，不断优化管理，从而产出长期效益，确保数年之后人力资源管理信息化建设具有足够的资金支持。在信息化时代，各地政府加大了对企业信息化建设的支持力度。在该背景下，为了谋求更快、更好发

展，助力中国经济社会建设，企业还要紧密关注国家系列政策动态，加强与相关职能部门之间的联系，主动寻求政府在财税、人才、技术等方面的政策支持，加强人力资源管理信息化建设，适应经济市场竞争需求。另外，随着产业结构的转型升级，企业之间存在竞争与合作的双重关系，大数据时代背景下，单个企业可能无力承担人力资源管理信息化系统软件开发的资金压力，而彼此间形成合作同盟，集聚力量，整合可调配资源，实现多方共赢。

（三）完善相关制度

管理指一定组织中的管理者，通过实施计划、组织、领导、协调、控制等职能协调他人的活动，使别人同自己一起实现既定目标的活动过程，在秉持人的主体性原则的基础上，强调有效的行为约束和指导。古语有训，"不以规矩，不能成方圆"。健全的规章制度是有效管理实践的先决条件，并发挥了规范性、约束性、指导性以及激励性等多重功能。从某种维度上看，企业人力资源管理信息化重构了作业流程，所有系统操作都是程序化的，必须创新相关运行制度，包括人力资源招聘、选拔、调任、管理等，只有这样，才能保证其最佳效果，提升人力资源管理效率和质量。具体而言，企业应始终遵循公平、公正、公开的基本原则，并贯彻到人力资源管理全流程中，充分利用信息化平台的痕迹管理功能，杜绝一切主观随意行为，有效约束人才招聘、选拔、配备以及任用等操作，使人尽其才，实现员工与企业同步发展。综合来讲，完善的企业人力资源管理制度应包括选拔制度、任用制度、考评制度、奖惩制度、培训制度等，紧紧依托信息化支持，实现全流程工作的现代化建设，用数据事实说话，可进一步增强员工的制度自信，并使之主动遵守。同时，企业还需要在即有制度框架的基础上加以创新，融入人力资源管理信息建设相关内容，组织专员做好相关数据资料的收集、整理、建档及保存等工作，并设置软件登录门槛，进行身份安全认证，确保数据绝对安全，从根源上避免人为操作干扰，为领导决策提供依据和支持，确保企业稳定发展。

（四）优选软件

企业人力资源管理信息化是现代科技应用的典型代表，通过相关专业软件发挥作用。大数据时代背景下，企业人力资源管理信息化建设已然成为一种潮流，甚至关系到企业发展的重大事项，相关需求量不断增长，增加了软件开发市场的活力。现阶段，在经济市场需求的引导下，市面上充斥着各种各样的人力资源管理软件系统，且质量参差不齐。对此，企业应深入分析自身需求，了解不同软件的功能，以更好地契合自身行政、薪酬、组织管理的科学化需求，完善组织结构，最大限度地发挥人力资源管理效能。事实上，不同软件供应商的开发侧重点存在差异，如专注于人力资源管理软件开发的公司，经过市场的实践与检验，其功能往往更胜一筹；综合性管理软件供应商的开发侧重于多业务流程的一体化建设，产品的集成性优势明显，在人力资源管理专项板块的功能配套方面略显薄弱。基于此，企业应结合自身实际情况，找准人力资源管理的薄弱点和需求点，精准定位其在未来信息化建设的走向，外聘人力资源管理专业咨询或信息系统规划方案咨询方面的专家进行测试，包括人员、业务、产品等项目调研，选择最佳的人力资源管理系统，为企业人力资源管理信息化奠定基础。条件允许的情况下，有实力的企业还可选择与知名专业软件开发公司合作，在全面梳理功能需求的基础上，定制人力资源管理信息化软件系统，提供更完善的功能服务，实现双方共赢，为自身谋求更多持续发展的机会。

（五）发展人才

企业人力资源管理信息化对从业人员提出了更多、更高的要求，如既要深刻理解现代人力资源管理理念，掌握必要的基础技能，又要具备丰富的 IT 经验，这是该项工程创新的重要智力保障。因此，企业应树立高度的人才战略意识，将该意识纳入人力资源管理信息化建设体系中，精准定位岗位职责，细化分工任务，明确对从业人员的要求，同步加强日常绩效考核，善于发现和总结其中存在的问题，找准管理人员薄弱点及短板，针对性地设计多样化的培训教育活动，提升员工的综合素养，使他们为企业人力资源管理信息化建设创新做出更大贡献。在该过程中，企业可组织多类型的培训讲座活动，加强对人力资源管理信息化建设的宣传，强化员工能动意识，提升他们的信息素养，分享行业发展经验，搭建好内部沟通渠道，提高人力资源管理人员的服务水平。同时，企业还可聘请软件开发合作单位技术人员进行现场操作演示，详细讲解人力资源管理信息化系统的负载功能及操作规范，并解答员工日常工作中的问题，既可提高员工的应用水平，也能加强软件开发，提升整体性能。此外，企业人力资源管理人员还要加强自主学习，了解行业发展前沿动态，提升自身岗位适应力和竞争力。

大数据时代背景下，企业人力资源管理信息化建设势在必行，其不仅作为国家重大战略部署事项，更是企业在现实环境下实现可持续发展目标的必由之路。作为一项系统化实施工程，企业人力资源管理信息化建设工作在现阶段的表现不尽如人意，需要企业结合实际情况，不断创新，更新理念、加大投入、完善制度、优选软件、发展人才，从而有效提升该项工作的效率及质量。

参考文献

［1］穆胜.人力资源效能［M］.北京：机械工业出版社，2021.04.

［2］彭剑锋.人力资源管理概论第3版［M］.上海：复旦大学出版社，2021.12.

［3］张利勇，杨美蓉，林萃萃.人力资源管理与行政工作［M］.长春：吉林人民出版社，2021.06.

［4］李蕾，全超，江朝虎.企业管理与人力资源建设发展［M］.长春：吉林人民出版社，2021.06.

［5］高莉.图书馆管理与档案资源建设［M］.长春：吉林人民出版社，2021.06.

［6］穆林娟.生存核心资源与战略成本控制［M］.昆明：云南大学出版社，2021.08.

［7］温晶媛，李娟，周苑.人力资源管理及企业创新研究［M］.长春：吉林人民出版社，2020.06.

［8］张景亮.新时代背景下企业人力资源管理研究［M］.长春：吉林科学技术出版社，2020.04.

［9］潘颖，周洁，付红梅.人力资源管理［M］.成都：电子科技大学出版社，2020.04.

［10］叶云霞.高校人力资源管理与服务研究［M］.长春：吉林大学出版社，2020.04.

［11］黄建春.人力资源管理概论［M］.重庆：重庆大学出版社，2020.08.

［12］李燕萍，李锡元.人力资源管理第3版［M］.武汉：武汉大学出版社，2020.12.

［13］管奇，黄红发，冯婉珊.激活人才：人力资源管理效能突破［M］.北京：中国铁道出版社，2020.07.

［14］赵继新，魏秀丽，郑强国.人力资源管理：有效提升直线经理管理能力［M］.北京：北京交通大学出版社，2020.06.

[15] 刘翔宇.动态环境下人力资源柔性能力的形成及作用机制研究［M］.北京：知识产权出版社，2020.07.

[16] 钱坤，俞荟，朱蕾.企业管理［M］.北京：北京理工大学出版社，2020.11.

[17] 胡俊生.智能招聘［M］.北京：企业管理出版社，2020.05.

[18] 吕丽红.医院人力资源管理模式与策略研究［M］.延吉：延边大学出版社，2019.07.

[19] 周颖.战略视角下的人力资源管理研究［M］.长春：吉林大学出版社，2019.01.

[20] 蔡黛沙，袁东兵，高胜寒.人力资源管理［M］.北京：国家行政学院出版社，2019.01.

[21] 曹科岩.人力资源管理［M］.北京：商务印书馆，2019.06.

[22] 薛维娜.医疗机构人力资源管理理论与实践［M］.延吉：延边大学出版社，2019.08.

[23] 王晓艳，刘冰冰，郑园园.企业人力资源管理理论与实践［M］.长春：吉林人民出版社，2019.12.

[24] 周艳丽，谢启，丁功慈.企业管理与人力资源战略研究［M］.长春：吉林人民出版社，2019.08.

[25] 陈锡萍，梁建业，吴昭贤.人力资源管理实务［M］.北京：中国商务出版社，2019.08.

[26] 陈昭清.现代企业人力资源管理研究［M］.北京：中国商务出版社，2019.08.

[27] 刘燕，曹会勇.人力资源管理［M］.北京：北京理工大学出版社，2019.08.

[28] 张文仙，王鹭.新时代背景下企业人力资源管理研究［M］.长春：吉林大学出版社，2019.03.

[29] 阚瑞宏.现代医院人力资源管理探析［M］.北京：航空工业出版社，2019.01.

[30] 李志.公共部门人力资源管理［M］.重庆：重庆大学出版社，2019.03.

[31] 闫培林.人力资源管理模式的发展与创新研究［M］.南昌：江西高校出版社，2019.10.

[32] 柴勇.旅游人力资源管理［M］.长沙：湖南大学出版社，2019.08.

[33] 李娟.人力资源服务产业与企业管理［M］.长春：吉林出版集团有限责任公司，2019.11.

[34] 包宸，潘德亮，吴勇兵.企业运营与风险防范管理［M］.北京：中国商务出版社，2019.05.

[35] 刘素军.现代企业管理［M］.青岛：中国海洋大学出版社，2019.08.

［36］吕惠明.人力资源管理［M］.北京：九州出版社，2019.08.

［37］王雅姝.大数据背景下的企业管理创新与实践［M］.北京：九州出版社，2019.05.

［38］李涛.公共部门人力资源开发与管理［M］.北京：中央民族大学出版社，2019.02.